2018

仙海年鉴

XIANHAI YEARBOOK

绵阳市仙海水利风景区年鉴编纂委员会 编

方志出版社
Publishing House of Local Records

图书在版编目（CIP）数据

仙海年鉴. 2018 / 绵阳市仙海水利风景区年鉴编纂委员会编. —北京：方志出版社，2019.3

ISBN 978-7-5144-3711-9

Ⅰ. ①绵…　Ⅱ. ①绵…　Ⅲ. ①风景区-绵阳-2018-年鉴　Ⅳ. ①Z527.13

中国版本图书馆 CIP 数据核字（2019）第 065072 号

仙海年鉴（2018）

编　　者：绵阳市仙海水利风景区年鉴编纂委员会
责任编辑：罗　滔

出 版 者：方志出版社
地址　北京市朝阳区潘家园东里 9 号（国家方志馆 4 号）
邮编　100021
网址　http://www. fzph.org
发　　行：方志出版社图书经销中心
电话　（010）67110500
经　　销：各地新华书店
印　　刷：成都勤德印务有限公司

开　　本：787×1092　　1/16
印　　张：20
字　　数：401 千字
版　　次：2019 年 3 月第 1 版　　2019 年 3 月第 1 次印刷
印　　数：001~500 册

ISBN 978-7-5144-3711-9　　定价：198.00 元

数字仙海

SHUZI XIANHAI 2017

区划面积 :75 平方千米

湖面面积 :6.8 平方千米

库容：1.04 亿立方米

村（社区）：15 个村、2 个社区

总人口：22958 人

总户数：7975 户

城镇人口：12327 人

农村人口：10631 人

年平均气温：16.3℃

空气优良天数：300 天以上

年平均降雨量：963.2 毫米

空气中负氧离子每立方米：4000—5000 个

年日照数：1298.1 小时

相对湿度：79%

核心区森林覆盖面积：90%

地区生产总值：8.12 亿元

第一产业生产值：2.47 亿元

第二产业生产值：0.3 亿元

第三产业生产值：5.35 亿元

年接待游客量：200 万人次

完成固定资产投资：24.8 亿元

社会消费品零售额：5.15 亿元

到位内资：11.3 亿元

旅游总收入：3.48 亿元

一般公共预算收入：8504 万元

城镇居民可支配收入：33040 元

农村居民可支配收入：17986 元

美丽仙海

仙海晨光

鸟瞰仙海

仙海秋色

冬韵仙海

樱花岛·情人桥

亲水湾

亲水栈道

好运码头

栈道余晖

日出仙海

晴空万里

仙海霞光

五彩田园

环湖观光

观光农业

观光车

水上运动

第六届绵阳（仙海）端午文化旅游节龙舟赛

比赛开始

最后冲刺

勇往直

海地达
海珀润山
2

“天辅杯”2017 绵阳仙海湖铁人三项挑战赛

游泳赛

越野赛

自行车赛

颁奖仪式

晨练

垂钓

马术盛装表演

绵阳市第九届"睿希杯"健康活力大赛

群众趣味运动

自行车“2011年环中赛”

“绵州美”2017仙海全民定向徒步环湖赛

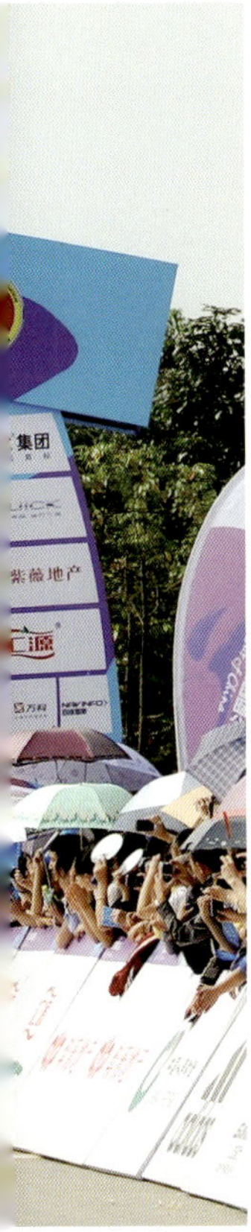

中国桥牌基地

仙海小学生风筝比赛

中华旅游小姐走进仙海

ROMANIA
罗马尼亚

奥威特

仙海区首届诗词会文艺演出

仙海区天生桥村迎新春联谊会

“大美仙海　劳动光荣”文艺演出

川剧文艺演出

神仙树

沉香亭

《情归仙海湖》开机仪式

云盖寺

太极养生

仙海龙湾生态居住

锦烁度假酒店

雷耀酒店樱花岛

铂金海岸度假酒店

龙源会议中心

海铂澜山生态居住项目

仙海商业街

龙湾生态居住项目

婚庆广场

国道 108 线绵阳市城区过境段工程动员大会

绵阳科技城沉抗大道（铜瓦村 2 号线支线及七曲村支线）项目开工仪式

国道 108 绵阳城区过境段仙海段施工现场

3 月 15 日，国家水利部原副部长、中国生态文明研究与促进会首席专家翟浩辉（左一）到仙海调研“河湖公园”建设情况

10 月 19 日，中纪委驻水利部纪检组监察局监察专员陈庚寅（右一）调研水利风景区建设

9 月 26 日，市委副书记、市长刘超（右三）调研仙海旅游产业发展情况

6 月 14 日，省旅发委党组书记胡斌（中）前来仙海调研旅游工作

4月6日，市人大常委会党组书记、主任马华（右二）到仙海调研经济社会发展情况

12月7日，市委副书记、副市长付康（左二）调研环境整治

6月5日，市委常委、常务副市长颜超（右二）到仙海调研污水处理情况

1月25日，市委常委、宣传部部长张学民（右一）检查仙海旅游市场安全生产

6 月 30 日，市政府副市长蒋丽英（中）带领市级相关部门负责人到仙海区督导学习宣传贯彻省党代会精神情况

5 月 11 日，党工委书记代宏（中）调研荀源仙谷和铜瓦 2 号支线建设

9 月 16 日，党工委书记代宏（左二）巡察防汛减灾工作

7 月 3 日，党工委副书记、管委会主任魏魁（右二）检查重点项目拆迁工作

绵阳市沉抗镇仙海旅游度假片区总体规划

（2009-2025）

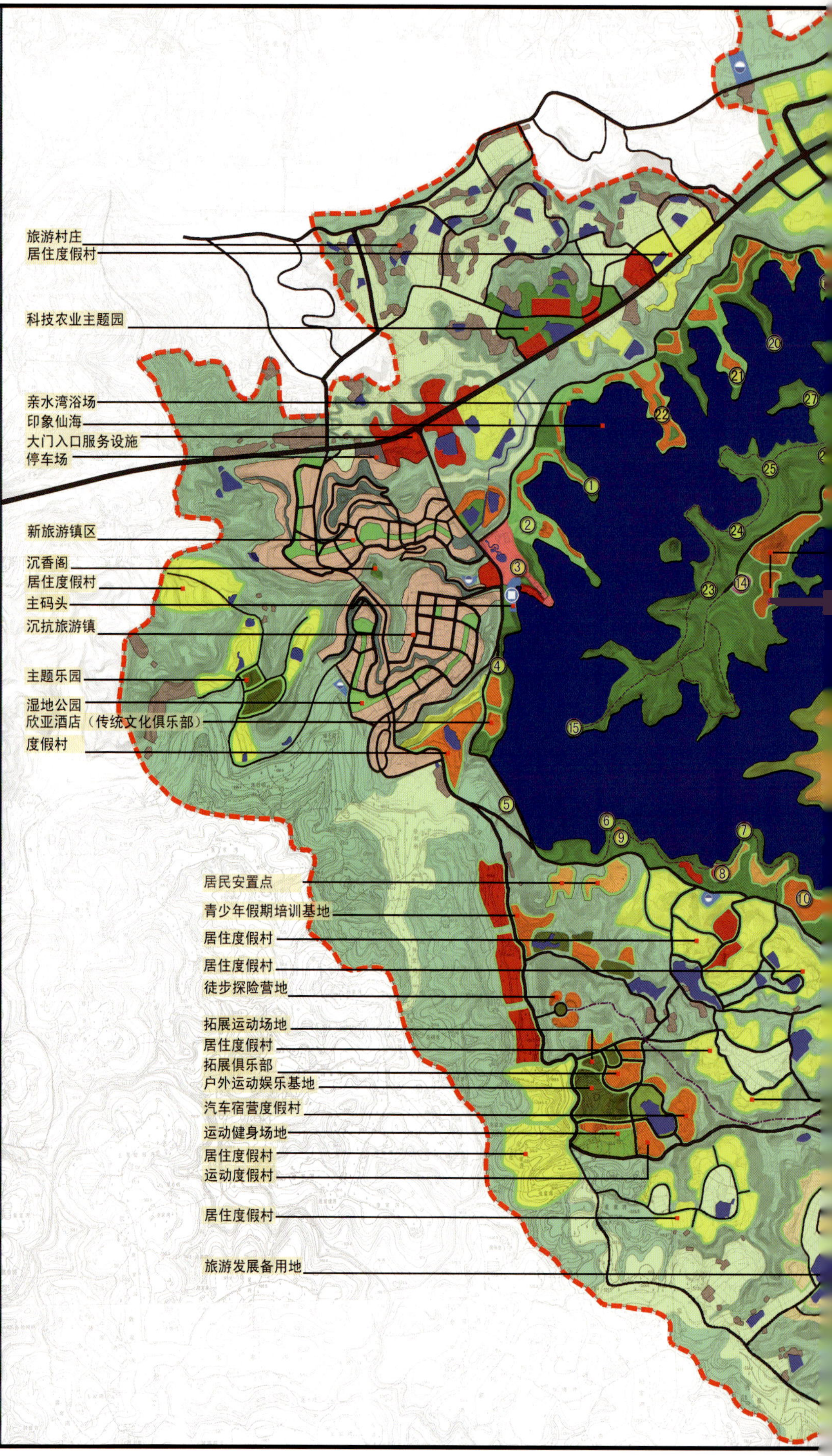

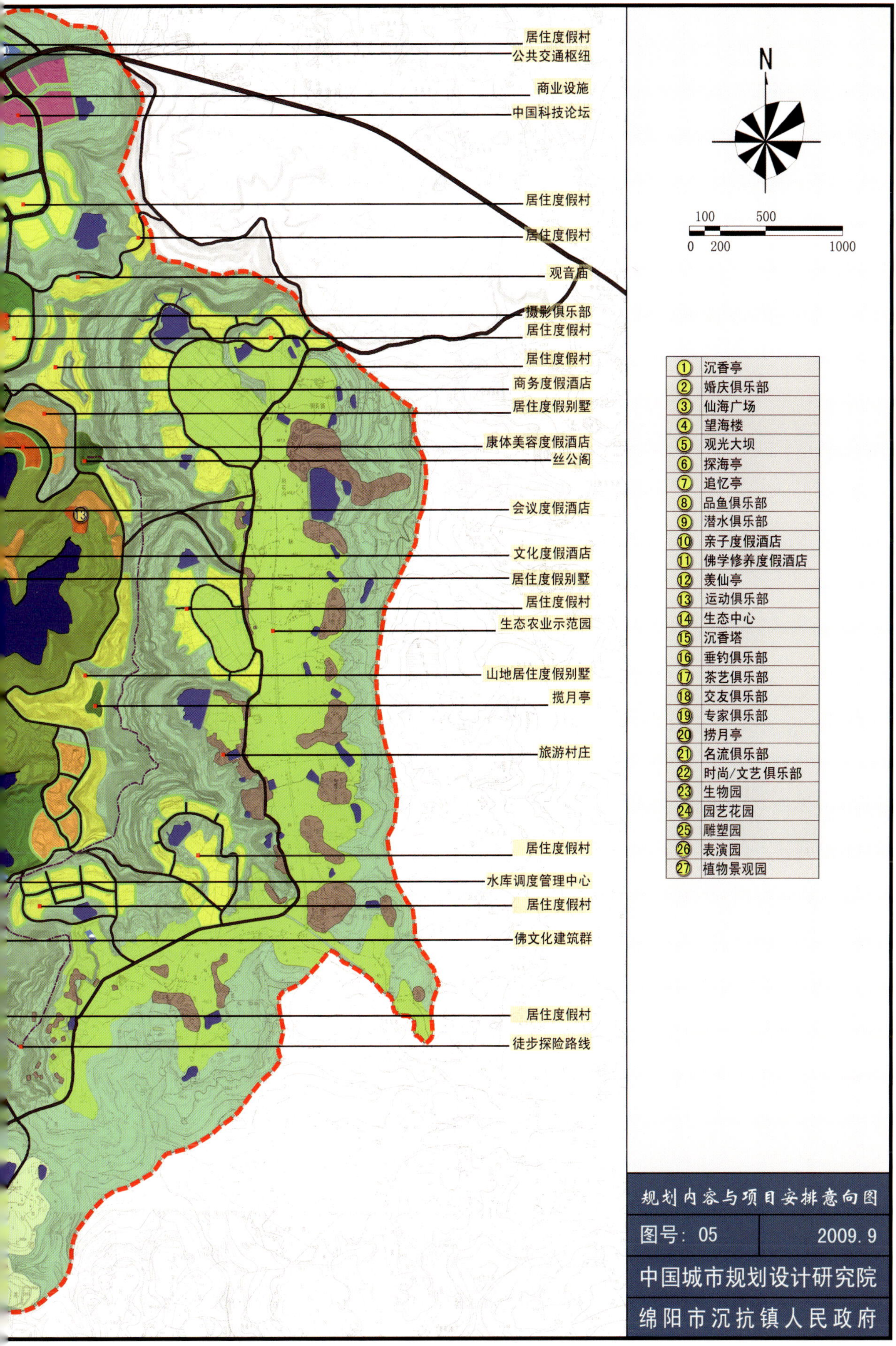

规划内容与项目安排意向图

图号：05 2009.9

中国城市规划设计研究院

绵阳市沉抗镇人民政府

绵阳市沉抗镇仙海旅游度假区核心区控制性详细规划

---土地使用规划图

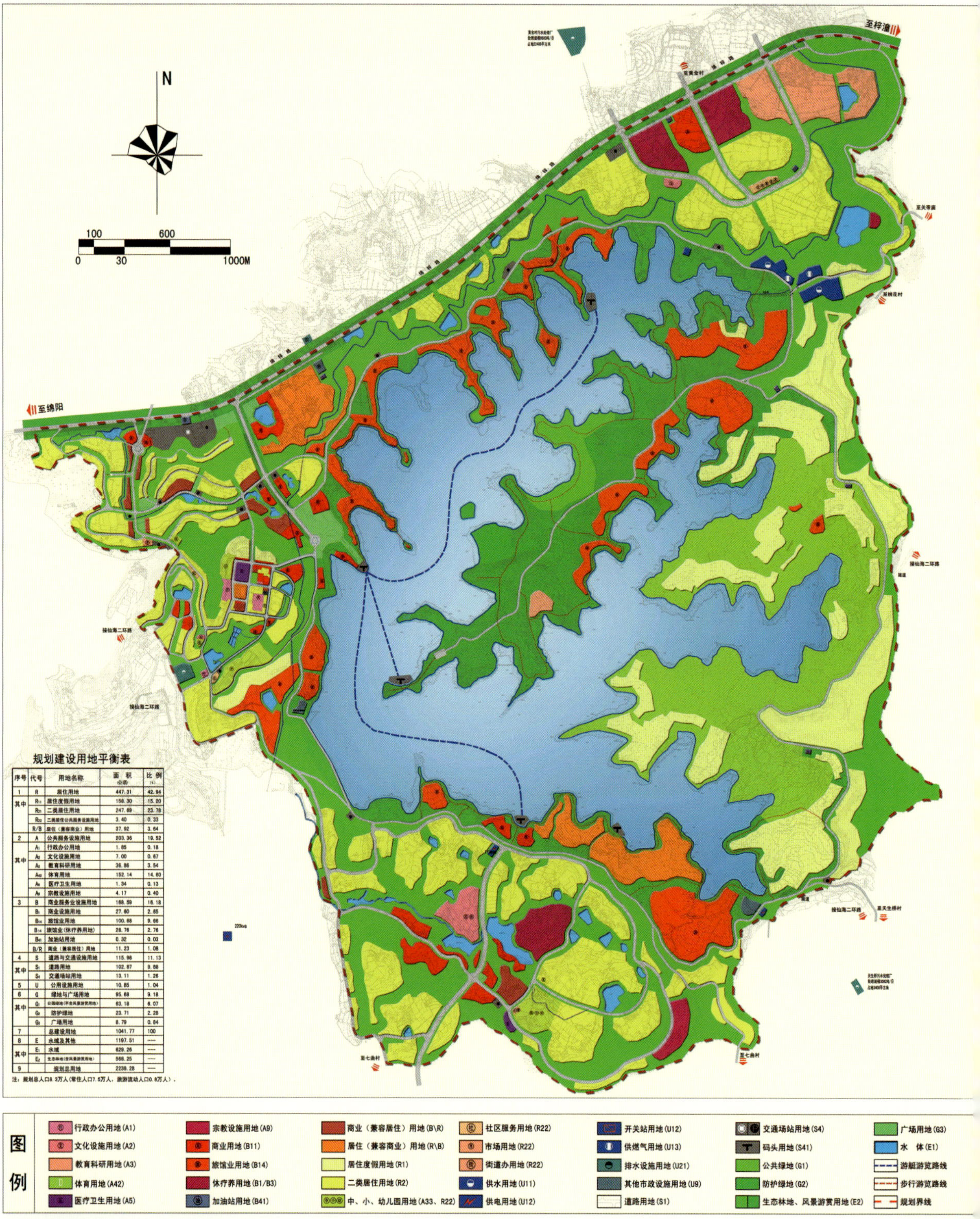

规划建设用地平衡表

序号	代号	用地名称	面积(公顷)	比例(%)
1	R	居住用地	447.31	42.94
其中	R_{11}	居住度假用地	158.30	15.20
	R_{21}	二类居住用地	247.69	23.78
	R_{22}	二类居住公共服务设施用地	3.40	0.33
	R/B	居住（兼容商业）用地	37.92	3.64
2	A	公共服务设施用地	203.36	19.52
其中	A_1	行政办公用地	1.85	0.18
	A_2	文化设施用地	7.00	0.67
	A_3	教育科研用地	36.86	3.54
	A_{42}	体育用地	152.14	14.60
	A_5	医疗卫生用地	1.34	0.13
	A_9	宗教设施用地	4.17	0.40
3	B	商业服务业设施用地	168.59	16.18
	B_1	商业设施用地	27.60	2.65
	B_{14}	旅馆业用地	100.68	9.66
	B_{14}	旅馆业(休疗养用地)	28.76	2.76
	B_{41}	加油站用地	0.32	0.03
	B/R	商业（兼容居住）用地	11.23	1.08
4	S	道路与交通设施用地	115.98	11.13
其中	S_1	道路用地	102.87	9.88
	S_4	交通场站用地	13.11	1.26
5	U	公用设施用地	10.85	1.04
6	G	绿地与广场用地	95.68	9.18
其中	G_1	公园绿地(不含风景游赏用地)	63.18	6.07
	G_2	防护绿地	23.71	2.28
	G_3	广场用地	8.79	0.84
7		总建设用地	1041.77	100
8	E	水域及其他	1197.51	---
其中	E_1	水域	629.26	---
	E_2	生态林地(含风景游赏用地)	568.25	---
9		规划总用地	2239.28	---

注：规划总人口8.3万人(常住人口7.5万人，旅游流动人口0.8万人)。

绵阳市城市规划设计院
Mianyang Urban Planning & Desing Institute 2012.08

绵阳市仙海水利风景区年鉴
编纂委员会

仙海年鉴编辑部

编辑说明

一、《仙海年鉴》是由绵阳市仙海水利风景区管理委员会（以下简称“区管委会”）主办，仙海年鉴编纂委员会编辑的资料性文献。2018年创刊。《仙海年鉴（2018）》为第一卷，上下限为2017年1月1日至12月31日，特载与首次刊载，部分资料时间有上溯下延。

二、本年鉴全面、系统、客观记载绵阳市仙海水利风景区（以下简称“仙海区”）旅游、运动、康养、赛事等产业发展和重大活动，反映区内自然、政治、经济、文化和社会等方面的基本情况与重大事件，为区党工委、管委会及相关单位决策提供参考借鉴，为社会各界人士、中外投资者了解仙海、投资仙海提供翔实资料，是展示仙海、宣传仙海的重要窗口。

三、本年鉴采用分类编辑，由类目、分目、条目三级组成，设图片专辑、特载、新闻聚焦、大事记、综述、文化与旅游、现代服务业、现代农业与农村发展、招商引资与创新创业、党务与政务、人民团体、纪检监察·法治、教育·体育·卫生与健康、财政税收·国有资产监管、综合监管与服务、城乡建设管理·生态环境保护、社会事业、社区·村、附录共19个类目。

四、全书条目标题统一用黑体字加【】表示，正文为5号书宋字体。全书有中英文目录（英文至类目）、索引，具有较完善的检索系统。在排版上，全书采用双栏排版，双页书眉为书名，单页书眉为类目标题。书页码在书脚左右角，并加色条。

五、本年鉴所载稿件，均由仙海区有关职能部门提供，并经过严格审核。统计表由区经济发展与投资促进局提供，业务部门统计数据由各主管部门提供。统计资料使用现行法定计量单位，书中计量单位和数字、标点符号等使用均以国家有关规定为准。因统计口径和统计时间的原因，有些数据可能与统计资料公布的数字有差异，应属个别情况，请根据实际需要取舍。

六、本年鉴收录的区党工委、管委会领导名单，区级各部门、各单位和驻区机构负责人名单，均以2017年在职者为准。

主要撰稿人员名单

（按姓氏笔画顺序排列）

马　龙	车　静	王旭丽	王　棚	王秋菊	王安荣	车由玉
冯　佳	吉　敏	刘德兴	朱　伦	李　蓉	李　浩	李　铮
宋　瑶	何　娟	李碧玉	邹　颖	黄木春	李代光	李映双
罗红梅	易　璐	罗　军	赵　健	吴成光	胥茂勋	胡兵圣
寇　敏	淳晶晶	舒顺金	雷　宇	雷兰华	漆小琬	

仙海年鉴编辑部

地址：四川省绵阳市游仙区沉抗镇仙山路 32 号

电话：0816-2760516　　传真：0816-2760111　　邮编：621029

仙海水利风景区有关组织机构简称、全称对照表

单位名称	简称
中共绵阳市仙海水利风景区工作委员会	党工委
绵阳市仙海水利风景区管理委员会	管委会
综合办公室	综合办
党群工作部	党群部
监察局	
经济发展和投资促进局	经投局
社会事业发展局	社发局
住房与城乡建设局	住建局
财政局	
绵阳市城市管理行政执法局仙海区分局	城管仙海分局
农业服务中心	农业中心
宣传文化服务中心	宣传中心
劳动保障服务中心	劳保中心
旅游发展中心	旅发中心
拆迁办公室	拆迁办
绵阳仙海投资有限公司	投资公司
绵阳市公安局仙海分局	仙海公安分局
司法所	
绵阳市工商行政管理局科创园分局仙海工商所	仙海工商所

特 载

新闻聚焦

大事记

综 述

文化与旅游

现代服务业

现代农业与农村发展

招商引资与创新创业

党务与政务

人民团体

纪检监察·法治

教育·体育·卫生与健康

财政税收·国有资产监管

综合监管与服务

城乡建设管理·生态环境保护

社会事业

社区·村

附　录

Table of Contents

Special Features

News Focus

Events

Overview

Culture and Tourism

Modern Service Industry

Modern Agriculture and Countryside Development

Investment Invitation and Innovation

Social Undertakings

Community and Village

Appendix

特　载

Special Features

※ “加减乘除”护环境　人水和谐绘蓝图

Blueprint for Human and Water Harmony via “Addition, Subtraction, Multiplication and Division” Environment Protection

※ 在全区2017年工作会议上的讲话

Speech at the Regional Working Conference in 2017

※ 在全区2017年工作会议上的讲话

Speech at the Regional Working Conference in 2017

※ 人水和谐成就精品景区　绿色发展助推富民强区

Harmony Between Human and Water Achieving Quality Scenic Spots, Green Development Promoting Rich Citizens and Strong Regions

“加减乘除”护环境　人水和谐绘蓝图

绵阳市仙海水利风景区党工委书记　代宏

阳春三月、百花争艳。山上映入眼帘的是郁郁葱葱、挺拔林立的柏树、桤木树，犹如置身绿色的海洋，墨绿、深绿、翠绿、嫩绿，层次分明，错综呈现，各具形态、奇异优美，让人神清气爽，令人心旷神怡。蛇岛、鸟岛、孔雀岛屿星罗棋布，各具特色，相映成趣，环湖路、岛屿、蓝天、白云相得益彰，构织出一幅美仑美奂的绿色生态图画，静中有动，动中有静，养眼、养心、养胃、养神，这就是浩渺美丽的仙海水利风景区。

绵阳市仙海水利风景区位于四川西北部，地处剑门蜀道、九寨沟、黄龙等黄金旅游线的中心地带，距成都110千米。风景区辖区总面积75平方千米，总人口2.3万人。风景区以被邓小平同志称为“第二个都江堰”的武都引水工程骨干囤蓄水库——仙海湖（沉抗水库）为核心，面积13.8平方千米，其中水面6.8平方千米，库容1.04亿立方米。在国家水利部的亲切关心下，2002年，仙海水利风景区成为四川省首批国家级水利风景区，努力打造集“水景观光、休闲度假、运动养生、科普教育”于一体的西部一流的水利风景区。目前，该区已被评为“国家AAAA级旅游景区”“省级旅游度假区”“省级生态旅游示范区”和“四川省安全社区”。

立足景区定位　做好品质规划

绵阳市仙海水利风景区成立于2003年6月30日，是经中共绵阳市委、市政府批准成立的水利经济开发区，仙海区实行区镇合一体制，保留沉抗镇建制，设仙海区党工委、管委会，分别为绵阳市委、市政府的派出机构。仙海区党工委、管委会与沉抗镇党委、沉抗镇人民政府合署办公，两块牌子、一套班子，履行市级经济管理权和县级行政管理权，负责区内的生态环境保护、经济建设和管理。同年10月8日，市委、市政府因仙海为四川省首批国家级水利风景区，决定将其更名为绵阳市仙海水利风景区。2008年2月，市委、市政府根据国家旅游局有关专家现场踏勘后的建议，将其对外统称更名为绵阳市仙海旅游度假区，旨在打造国家级旅游度假区和绵阳市城乡统筹模范区。为此，在坚持既定的功能定位和发展目标的前提下，仙海区聘请德国鲁格公司担纲策划，邀请中国城市规划设计研究院担纲规划编制，编制了《仙海区总体规划和控制性详细规划》，编制完成了土地利用规划、产业发展和项目建设等规划，基本形成了以总体规划为龙头,要素规划和项目规划为支撑的全域规划体系，确保仙海水利风景区开发建设在规划指导下科学合理进行。

立足资源禀赋　走稳生态之路

仙海核心区由7平方千米的浅丘低山和6.8平方千米的水面构成，森林覆盖率达90%，湖面纵深视野达3.8千米，形成46座精致的半岛，湖岸曲折，泊岸线长达48千米，自然环境“山抱水、水漫山”“山衬水、水映山”，山水一色，形成水乳交融的天然画卷，更有鸬鹚、白鹭、野生鱼群、银杏树等多样性的动植物。仙海良好的自然生态资源，吸引了渴望投入自然，亲水、休闲、追求健康的人们，为依托绿水青山打造旅游精品景区创造了条件。仙海水利风景区自成立以来，始终坚持“保护与开发并重”，利用“加、减、乘、除”法，走绿色发展、生态发展之路。

先做“减”法。成立之初，仙海区就调整思路，“退二进三、优化一产”，痛下“杀”手，将辖区内原有的丝厂、玻璃厂、砖厂、化工厂等对环境不友好的企业悉数迁出，优化农业产业结构，大力发展第三产业，为绿色发展、生态发展奠定了基础。

再做“加”法。一是借助“外力”，大力发展旅游产业。为加强水生态文明建设，该区委托中国核工业设计院对全区总体规划进行了环境影响评价，限定了建设规模，并按照评价完善后的总体规划，借助“外力”，大力招商引资，丰富旅游业态。引进了北京首都开发股份有限公司投资150亿元建设五星级酒店、风情商业街等低碳生态旅游项目，引进了丽湾（锦烁）国际度假酒店、铂金海岸酒店、东辰绿城旅游康养综合体等多个旅游精品项目，确立了仙海发展绿色低碳经济的定位。首开五星级酒店、丽湾（锦烁）五星级酒店、铂金海岸特色酒店群将在今年内建成投用，为水利风景区功能配套提供有力保障。在大力招商引资的同时，严把项目准入门槛，所有建设项目必须通过专家的环境影响评价和主管部门批准后，方可实施项目建设，对未开展环评和环评未批准的项目，一律不得开工建设。项目建设过程中，项目单位必须严格执行环保设施“三同时”制度，确保环保设施的建设与营运落实到位。二是挖掘“内”力，加大旅游基础设施建设。仙海区利用自身投融资平台，筹措资金建设了景观大道、亲水栈道、环湖自行车骑游道、仙海码头、神仙树、沿湖观景平台、迎宾广场、婚庆广场、迎宾大道、环湖旅游服务站等旅游设施，实施了亮化、绿化、美化工程，水利风景区颜值得到实质性提升。

三做“除”法。为确保“减”去的对环境保护不利的工业，“加”入的高品质的三产项目不再破坏环境，从源头消除环境污染构成的威胁。仙海区规定进区项目建设用地绿化率不低于40%，对仙海湖面积最大、景观最好的天龙岛进行了最大限度的保护，将其中的1000亩区域作为禁止开发地段，既保护好生态景观，又确保不产生污染源。严格按照规划，在仙海湖西、北、南侧建设了3座污水处理厂和收集主干管22.5千米，总处理能力达1.85万吨，实现了规划区域内污水的全收集、全处理。为了不让一滴污水流入仙海湖，仙海区建立了水质自动化监测平台和水质综合预警信息化管理平台，实现了对仙海湖水体生态环境全天候、全覆盖的实时监控和预警。成立政府投资公司进行水面清水养殖，禁止湖内肥水养鱼。仙海湖水质常年保持总体Ⅱ类以上，空气质量优良天数300天以上。

后做“乘”法。坚持走绿色、生态发展之路，让绿色经济发挥乘数效应带动全区经济腾飞，让绿水青山变成长久造福一方百姓的金山银山。一是千方百计提高农民收入。大力发展乡村旅游，加大农民工培训，把大量农民工转化为旅游从业人员，让他们在家门口务工，增加收入；努力发展全域旅游，全区三次产业比重为33∶4∶63。二是做好融合发展，持续举办赛事活动，提升影响力。已成功了举办6届绵阳（仙海）端午文化旅游节、8届中国（绵阳）科技城环仙海湖自行车公开赛等，彰显“运动仙海”特色。仙海乡村少年宫建设更是走到全国前列，得到中央文明委的高度肯定。全国桥牌基地、中国书协的书法创作基地、影视拍摄基地、学生科普实验基地等一大批文化科普项目相继落户仙海。三是经济发展成果全民共享。在全区范围内实行村（居）民体检、孕产妇分娩全免费，新考入大学的孩子有学费资助，留守儿童寒暑假去探望父母，开学之后可以凭票在学校报销车船费等系列特色民生项目，让民众得到实惠。

立足发展目标　构建和谐蓝图

仙海是绵阳市唯一一个旅游业为主业的园区，发展目标是建设集“休闲度假、运动养生、会议会展、生态居住”于一体的国家级旅游度假区，根据这一发展目标，仙海十多年来始终坚持“不让一滴污水流入仙海湖”的这一庄严承诺，坚持开发利用与传承保护并重的原则，在保护中开发，在利用中保护，立足资源禀赋，打好特色牌，走稳生态路，使仙海旅游业成为全市一张靓丽的名片。以萄源仙谷、奥亿森、绿博、志鹏为代表的农旅融合发展项目正蓬勃兴起，截至2016年，辖区三星级以上的星级乡村酒店和农家乐已达10余家。2016年，该区成功签约总投资42亿元的绿城东辰旅游康养产业园项目，总投资3亿元的韩国橘子功成奥特莱斯项目，引进四川仁信能源有限公司、浙江仁智有限公司绵阳分公司到区内注册经营。加快推进了骊岛国际度假酒店、铂金海岸度假酒店等酒店群和海珀澜山生态旅游居住，婚庆广场等项目建设。承办了全市重点旅游项目集中开工仪式，其中仙海集中开工项目10个，总投资达80亿元，涉及教育、酒店、零售、餐饮、游乐等产业，这为仙海未来旅游产品的丰富夯实了基础，景区智慧信息中心、环湖景观、漫游道、外部交通等旅游配套项目正加快推进，这些项目的建成，将极大提高仙海“云服务、慢旅游”颜值，一个集娱乐、休闲、度假、旅游一站式的休闲度假综合体正日趋完善。

“一湖冰雪水、一道风景线，一根产业链、一片经济带”，仙海湖是景区发展的核心条件，仙海由水而生、依水而立、因水而兴，该区正用他们的聪慧努力构建人—水—社会和谐蓝图。（摘自《2017年党的建设与思想政治工作优秀成果汇编》下卷）

在全区 2017 年工作会议上的讲话

绵阳市仙海水利风景区党工委书记　代宏

这次全区工作会议的主要任务是：全面落实中央、省委和市委经济工作会议精神，总结2016年工作，分析当前形势，安排部署2017年经济建设、社会事业、党务工作，推动全区经济社会快速健康发展。前面，各分管领导对自己分管的工作进行了安排部署，魏魁同志对全区2016年经济工作进行了深入分析和总结，并提出2017年全区经济工作的重点，总结、安排得都很全面，都很到位，几位领导同志的讲话内容都是经过党工委、管委会主任办公会研究同意的，请大家认真抓好贯彻落实。下面，我再讲三个方面的意见。

一、关于2017年全区重点工作

2017年，是全市深入实施“旅游十三五规划”的第二年，也是旅游业加快转型升级的提速年，作为全市唯一一个以旅游产业发展为主的开发园区，我们一定要聚焦旅游发展，努力在全市“打造国内知名旅游目的地和区域旅游集散地”上走在前面，实现突破。要转变思想观念，理顺管理体制，摆脱路径依赖，切实把旅游业作为带动三产发展的核心产业来抓，认真梳理我区旅游资源、完善基础功能，探索建立健全旅游发展融资平台，积极引进战略投资者，尽快走出一条全新的旅游发展之路；要改变“就旅游说旅游”的狭隘观念，推进旅游与生态、文化、农业等产业深度融合，形成多点支撑、众星捧月的大旅游格局；积极创新发展模式、营销方式、新兴业态和旅游产品，达到旅游综合效益最大化，实现富民增收。

目前，仙海通过多年努力，于2015年创建为“国家AAAA级旅游景区”“省级旅游度假区”“省级生态旅游示范区”“省级安全社区”。2016年，我们顺利通过了省旅发委和省标评委专家组对仙海“国家AAAA级旅游景区”“省级旅游度假区”的暗访检查，启动了国家级旅游度假区创建，并将创建工作纳入了全省“十三五”国家级旅游度假区创建的重点指导单位。2017年，我们又将筹办绵阳市旅游发展大会，这对我们来说，既是一次机遇，又是一次挑战，更是一次检验。2017年工作的好坏，关乎仙海未来发展前途和成败。因此，我们要按照“发展大旅游、建设大景区、形成大产业”的思路，按照国家级旅游度假区建设标准，对全区旅游产业发展进行科学定位，规划布局进行深度提升。瞄准旅游业发展的可进入性、可驻足性等关键环节，打造运动养生、休闲度假、山水风情、乡村体验等一批特色鲜明的旅游项目，谋划举办特色节庆活动，强势宣传促销，以品牌打造凝聚人气，拓展旅游市场，真正使游客进得来、游得好、留得住，尽快成功创建“国家级旅游度假区”。可以这么说，2017年是创建“国家级旅游度假区”筑牢基础的一年。因此，要求我们要重点做好以下六项工作。

（一）全力做好市旅发会筹备工作

筹办市旅发会是仙海2017年的一件大事，是全年工作的重中之重。为了能将此次旅发会办成一届有特色的大会，我们面向全国公开征集策划方案和执行方案，通过两强竞争优选，目前已经确定带头实施机构。今年，我们的一切工作都要围绕、服务于旅发会展开。9月底前，旅发会重点区域内的丽湾酒店、铂金海岸酒店要完成装修，达到接待能力，雷耀酒店要完成改造升级，韩国橘子功成奥特莱斯项目也必须在9月实现对外营运。同时，区党工委、管委会负责的从景区大门经雷耀酒店、铂金海岸、丽湾酒店、首开仙海龙湾、绿博花都到“萄源仙谷”区域内的绿化、美化工程也必须在9月底前完成，亲水栈道3期、广场欧式城堡、商业城装修和仙湖度假酒店改造等旅游设施项目也要在9月底前完成，达到为旅发会服务的条件。此项工作请刘华同志牵头，区景区中心统筹，区投资公司、住建局、经科局、财政局各负其责，尽快组织执行方案的修订完善，牵头按执行方案实施各项筹备工作，做好与旅发大会相关的各项活动组织和会期服务工作。

（二）全面启动“国家级旅游度假区”创建工作

近年来，我区旅游日渐升温，但仍处于起步阶段，由于是开发园区，我们在旅游产业发展规模、旅游配套设施完善、旅游业态丰富、旅游管理水平等方面，还无法与周边的游仙、平武、北川、江油、梓潼等县市区相比，与“国家级旅游度假区”标准也还有不小的差距。特别是我们有显著特色或国际水准的高品质的度假型酒店数量（应具备至少有3个）、住宿接待设施总客房数（应不小于1000间）、接待过夜游客量（接待过夜游客为主，国家级旅游度假区过夜游客中应有至少1/3平均停留3夜以上或2/3平均停留2夜以上）还不足；作为国家级旅游度假区重要组成部分的乡村旅游发展，还处在起步阶段；还缺乏主题乐园、度假营地等核心项目。现在，离我们提出在2018年达到申报创建“国家级旅游度假区”条件，只有不到2年时间，要如期实现创建目标，硬件、软件建设都还有大量的工作要做。因此，我们要以承办2017年全市旅发会为契机，尽快确定“国家级旅游度假区”创建专业指导服务团队，在充分策划论证的基础上，完成全域旅游提升规划和生态农业示范区规划，抓好项目引建，夯实打牢创建基础。此项工作也请刘华同志牵头，区景区中心负责统筹，其他职能部门要各司其职，做好分内工作。

（三）全力做好融资建设工作

要创建“国家级旅游度假区”，要办好市旅发大会任务，钱是关键，没有钱，很多好的创意、精的项目都无法落地实施，因此，资金成了完成系列工作的重要保障。目前，我们完成了融资建设方案编制，正在与央企和金融机构进行洽谈，争取利用社会资本进行国家级旅游度假区基础设施项目建设；采用PPP模式，建设一批经营性项目。我们要按照规定，落实招投标代理、工程管理等中介机构；指导并协助投资方实现管委会指定项目开工建设。此项工作请张鹏同志牵头，区财政局、投资公司具体负责。

创建国家级旅游度假区，在基础设施方面，我们的差距还比较大，一部分要通过招商引资由项目来完成建设，包括产业项目、经营性项目等等，另一部分必须由政府建设，包括环湖路景观提升、亲水栈道、道路、管网、停车场等基础设施以及与土地整理相关的项目。目前，国内的政策环境给我们提供了很好的机遇，国家鼓励投资，所以在地方政府创新融资方式、创新投资方式方面，我们要加大探索。在股市、房地产等不景气的情况下，很多企业都愿意与地方政府合作进行基础设施建设，这种机遇可遇不可求，我们要把管委会未来要做的几大类的基础设施资金找到，用社会资本的钱把未来要建设的项目提前实施了，不断创新融资方式，在推进过程中寻求解决办法。

融资建设项目、其他基础设施项目今年要启动，两条大道、两条支线的建设，几个片区的土地整理等与老百姓直接相关的，村上一定要做好群众工作。我们建设基础设施，打造国家级旅游度假区，提升仙海形象，完善仙海的旅游功能，丰富旅游业态，最终落脚是让当地老百姓受益。建设过程中如遇到征地、拆迁、工程包工等问题，村（居）的干部要与党工委、管委会保持高度一致，群众的利益，政策范围内最大限度的保护，对于少数人拆迁中漫天要价、强揽工程等无理诉求，要理直气壮予以抵制和打击。涉及拆迁、土地整理的区域，之前已经安排相关部门，提前锁定现状、取得影像资料，按照原先统计的数据进行赔偿。

（四）全力推进区投资公司改制工作

区投资公司是我区唯一的一个国有投资企业，担负着全区重点项目建设、全区融资平台等工作任务。今年，我们要按照建立现代企业制度的要求，完成投资公司的整合改造，梳理辖区资产并完成向公司注资，壮大投资公司，增加经营项目。此项工作也请张鹏同志牵头，区财政局、投资公司具体负责。

（五）协调推进重点项目建设工作

重点项目主要是刚才魏主任强调的六个方面，分为三类：第一类是服务旅发会议，会议要用到的酒店、环湖路的景观提升等等；第二类是重要的基础设施建设项目，包括两条大道、两条支线等等；第三类是产业，橘子功成、东辰和绿城合作的项目。重点项目到现在还没有最后形成，接下来还要研究，锁定下来之后，每一个重点项目都要有一个领导牵头，有一个具体牵头部门，有一个项目推进表，年终按照每个月、每季度的完成情况进行考核。

（六）全力做好招商选资工作

去年，我们根据仙海实际情况认真研究，出台了“总部经济招引优惠政策”“现代服务业企业招引优惠政策”等6项招商引资政策。会议后，请经科局梳理做成简单的宣传资料，发给参会人员，全区干部职工都要成为仙海的招商员，特别要注重招引总部经济这块，因为仙海的资源有限，仙海的主业又是旅游，我们前期的建设主要是靠土地开发，我们希望通过土地来覆盖园区内所有的政府性基础设施投入，达到土地卖完，基础设施也建完，在这上面达到资金平衡。但是，建设完成后，后续的景区运营大量的服务工作仍需要资金，比如，环境提升工程完成后，每年的维护费将是一块很大的支出，这些钱从哪里来？就必须要靠税源。但是，旅游项目初期的经营要很快形成税收难度较大，需要总部经济的贡献来支持。目前，支撑仙海财政收入的几个企业主要还是总部型企业，比如，仁智油服没有消耗仙海一点资源，没有占用一寸土地，一年交2000万元左右的税，今年一月份还在本区实现个人所得税4100万元，这就是总部企业的好处。如果仙海多一点总部企业，局面肯定会不一样。希望大家在这个问题上认识要统一，大家都能为总部企业招引提供信息、提供线索，经科局招商的同志做进一步跟进。

今年，我们要对照“国家级旅游度假区”创建标准和提升后的度假区规划，推进文化和旅游深度融合，实行“挂图招商”，以总部经济、旅游、休闲等为重点产业加快引进和发展，力争完成2个5亿元项目招引，其中1个为游乐项目；完成10家以上总部企业招引。此项工作请杨崇明同志牵头，区经科局具体负责。

以上六项重点工作，我们将建立单独的考核办法，纳入年终绩效考核，逗硬奖惩。

二、关于2017年全区党建工作

2017年，区党工委在加强党的建设方面，将始终坚持“抓好党建是最大政绩”，切实推进全面从严治党，强化落实新形势下党内政治生活规范化，充分发挥党建引领的作用。

（一）始终把思想政治建设摆在首位，继续推进“两学一做”学习教育

依托区党工委中心组学习、党工委委员、管委会主任办公会议会前学习、专题授课、专题民主生活会、“三会一课”等形式，推进“两学一做”学习教育，组织和引导广大党员干部深入学习党的路线、方针、政策，认真学习习总书记系列讲话

和《党章》《准则》等党纪党规，继续贯彻落实中央、省、市有关文件精神，进一步加强领导干部理论武装和思想政治建设，教育引导党员干部讲政治、讲规矩、讲纪律，坚持党性原则，坚定理想信念，对党忠诚。

（二）继续强化组织建设，着力增强基层组织凝聚力和战斗力

坚持区党工委定期专题研究党建工作，解决基层党建中存在的困难和问题。加大考核力度，与基层党组织签订年度目标责任书，压实工作责任。严格落实领导干部双重组织生活制度，通过以上率下，扎实开展基层组织党建工作。以抓党员“三会一课”为突破口，强化村（社区）“第一书记”职责，要切实搞好党支部书记的党建工作述职，不断推进全面从严治党战略在基层的落实。当前，各村（社区）都完成了班子换届工作，区级相关部门要加强村（社区）班子的学习培训，指导他们修订村规民约，同时，加大各方保障，有效调动村（社区）干部队伍的工作积极性。

（三）着力加强干部队伍建设，提升各类人才干事创业的能力

干部队伍建设从两个方面着手，一是干部的选用。严格按照选任条例要求规定，按照德才兼备、任人唯贤的原则，坚持民主集中制，完善干部选用。在干部选任的问题上，我作为班子班长，在这里承诺，党工委绝对不凭个人好恶选干部、绝对不凭关系选干部，会公开、公正、透明选任，不讲关系、少讲资历、更多讲能力、德才表现和工作实绩，所以大家要专心致志做好工作。二是干部培训。几个层次的培训都要展开，领导班子要进行中心组学习，机关干部要进行专业培训，要选派机关干部到上级对口部门挂职学习，外送到高校、专业培训机构学习，换届后的村社干部要到市委党校学习3天，服务业的从业人员、辖区企业的培训，由景区中心和劳保中心统筹安排组织。

三、关于干部作风建设

（一）强化危机意识，要敢于担当

居安思危是执政能力和领导水平的重要体现，前面，魏魁同志分析了仙海现在所面临的机遇和挑战，我们要进一步深化对重要战略机遇期的认识，深化对国家宏观调控重要性的认识，抢抓机遇，加快发展、科学发展。要充分认识到不发展就要落后、就有可能被淘汰，切实增强加快发展的危机感、压力感、责任感，决不能有丝毫的懈怠和自满，要以时不我待、只争朝夕的精神，推动经济社会超常发展、跨越前进。

（二）强化效率意识，要抓好落实

在加快发展上，我们一分一秒也耽误不起。各级干部要大力倡导立说立做、雷厉风行、说干就干、马上就办、干就干好的作风，言必信，言必行，行必果。对看准了的事，有利于加快发展、有利于科学发展的事，要抓紧时间，果断决策，加快节奏，提高效率，坚决避免议而不决、决

而不断，失去机遇，影响发展；对决定了的事情，特别是上级交办的事、群众要求的事，要快办速办，办就办好，绝不允许拖拖拉拉、推诿扯皮、消极怠工，确保立竿见影，快见成效，大见成效。有些事情需要想清楚再干，比如，景区的策划、规划，项目的招引、落地，前期的策划、规划、设计，都要考虑清楚再干。但有些事情，需要边干边找办法，要快速推进，比如，已经落地的项目，一直不开发建设，造成土地闲置，这一类型的项目要尽快在2017年启动建设，尽快完善景区功能，实现景区的配套。

（三）强化协作意识，要统筹兼顾

大家经常说，“团结就是力量”，团结协作的重要性想必不用我多说，大家都懂。只有搞好团结，才能出凝聚力、出战斗力，出成绩，也才能出干部、出人才，我们要牢固树立“全局一盘棋”的思想，强化团结协作意识，增强团结协作能力，做到心往一处想，劲往一处使，拧成一股绳，形成强大合力。全区上下要形成这样一种工作氛围，区分管领导要定期研究重点工作，部门要统筹力量，分配好工作，职责明确，分线作战；一般干部也要讲究工作的统筹性、系统性，科学分配做好各项工作的精力和时间。

（四）强化宗旨意识，要心系群众

要把为群众办实事作为第一目标，把群众呼声作为第一信号，把群众满意作为第一标准，用心想事，用心谋事，用心干事，要把群众的事情当作自己的事情来做，与群众建立真情实感。

（五）强化规矩意识，要依法行政

市场经济是法治经济，依法治理理所当然，任何不依法办事、不依法行政、不依法执法的行为，都将是后患无穷、贻害无穷。我们要始终坚持以人为本，牢固树立科学的发展观、正确的政绩观和一心为民的群众观，严明纪律讲规矩，坚决破除“人治”观念，不断强化法治意识，做到依法行政。同时，要教育广大群众，增强法制观念，依照法律，按照程序，反映问题，维护权益。

事业永无穷期，奋斗永不言止。面对新的形势、新的任务，我们要有新的姿态、新的作为。让我们在市委、市政府的正确领导下，全面贯彻落实中央、省委和市委的各项决策部署，站在新的起点，抢抓新机遇，为加快推进“国家级旅游度假区”和幸福美丽仙海建设而努力奋力。

在全区 2017 年工作会议上的讲话

绵阳市仙海水利风景区党工委副书记、管委会主任 魏魁

2016年工作总结

去年按照市上要求，基本完成了市上下达的经济社会发展指标。实现地区生产总值7.3亿元、同比增长6.1%，完成全社会固定资产投资23.1亿元、同比增长0.6%，实现公共财政收入8495万元、同比增长6.18%，到位内资11.66亿元，社会消费品零售总额4.58亿元、同比增长12.7%，服务业增加值4.62亿元、同比增长7.4%，城镇居民人均可支配收入29370元、同比增长11.7%，农民人均纯收入实现16058元、同比增长14.5%，接待游客214.6万人次、同比增长42.1%，实现旅游收入2.67亿元、同比增长35.3%。

第一，从完成指标上来看，两项指标低于全市平均水平。一是地区生产总值，去年全市GDP达到8.3%的增速，但是因为我区没有工业，所以全市增速排名倒数第二；二是服务业增加值增速7.4%，但与本身的发展方向相背离，因为三产业主要解决的是服务业增加值的问题，去年这两项指标低于全市平均水平的主要原因有两个：一是经济总量小、结构差、过分依赖区属一些企业的统计数据和报表。服务业增加值上，过分依赖长虹快益点；GDP上，统计口径出现了问题。2017年，要在突破经济结构上努力，让更多的产业、企业、行业完整的进入仙海地区，比如仙海建筑业发展迅猛、各项工程进展很快，但是区域内没有一家建筑企业属于仙海自身的建筑企业，以致税收、统计不在仙海，下一步要着力解决这个问题。二是各部门、各行业对统计工作重视不够。行业业务不熟，具体经办人员政策不清，部门协作上职责不明，所以去年在上报统计过程中出现了一些工作失误和技术失误，这两大原因导致我们去年两项目标落后全市。但我区在招商引资、财政收入、旅游收入指标数据上领先全市，所以，去年目标基本完成。

第二，从去年经济运行发展特点上看，项目带动效益明显，但是项目引进、落地、建设、营运依然滞后。区域特征决定了没有项目就没有一切，没有招商、没

有税收、没有投资，没有对农业和其他产业的影响和带动，所以发展的核心是项目，去年引进了一大批看不见、但对区域贡献很大的项目，在弥补我区产业结构上发挥了重要的作用。比如：仁智油服改制期间1月份的个人所得税在本区实现了4100万元，不占我区资源、土地，但贡献很大；去年引进了能对酒店进行智能化改造的微亿联科技公司，对我区科技型企业的发展起到一定的引领作用；全市建筑企业30强的佳富美建筑公司迁入了仙海，弥补了我区建筑企业零的缺陷。这些企业实实在在为我区经济做出了重大的贡献。另外，去年，成功签约了四川东辰和杭州绿城，以东辰绿城为首的这批企业在我区有将近十个接近80亿的投资项目，都将在今年进行开工建设，包括房车营地、私家车营地以及其他项目，这些项目对我区的发展起到了积极的作用。

但去年的问题是：引进、落地、建设、营运的项目都比较滞后，除建设速度最快的骊岛和花园集团，其他的企业，包括涉农企业，建设进度都缓慢，所以真正能够实现对产业的带动还比较差。

第三，从发展动力上看，发展基础不断得到巩固和完善，但是同样需要强烈突破。去年，整个全区道路交通、国土规划、农业农村、政务环境这些方面的基础都得到巩固和完善，项目前期所有的工作已基本完成，但是还需要在前期基础上实现项目本身的尽快落地，比如连续三年不断地对农业基础设施进行投入，全区已率先在全市基本实现了社社道路畅通，大幅度改善了农业基础设施，但仍存在很多问题，社道的“断头路”还需要解决、农村贫困人口需要解决，产业化发展拳头的形成也需要解决，基础虽然在巩固，但发展依然欠一把火；我区几条道路建设、电力设施的改造这一类似的基础设施建设，近年来都在陆陆续续做基础工作，但都要有望2017年才能实现突破；政务环境上，去年，我区换届，领导班子按照市委、市政府要求做了大幅度调整，经历了市委的巡查，还经历了半年之久的对仙海经济责任、财政收支、环境保护的审计，这些，对知道什么事能干、什么事不能干、什么事加快干、优化政务环境起到了至关重要的作用。另外去年宣传工作也值得肯定，因去年较大投入，仙海目前知名度在不断提高，南郊机场印有仙海的登机牌，双流机场、动车，成绵、成广、绵遂高速等都有仙海的宣传，绵广电视台及几大主要媒体对仙海情况也进行实时跟播，这为今年各项工作实现突破性的发展奠定了很好的基础。

今年，绵阳市要在仙海召开旅发大会。一大批重点项目将在仙海开工，市政府重点工程——仙海二环路三月开工建设，铜瓦、七曲几条支线、原老绵梓路改建、景观道今年年内都要开工建设。所以，基础设施建设的大幅度投入，会彻底改变仙海今后的交通区位优势。另外，一大批企业项目如环湖路景观改造工程，基础设施项目，东辰、首开、花园的项目等等都要在今年完成投资。

所以，2017年仙海应该迎来新一轮大干快上的新热潮，所以这个时候我们全区召开今年的工作会，无疑对于进一步凝聚全区企业、干部、职工的智慧和力量，共同努力完成这些工作具有重要的意义。

2017年工作安排部署

主要目标：地区生产总值增长7.5%，全社会固定资产投资在今年的基础上增长10%，社会消费品零售总额增长11.5%，服务业增加值增长11.5%，财政公共预算收入增长8%达到9180万元，旅游总收入增长23%，城镇居民人均可支配收入增长10%达到32000元，农民居民人均可支配收入增长12%达到17985元，进一步凸显第三产业的主导地位，全区三次产业结构比达到30∶5∶65。这些指标的确定，是根据今年仙海的发展态势确定的，虽然普遍高于市上下达我区的目标，但我们有信心、决心实现。

去年，仙海被列入了“十三五”期间国家旅游度假区的重点指导项目，被写入了省政府“十三五”发展规划，沉抗镇被列入了文化创意特色小镇，水利部将仙海纳入了典型国家级水利风景区的建设，全国重点支持的全省18家河湖公园，仙海也是其一。这些项目的实施，都将为仙海带来更多的政策支持和投资，所以2017年也是仙海加速发展、大干快上的关键年。

2017年工作重中之重是抓好六件事：

一、始终不渝地突出项目这个抓手，不断推动度假区功能更加完善。一是抓好招商引资项目。今年要挂图作战、挂图招商，除去年出台的六项政策外，国税、地税、工商和招商主管部门都可以在这个区域发挥重大作用。二是抓好项目建设的核心：修好三条路——仙海二环路，两条支线，绵梓路的改建；完成一批旅游基础设施——电力改造、亲水栈道三期、广场欧式城堡、驰名春主题酒店装修等政府性项目建设，丽湾酒店（八月之前必须要投入运营）、韩国橘子功成项目、铂金海岸酒店等企业投资；推动东辰、仙海龙湾、海珀澜山、仙海自驾车营地、仙海帐篷度假园、仙海太极文化养生中心等项目建设。三是抓好项目服务保障。党工委、管委会要专门围绕项目建设研究新的工作机制，除了领导定点联系帮助企业以外，还要制定政策让领导联系企业、帮助企业更加落到实处。

二、抓重点达标，促进旅游产业加速发展。创建达标核心两件事：一是所有建设、营运要按照国家级旅游度假区标准来准备，聘请专业公司指导，小到服务质量和服务水平都要按照国家级旅游度假区标准来要求；二是今年要完成国家AAAA级景区和省级旅游度假区的迎检，目标是申办国家级旅游度假区，迎检做不好一切都是空事。

三、以环境提升为抓手，不断推动生态环境持续改善。一是提升环境质量：对水系、道路、景区增绿、扩绿与提质、增效，3月份将对景区环境改造进行开工建设，特别是绿化、观光平台，短期目标是仙海湖环湖路以内春夏秋冬四季有绿、四季有花；二是做好环境保护：去年接受了环保审计，年初接受了省环保督察，今年5月要接受国家的环保督察。

四、以标准化建设为抓手，不断推动景区管理上档升级。景区管理上仍存在很多问题，根本问题是全民干旅游的整体业绩和素质还有待提升。环境不断改善，游客不断增长，但场镇依然冷清，原因是服务员整体素质偏低，加工出的成品鱼品种单一、缺乏创新。所以旅游环境的塑造、附加值的提升、熟食的规范还是一个漫长的过程，希望劳保中心和景区中心在对旅游从业人员标准化培训这件事上要有大的突破，要从富民这个角度来切实解决劳动就业人员的出路。

五、以产业融合为抓手，不断推动幸福美丽新农村建设。大力支持涉农旅游企业整合资源、抱团发展，有一定知名度的"萄源仙谷""绿博花都""万涪草莓""志鹏农业""铁皮石斛"和正在形成知名度的"铜瓦枇杷""月台桃子"等就能够形成一个完整的产品链，在此基础之上就能组合成产业链，再创一个以乡村旅游为主题的国家AAAA级景区。但政府支持力度、企业作为都不够，今年要实现发展，一是靠企业自身投入和政府投入，今年落实了农业产业化基地的申报，所以政府会对农业企业的投入加大；二是原有基础设施还要进一步改善：村道和村道、社道和社道之间的连接断头，塘湖堰渠的改造，符合条件的农民土坯房改造；三是积极推进重大项目，特别是"河湖连通"工程。

六、以旅游富民为抓手，推动发展成果全民共享。一抓好民生工程，二抓好社会事业，三抓好贫困人口就业，四抓好公共安全卫生，五抓好社会稳定和安全。

最后，通俗一点讲，今年工作的重中之重有五项，一是开好一个会：旅发大会，3月份就要开始筹备，这个会将会是一个助推器，让仙海乘着会议的东风，在项目建设、招商引资、景区提升、规范管理等方面有大的突破；二是筹好两袋钱：①完成财政收入任务，要靠税收，②所有建设项目的融资，PPP、公司上市发行债券等；三是修好三条路：二环路、绵梓路和铜瓦七曲两条支线，二环路3月份开工，绵梓路建设局牵头年内开工，两条支线如谈妥五月开工建设；四是突破四个瓶颈：①资金、②国土、③规划、④招商；五是落地一批项目：招引一批项目、储备一批项目、开工一批项目、建设一批项目、营运一批项目。这就是今年工作的主要重点，当然，各分管领导之前讲的都非常重要，所有工作都要做，但是重点就是抓住这几个方面。

人水和谐成就精品景区
绿色发展助推富民强区

绵阳市仙海水利风景区党工委副书记、管委会主任　魏　魁

绵阳市仙海水利风景区成立于2003年6月，是四川省首批国家级水利风景区，是中国唯一科技城、四川第二大城市——绵阳唯一的一个以旅游业发展为主的正县级园区。主要利用水利资源，推进旅游与生态、文化等产业深度融合，打造集“水景观光、休闲度假、运动养生、科普教育”于一体的西部一流水利风景区。

风景区位于绵阳城区东北角，地处九寨沟、黄龙、剑门蜀道、三国旅游热线的中心地带，距成都110公里，距绵阳市区10公里。辖区总面积75平方公里，总人口2.3万人。风景区主要以被邓小平同志称为第二个都江堰的武都引水工程骨干囤蓄水库——仙海湖为核心区，库容1.04亿立方米，核心区面积13.8平方公里，由7平方公里浅丘低山和6.8平方公里水面构成，陆地森林覆盖率90%，湖面纵深视野3.8公里，形成46座半岛，泊岸长40余公里。

一、体制机制创新，让旅游发展动力强劲

仙海区实行区镇合一体制，保留沉抗镇建制，设仙海区党工委，管委会，分别为市委、市政府的派出机构。区党工委、管委会与沉抗镇党委、沉抗镇人民政府合署办公，两块牌子，一套班子，履行市级经济管理权和县级行政管理权，主要负责区内经济建设和管理，基础设施建设和管理，公益事业、社会事业发展和管理等。这让我们有了充分自主权，能够发挥自身优势，凝聚人气、商气、财气，大力发展旅游产业。

二、生态保护严格，让绿水青山奠定旅游发展基础

绿水青山一直是我们发展的标杆，成立之初，我们就调整思路，“退二进三、优化一产”，痛下“杀”手，悉数迁出辖区内所有对环境不友好的企业。加强生态环境保护，先后编制完成了环境保护、生态保护、水环境治理等规划，严格按规划建设了3座污水处理厂，保证规划区域内污水全收集、全处理。严格仙海湖水质保护，实行“河长制”，湖内禁止肥水养鱼，建立了水质自动化监测系统和水质综合预警信息化管理平台，实现了对水体生态环境全天候、全覆盖的实时监控和预警，实现了“不让一滴污水流入仙海湖”的承诺。仙海湖水质常年保持总体Ⅱ类以上，辖区空气质量优良天数常年保持300天以上。优良的自然生态资源，吸引了渴望投入自然，亲水、休闲、追求健康的人们，

为我们依托绿水青山打造旅游精品景区奠定了坚实的基础。

三、资源利用合理，让优美环境成就精品景区

为充分利用好水利资源，合理规划开放式景区功能布局，我们聘请德国鲁格公司担纲策划，邀请中国城市规划设计研究院担纲规划编制，编制了仙海区总体规划和控制性详细规划。按照规划，投入近1亿元，回购了建区前零星出售的小宗土地，招引大企业进行整体开发，已成功引进一批适合水利风景区发展的精品项目，按照核心区、辐射区、配套服务区分层次合理布局。目前，引进了北京首都开发股份有限公司投资150亿元建设五星级酒店、风情商业街等低碳生态旅游项目，引进了锦烁酒店、铂金海岸酒店、东辰—绿城旅游康养综合体等多个旅游精品项目，进一步确立了仙海发展绿色低碳经济的定位。我们倾力打造的高端特色酒店群已初具规模，锦烁度假酒店、铂金海岸特色酒店已于今年9月份建成投用，首开五星级酒店装修方案正进一步优化中。同时，利用自身投融资平台，建设完成了亲水栈道、仙海码头、沿湖观景平台、迎宾广场、环湖一、二环道路等旅游基础设施，进行了景观提升工程。

四、经济成效共享，让发展成果惠及全体民众

2016年，全区实现地区生产总值7.3亿元、比建区时的4870万元增长了14倍，实现财政总收入1.46亿元、比建区时的219万元增长了66倍，人均财力位列全市第一，全区三次产业比重由2003年的66:6:28调整为2016年的33:4:63。经济的飞速发展，使我们有能力极大改善全区民众生活质量，让习总书记的“绿水青山就是金山银山”在仙海得以充分展现。

经济的快速发展，让我们有能力改善民众生活质量。我们在全区范围内实行村（居）民体检、孕产妇分娩全免费；建立了从幼儿园至大学的全程资助体系，辖区内学生实行免费入学、免费午餐，新考入大学实行学费资助政策，留守儿童寒暑假探望父母报销车船费；社以上道路全部硬化，困难户建房有补助，就业有免费技能培训等惠民措施，让全区民众得到看得见、摸得着的实惠，做到经济成果全民共享。同时，做好文化与旅游融合发展，已成功了举办中美滑水对抗赛、绵阳（仙海）端午文化旅游节、中国（绵阳）科技城环仙海湖自行车公开赛、铁人三项挑战赛等赛事活动，彰现“运动仙海”特色；全国桥牌基地、中国书协的书法创作基地、影视拍摄基地、学生科普实验基地等一大批文化科普项目相继落户，仙海乡村少年宫建设更是走到全国前列，得到中央文明委的高度肯定。

“动静之间，感受仙海”。我们将努力践行“绿水青山就是金山银山”，以打造西部一流水利风景区为目标，不忘初心，砥砺前行，保护好仙海环境，科学合理利用好水利资源，做好、做活山水旅游这篇富民文章。

（在典型国家水利风景区建设与管理经验交流会上作交流发言）

新闻聚焦

News Focus

※ 仙海的顶层设计创新

Top-level Design Innovation in Xianhai

※ 2017年第六届绵阳（仙海）端午文化旅游节启动

The 6th Mianyang (Xianhai) Dragon Boat Festival of Cultural Tourism Launched in 2017

※ 不让一滴污水流入仙海湖

Never a Drop of Sewage Flowing into Xianhai Lake

※ 触摸自然　感受生活

Touching Nature and Feeling Life

仙海的顶层设计创新

4月1日，中共中央、国务院印发通知，决定设立河北雄安新区。消息一出，雄安新区立刻刷屏朋友圈，《人民日报》等中央主流媒体报道说，这是“千年大计，国家大事”，是继深圳经济特区和上海浦东新区之后又一具有全国意义的新区，其定位和功能是集中疏解北京非首都功能，探索人口经济密集地区优化开发新模式，调整优化京津冀城市布局和空间结构，培育创新驱动发展新引擎。

雄安新区的“新”，主要指建设成为一座新发展理念引领的现代新型城区，也就是要开创国家新区和城市发展的全新模式。

此时，生态周刊记者刚结束在川西北绵阳市仙海水利风景区的采访，发现绵阳市对仙海水利风景区也是按照一种“新区”的模式进行体制创新、管理运行的。

管理体制上，仙海区实行区镇合一体制。仙海水利风景区总面积75平方千米，辖1个镇15个村2个社区居委会，保留沉抗镇建制，设仙海区党工委、管委会，分别作为绵阳市委、市政府的派出机构。仙海区党工委、管委会与沉抗镇党委、沉抗镇人民政府合署办公，两块牌子、一套班子。

管理运行上，仙海区党工委、管委会履行市级经济管理权和县级行政管理权，负责区内的生态环境保护、经济建设和管理。仙海区既是水利风景区，也是水利经济开发区、旅游度假区、城乡统筹模范区。

这种设置园区管委会、实行区镇合一、城乡统筹发展的体制创新，让人眼前一亮，在全国也很少见。

这种创新，解决了多头管理、“多龙治水”的问题。管委会既是一级政府（派出机构），又是景区管理机构，还是仙海湖的“湖长”，水事管理、水环境治理、生态保护，依托景区开发旅游、城乡经济发展、社会管理等政务事务，都在这多种机构职能合一中得到协调解决。例如，为保护生态环境，景区积极推行“退二进三、优化一产”，将辖区内原有的丝厂、化工厂等对环境不友好的企业悉数迁出，优化农业产业结构，大力发展第三产业，为绿色发展、生态发展奠定了基础。

这种创新，趟出了水利风景区如何走出行业，与当地社会融合协调发展的新路。现在很多国家级水利风景区大部分都归属水利部门管理，还是水利部门唱独角戏，不能很好地与当地经济社会融合发展，不能为当地经济社会提供更多的支持，同样，从当地也得不到很多支持，自身发展受限。依托国家级水利风景区，管委会所在地沉抗镇获得“全国环境优美乡镇”称号，景区也成功创建为国家AAAA级旅游景区、省级生态旅游示范区、省级旅游度假区，这种类似于风景区、公园管理的园区管委会管理模式创新，为水利风景区的发展蹚出一条新路。

这种创新，整合了资源，带动城乡统筹发展。作为绵阳市唯一以旅游产业为主业的园区，仙海水利风景区坚持走绿色、低碳发展之路，成为全市唯一一个没有工业、只有旅游业与现代农业的园区，区内正在建设旅游康养综合体、风情小镇、科技游乐场、萄源仙谷等36个三产服务项目；仙海区是绵阳市唯一实现村村通水泥路、公交车的园区，唯一实行村（居）民体检、孕产妇分娩全免费、新考入大学的孩子有学费资助的园区，全区2.3万名群众都尝到了绿色发展的甜头。

由水而生、依水而立、因水而兴，打造新区，创新发展，蹚出新路，这就是“仙海模式”给我们的启发，也是“仙海模式”顶层设计的创新所在。

仙海加快推进国家级旅游度假区建设

仙海自建区以来，从最初的自然环境“山抱水、水漫山”“山衬水、水映山”山水一色的天然画卷，到现在，核心景区基础设施日趋完善、度假酒店拔地而起、康体运动比比皆是、“快进慢游”的交通格局逐步形成、度假产品日趋丰富、服务水平逐步提升……一幅加快推进国家级旅游度假区建设的“蓝图”，在仙海人的努力下正变成实景。

深挖潜在旅游资源打造特色旅游景区

仙海旅游度假区属中亚热带湿润季风气候，以仙海湖为中心的核心区，面积13.8平方千米，由6.8平方千米浅丘低山和7平方千米水面构成，库容1.04亿立方米。陆地森林覆盖率达90%，湖面纵深视野达3.8千米，形成46座精致的半岛，湖岸曲折，泊岸线长达48千米，拥有鸬鹚、白鹭、野生鱼群、银杏树等多样性的动植物，水质清冽，常年保持为二级地表水，空气质量优良天数300天以上。

仙海旅游度假区地处绵阳城区近郊，位于九寨沟、黄龙、剑门蜀道、三国热线的中心地带，外部交通条件十分便捷，距中国科技城绵阳仅12千米，两小时旅游圈内有成都双流国际机场、绵阳南郊机场，与成（都）绵（阳）高速、绵（阳）广（元）高速、绵（阳）遂（宁）高速相通，路网完善，四通八达，与主体市场成都、重庆、西安相连，成乐绵高铁将成都与绵阳的距离缩短到30分钟，正在改建的国道108绵阳城区过境改道正加紧推进，第三条成（都）绵（阳）高速、绵（阳）西（充）高速、绵（阳）九（寨沟）高速的建成将大大提升景区的进入性。

“我们景区内部已建成18千米环湖观光大道、8千米自行车骑游道、6千米沿湖亲水栈道，另外，今年开工修建雷耀度假酒店至锦烁度假酒店大约3千米亲水栈道，全部实施亮化和绿化。”区党工委委员董文彦说，水面上也规划了多条水上观光线路，陆地上的三条旅游线路在各服务站点是互通的，为游客打造了四季不同角度健身观光的优美环境。

二十余个项目落地度假设施不断完善

2014—2016年已陆续完成游客中心、迎宾广场、迎宾大道、婚庆广场、5个环湖游客服务站点、环湖路及沉抗场镇黑化亮化美化，探海亭、皇柏古道、东岸观景台、神仙树等景点一一呈现。

2017年3月，绵阳科技城沉抗大道铜瓦支线开工；2017年4月，环湖路景观提升启动，国道108线绵阳城区过境仙海段开工；2017年9月，锦烁度假酒店、铂金海岸度假酒店竣工投运；2017年11月，仙海区13个文化旅游基础设施打捆项目启动；2018年3月，首开·仙海龙湾二期、锦烁度假酒店二期、铂金海岸度假酒店二期、香格翠丽生态居住二期、海地达·海珀澜山生态居住二期陆续开工，首开准五星级酒店、环湖路景观建设项目、智慧仙海建设项目、韩国橘子功成（广场城堡）建设项目、美丽多彩仙海湖露营公园建设项目、现代农业产业示范园建设项目、绵梓路照明工程建设项目、东辰教育旅游康养产业园建设项目、云盖寺和观音寺升级改造……正加快推进，这些项目竣工投运，将使仙海旅游度假设施更加完善、旅游度假产品更加丰富、旅游接待能力进一步加强。

度假产品日趋丰富服务水平不断提高

据悉，仙海国家级旅游度假区规划面积20.5平方千米，为使周边乡村旅游与核心景区相得益彰，该区在仙海湖东面的铜瓦村、桃花村、八角庙村、天生桥村规划了现代农业产业示范园（拟打造以乡村旅游为主的国家AAAA级旅游景区）。投资6000余万元，占地40公顷的“萄源仙谷”已于2016年4月开园，预计年接待能力可达20万人次以上；位于桃花村和八角庙村的“绿博花都”占地174公顷，致力于打造农林生态循环产业观光园，集彩林观光、亲水体验、运动康养、农林科普为一体的综合性园林式园区，目前已投资5000余万元，改造低效林1359亩、新建育苗大棚800平方米、火龙果大棚4500平方米、栽植行道树12千米、种植奥桃等优质水果5万株、引进蓝花楹等珍稀苗木120余万株；位于八角庙村、天生桥村的“奥亿森”占地1500余亩，目前已投资1600多万元，种植红枫、红叶李、樱花、紫薇等3.8万株，新建机耕道路5.35千米，硬化道路2.3千米。

“为进一步丰富旅游产品，满足不同年龄游客的需求，我们已包装完成了仙海文化创意小镇、旅游特色小镇、体育小镇、青少年拓展中心、田园综合体、大型游乐场、水上游乐、演艺中心等项目。”仙海区经济发展和投资促进局相关负责人介绍，近两年的招商，将围绕文化、游乐等项目开展精准招商，弥补现在景区文化游乐项目少的短板。“从2014年开始，我们每年都要安排2~4期的从旅人员培训，从一线职工到高层管理，从服务技能到服务礼仪，从安全管理到讲解技巧，采取请进来走出去等方式进行全方位培训。”

区旅游发展中心相关负责人介绍，我们要不断提高服务水平，为创建国家级旅游度假区奠定基础。

(摘自《黄河报》 记者 项晓光)

2017年第六届绵阳（仙海）端午文化旅游节启动

5月28日，由绵阳市旅游产业领导小组主办，中共绵阳市委宣传部、绵阳市旅游发展委员会等单位承办的第六届绵阳(仙海)端午文化旅游节暨中国（仙海）首届湖泊旅游发展高峰论坛启动仪式在绵阳仙海湖畔正式启动。

仙海旅游度假区以仙海湖为中心的核心区，由6.8平方千米的浅丘低山和7平方千米的水面构成，森林覆盖率达90%，湖面纵深视野达3.8千米，形成有46座精致的半岛，半岛穿插，湖岸曲折，泊岸长达40余千米。辽阔清澈的水域成为仙海举办龙舟赛的基石，自2012年开始举办首届端午龙舟赛以来，连续五年来自绵阳及周边城市的近200支参赛队伍纷纷跻身角逐行列，精彩刺激的赛事和系列端午文化活动吸来逾30万人次前往观看体验。

据绵阳仙海端午文化旅游节组委会介绍，今年在往年的基础上，进一步进行了挖掘、优化和提升，充分融合了文化、体育、旅游多种元素，进一步演绎传统与时尚结合、节庆与旅游交融、文化与体育互动的浓厚氛围，从更宽的领域展示仙海丰富的旅游资源和良好的发展前景，从更深的层面挖掘和传承优秀民族文化。今年以“动感仙海、时尚仙海、绝味仙海、乐在仙海”为主题的端午文化旅游节，推出了“地方特色文艺展演、激情端午龙舟公开赛、仙海主题美食季”等系列活动，不管是在形式上还是内容上，都更加注重了文化的传承和群众的参与度，着力把活动办成大众传统节日。

今年龙舟赛设置了12人500米小龙舟赛和22人500米大龙舟赛两个竞赛项目；分22人男子大龙舟、12人女子小龙舟、12人男子小龙舟三个组别，参赛队伍达到46支，为历届之首。

仙海旅游度假区旨在通过赛事赛会品牌打造，将“绵阳（仙海）端午文化旅游节”和“中国（仙海）湖泊旅游发展高峰论坛”打造为绵阳市一张标志性的文化旅游品牌、对外宣传的重要窗口。此外，环仙海湖自行车公路公开赛、半程马拉松赛等节庆活动成为常态。据该区党工委书记代宏透露，在今年9月举办的绵阳市旅游发展大会期间，还将举办“铁人三项赛”，并将该项赛事列为常态赛事，着力打造为国际赛事，通过品牌赛事活动逐渐提升市场竞争力。

开幕式上，仙海旅游度假区全新的Logo标识及Slogan推广语也揭开了期盼已久的神秘面纱，其设计者和创作者对其设计和创作理念进行了诠释，这意味着仙海在已斩获“国家AAAA级旅游景区”“国家水利风景区”“四川省旅游度假区”“四川省生态旅游示范区”的基础上，奋力迈进“国家旅游度假区”“国家生态旅游示范区”“国家生态文明示范区”创建行列，该区拟在“十三五”期间荣获三个“国”字号的殊荣。（中国日报四川记者站于2017年5月29日　中国日报网）

不让一滴污水流入仙海湖

很多人带着对绿色生态的向往到仙海湖旅游度假，仙海湖也不负众望，用优美、静谧的环境陶醉了游客的心。

网友“有个叫猫的女孩”点评说：“仙海湖，远离了尘世的喧嚣，一眼望去便是澄澈宁静的湖面、葱郁的树木、怒放的花朵以及连绵起伏的丘陵，湖岸的木质步道蜿蜒曲折，人们在步道上或停停走走，或健身跑步，或观天地之乾坤，或找寻心灵之小船，好不惬意！”网友“迪克高”点评道：“仙海很大，湖水清亮，有山环绕，依山傍水，确实有仙气。”

……

仙海湖原本不是旅游景区，而是四川武都引水工程涪梓干渠中部的大型水库——沉抗水库，始建于1997年，水面面积7平方千米，为绵阳市游仙、三台、盐亭、射洪4县（区）提供灌溉、工业、人畜用水。

近年来，仙海水利风景区管委会积极落实“不让一滴污水流入仙海湖”的承诺，使水质常年保持国家地表水Ⅱ类标准，不但让湖水满足了生产、生活所需，还提升了仙海的“颜值”，成为令人神往的旅游胜地。据统计，依托仙海湖建立的仙海水利风景区2016年共接待游客214.6万人次，实现旅游收入2.68亿元，同比分别增长42%和36%；今年清明小长假期间，吸引游客3.4万余人次，实现旅游收入598万元。

仙海水利风景区距绵阳市区仅10千米，景区总面积75平方千米，辖15个村和2个社区，常住居民2.3万人，加之每年数以百万的游客，湖周边人类活动频繁，要保持Ⅱ类水质标准不下滑，是需要管理者下番功夫的。仙海水利风景区管委会主任魏魁介绍说，他们采取了监测、保护、治理和改善多头并进的应对措施。

在水质监测方面，仙海区管委会投入1000余万元，在仙海湖周边建设了11个固定水质自动监测站及1个仙海湖水质在线自动监测预警系统中心监控平台，全天候、全覆盖实时监控和预警各种污染源。“如果某区域水质受到污染超出Ⅱ类水质指标时，监测仪器马上报警，我们会及时检查报警区域的企业或居民点是否有偷排或漏排现象，确保仙海水质安全。”仙海水利风景区城建环保局的工作人员周静告诉记者，“水质监测数据还将在仙海广场显示，接受市民监督”。

在水质保护方面，仙海区管委会制定了一系列的制度、办法。如景区环境保护管理制度、景区污水排放管理办法、景区保护措施及人员职责、生态资源保护措施、环境保护教育制度等。为了强化制度落实，景区配备了相应的执法机构和人员，如由渔政、海事、公安、城管和环保等部门抽调人员组成联合执法队，有效地减少了钓鱼、游泳等对水体质量和水生生物产生危害的行为。

为进一步提升仙海生态环境质量，仙海区管委会建设了一批生态环境修复和整治工程，包括仙海人工湿地公园一期工程，芙蓉溪流域整治、退耕还林工程，景区雨污水管网、2 座泵站和 3 座污水处理厂建设工程，户厕改建和污染企业搬迁工程等。记者看到，湖边水上酒店的污水也通过专门管道排入污水管网。2010 年，仙海水利风景区所在的沉抗镇被评为国家生态建设示范区之“全国环境优美乡镇”。

“优美的生态环境和优良的水质是仙海旅游的核心资源，是仙海生态旅游生存、发展之根本。”仙海湖的管理者秉持这一理念，努力“不让一滴污水流入仙海湖”。如今，人气不断上升的仙海湖旅游就是对水质保护工作最好的回报。

（《黄河报》　记者　王静琳）

触摸自然　感受生活
——萄源仙谷见闻记

仙海之中，必有仙山；仙山之中，必有仙谷；仙谷之中，必有仙人。

来到四川省绵阳市仙海水利风景区，首先让人惊叹的自然是那一汪碧水，湖光潋滟，让人不免沉醉在这幅画卷之中。然而，半醉半醒之间，你不免又想探寻环绕这片仙海的仙山，想去探寻这山上的仙人，过的是怎样的生活。

就在此时，有人告诉你此山之中有个桃花村；桃花村里，有个桃花沟。你脑海之中，不由自主浮现出陶渊明曾描绘过的场景：“晋太元中，武陵人捕鱼为业。缘溪行，忘路之远近。忽逢桃花林……”你又怎能不欣然前往呢？

车行不远，来到一个广场之上。广场上一群学生正在有秩序的排着队进入一个园区的大门中，门外写着“萄源仙谷”。正在疑惑的时候，园区的负责人对我们介绍道：“‘萄’字是代表园区内种植的水果以葡萄为主，‘萄源仙谷’正是用谐音的方式来表现园区的特色。”

走进园区大门，就看到阡陌交通的道路两边，一排排桃花正鲜艳的盛开，游人们纷纷在树前驻足，和鲜花合影留念。市场部的小邹介绍道，园区种植有数十种桃树，这些在道路两旁种植的，是观赏桃花。这些桃花花朵大、花瓣多，花型多样，树形丰富，观赏性极强。而且通过品种组配，花期长达 50 天以上。“从 2 月下旬一直到 4 月中下旬，我们这里的桃花都一直盛开着。为此，我们今年举办了首届萄源仙谷‘桃花节’，通过‘醉美萄源’‘最美全家福’‘最美笑容’为主题的摄影大赛、桃树认领等系列活动，让游客互动起来，一起领略大自然的美好。”小邹说。

沿着整洁的道路，我们向园区内缓缓行去。一个又一个的大棚出现在我们面前，为满足我们的好奇心，小邹带我们走进一个个大棚，向我们介绍着里面正在生长的植物。据她介绍，园内种植有葡萄20余种、精品桃子10余种以及香蜜瓜、南方冬枣、白枇杷、柑橘、红心火龙果、软籽石榴、果桑、无花果等各种各样的水果。可惜的是，这些水果如今大部分都在生长期，不能让我们亲自体验一下采摘水果的快感。

“我们‘萄源仙谷’农业产业园，于去年4月份开园，当年接待游客量有15万人次。由于果树有自己的成长期，还有很多果树当年未结果。未来我们要做到的是，一年四季都有新鲜的水果供游客采摘。”总经理尹显定介绍道。在园区内的‘萄源居’外，我们看到了两面墙，一面墙是青年联谊活动墙，参加桃花节的青年人们在上面写满了自己的愿望；另一面墙则是一幅大型的旅游攻略，上面详尽写出了2017年园区内可供游人玩乐的项目，其中2—4月为观赏桃花、游园活动，5—10月间，每月都有不同的水果成熟，供游人采摘。“我们这里只种植最好的，受欢迎的水果品种，每年都要淘汰数十亩的水果，以便种植最先进的水果品种。”尹显定自豪地说。

在“萄源居”的大厅之中，正在进行着仙海水利风景区现代农业企业展示，展板之上详细介绍了仙海区内11个现代农业企业的情况，萄源农业科技有限公司正是其中之一。“我们是绵阳市首家‘全体验式’生态产业园，以‘一三产业互动，农旅共赢’为目标，用现代技术、科学方法，种最好的水果，创最优的服务，让绵阳市民吃放心水果，体验‘乐田园、慢生活’生活方式。”尹显定说。

在这里，除了能在室外观光健身，垂钓野炊，体验田园风光，更能在室内打牌娱乐，享受美食。而在儿童乐园，DIY蛋糕、9DVR虚拟体验、陶艺等多种多样的项目都颇受小朋友欢迎。“我们这里最受家庭欢迎的，还是自助厨房。一家人可以围在一起，锻炼孩子动手能力，最后其乐融融地享受自然食材。”小邹笑着说。

出来“萄源居”，我们不仅感慨现代农业产业园带给人的惊喜和快乐，却也对山谷两旁的人家更感兴趣，想要进这些三层小楼里拜访一下当地的“仙人”。于是在一座小楼之下，我们同桃花村的村主任和村支书进行了一番交谈。

看起来有50多岁的村主任贾明友多年来就一直生活在这里，他见证了桃花村的变化：“以前我们村里的这些地，种的大多是稻谷和油菜，每年辛辛苦苦，一亩地收入也就有700元左右。现在时代变了，光靠种地不可能养活的了一家人，就看村里这些三层小楼，盖一栋都得二三十万元。年轻人都出门打工去了，愿意留下来种地的很少了。”

仙海区的旅游开发给桃花村带来了转型的机遇，眼看仙海水利风景区越来越火，城里人开始打起了桃花村的“主意”，想在这里建立一个大型的农业产业园区。2014年11月，萄源农业科技有限公司流转了村里40公顷土地，推动新农村建设示范区，发展高品质休闲观光农业产业园。“村里人现在思想、素质提高了，也知道不搞开发，只种谷子、菜籽没有发展前途。在这个项目建设征集意见时，村里 80%~90% 的人都十分赞成。”贾明友说。

如今，萄源仙谷一期项目已经完成，村里人不仅感受到了桃花沟里的巨大变化，也感受到了实实在在的实惠。“每亩地每年流转费用为 750 元，跟自己种地的收入差不多，还剩了自己的麻烦。更重要的是，以前年轻人都出去打工了，老人们留在家里，又孤独又没事儿干。现在园区用人，老人们也可以在这里干活，每天每人可挣 60~80 元。就这，有些中老年人务工纯收入一年能拿 1.5 万元左右。村里的年轻人现在有的也不出去打工了，就在自家门前打工，一家人在一起，又方便又赚钱。”村支书刘刚欣喜地说。

而且，随着萄源仙谷的进一步开发，游客越来越多，村里人也开始办起了农家乐。“自家养的、种的农副产品可以直接卖给游客，不用再拿去市场上卖，多方便。”刘刚最后补充到。

陶渊明在《桃花源记》之中给我们描述了一个世外桃源，里面的人自给自足，过着快乐的日子。而桃花村则向我们展示了另一种农业生产方式，这种农业是现代的，是能让人富裕的，是能给人带来幸福生活的。在这里，我们再次看到“黄发垂髫，并怡然自乐”的景象，在仙谷之中，感受生活。

这正是：四季水果香满园，八方宾朋来相见。生态产业促发展，老人孩子笑开颜。（《黄河报》 记者 岳林锟）

大事记
Events

※ 1月

January

※ 2月

February

※ 3月

March

※ 4月

April

※ 5月

May

※ 6月

June

※ 7月

July

※ 8月

August

※ 9月

September

※ 10月

October

※ 11月

November

※ 12月

December

1月

3日，根据统计显示，元旦期间，仙海区接待游客25770人次，实现旅游收入319.6万元。

4日，市精神文明建设办公室主任韩贵钧带队到仙海调研仙海区精神文明建设和文明单位、文明乡村创建工作情况。

5日，市防震减灾领导小组认定，仙海水利风景区为绵阳市防震减灾示范园区，标志着绵阳市首个“防震减灾示范园区”在仙海区建成。

11日，省发改委编制印发《四川省“十三五”特色小城镇发展规划》，仙海区沉抗镇被确定为省级“文化创意型小城镇”，并按照规划内容实施建设。

13日，市委常委、宣传部部长张学民带领市级有关部门到仙海区开展春节慰问。

19日，市民政局党组书记、局长周福兰率领检查到仙海区，检查养老服务机构节前安全情况，区党工委委员、管委会副主任杨崇明陪同并作情况介绍。

20日，仙海区党政负责人、区级各部门采取入户、现场慰问等方式慰问各类群众588人，发放慰问金（慰问品）30余万元，送去党和政府的关怀与美好祝愿。

2月

3日，根据统计显示，春节旅游黄金周期间，仙海区接待游客5万余人次，旅游综合收入842万元。节日期间未接到任何重大旅游投诉，未发生重大安全事故，实现春节黄金周旅游市场“安全、健康、质量、效益”的目标。

10日，仙海区在七曲村举办2017年春风行动招聘求职洽谈会，初步达成就业意向500余人。

22日，仙海区沉抗镇第十届村（居）换届选举完成，依法选出村（居）委员会主任17名、委员38名。

3月

8日，2017中华旅游小姐环球大赛的各国佳丽以“美丽眼睛看绵阳——2017中华旅游小姐绵阳之旅”主题巡游活动在仙海区开幕。来自美国、英国、法国等国家的50名中华旅游小姐参赛选手模特走进仙海，饱览生态之美、体验绿色出行、共庆“三八”国际妇女节、传播仙海美名。

15日，阿坝藏族羌族自治州旅发委副主任赵寿春率领由省旅游执法总队、松潘、九寨沟等旅游部门组成的省旅发委第五督查组到仙海区督查旅游市场春季整治行动的开展情况。

18—19日，国务院发展研究中心原副主任、东方文化与城市研究所名誉所长鲁志强带领国务院发展研究中心社会部、中国城市规划学会、国务院发展研究中心东方文化与城市研究所、北京易兰旅游规划设计院等单位的10余位专家到仙海区实地调研，召开座谈会，为仙海区生态文化体育公园策划献计献策。

22 日，光大生态有限公司战略发展部高级经理高靓及光大银行经理任萧一行到仙海区考察光大生态厕所、光大驿站项目建设情况。

27 日，市国土资源局专题调研组到仙海区调研土地利用工作情况。

28 日，仙海区组队到重庆参加 2017（第 21 届）重庆都市旅游节暨城际旅游交易会活动，推介仙海特色旅游产品。

▲绵阳科技城沉抗大道铜瓦 2 号支线及七曲支线道路开工仪式举行。仙海区党工委副书记、管委会主任魏魁，项目投资单位科发集团公司副总经理、科发天达投资公司董事长郭颖实参加开工仪式并致辞，仙海区党工委书记代宏、科发集团公司总经理郭旭东出席开工仪式，郭旭东宣布道路建设项目开工。

28—31 日，黄河水利委员会新闻宣传出版中心组织黄河流域 8 省（区）相关学者、宣传骨干 70 余人到仙海区考察水生态文明建设，区党工委书记代宏向考察团一行介绍仙海区水生态文明建设情况。

4月

6 日，市人大常委会党组书记、主任马华到仙海调研经济社会发展情况，并指出仙海区要充分发挥好资源禀赋，打好特色牌、走稳生态路，使旅游业成为全市一张靓丽的名片，争取早日建成国家级旅游度假区。

7—9 日，区党工委书记代宏率领有关人员到北京参加第三届全国水利风景区招商引资洽谈会暨全国生态旅游房车露营地高峰论坛，并在会上做交流发言和项目推介。

8 日，广元市委常委、市政府副市长刘少敏、范学臣，副市长关颐等市级领导率领广元旅游考察团到仙海考察环境保护、旅游项目建设等情况，区党工委副书记、管委会主任魏魁向考察团一行介绍仙海区环境保护、生态旅游等情况。

10 日，市重点工作第四督查组组长蒲仕刁率领督查组成员到仙海区督查 2017 年城建攻坚一季度推进情况。

11 日，市公安局副局长张德溥，政治部主任赵德军一行到仙海区宣布绵阳市公安局仙海分局机构设置、人事安排、工作职责等事宜，标志着绵阳市公安局仙海分局正式成立。

▲仙海区组织召开 2017 年旅游发展大会筹备会，会议邀请市旅发委负责人参会，区党工委书记代宏主持会议。会上，管委会主任魏魁介绍前期筹备情况，并就各项准备工作作安排总署。

12 日，国道 108 线绵阳市城区过境段工程动员大会在仙海区举行，游仙区人民政府、仙海区管委会、高新区管委会以及承建单位代表参加，仙海区党工委书记代宏出席动员大会。区党工委副书记、管委会主任魏魁代表地方政府致辞，绵阳交发恒通建设工程有限责任公司董事长王彬力代表建设单位致辞，绵阳交发集团董事长邓辉星作战前动员讲话。

12日，仙海区沉抗镇“农民夜校”在七曲村正式开班，镇人大、区党群部有关领导参加。

12—14日，区党工委副书记刘华、区党工委委员、管委会副主任杨崇明、区党工委委员董文彦率队赴西昌邛海国家级旅游度假区考察学习创建国家级旅游度假区先进经验和做法。

14日，为丰富和活跃全区广大干部职工精神文化生活，充分展示各条战线干部职工团结奋进的精神风采，仙海区工会在婚庆广场组织开展趣味运动会。

17日，市旅发委组织的“追逐幸福，寻找美丽，绵阳见——2017年绵阳旅游专题推介会”在西安广成酒店召开，仙海区组队参加并做旅游推介。

17—23日，仙海区党工委委员、纪工委书记何家松，党工委委员董文彦率领仙海区机关、村（居）、涉旅企业27名干部到浙江大学进行为期5天的全域旅游创新专题培训。

20日，省地质灾害应急指挥部检查组一行到仙海区检查2017年地质灾害汛前防治工作。

28日，为庆祝“五一”国际劳动节，激发干部职工工作热情，在龙源会议中心开展以“大美仙海劳动光荣”为主题的文艺展演，区党工委书记代宏参加并致辞。

5月

2日，根据统计显示，“五一”小长假期间，仙海接待游客3.8万人次，旅游综合收入595万元。

11日，市级有关部门负责人到仙海区调研经济社会发展情况。并强调仙海区是全市唯一一个以旅游为发展主业的园区，发展目标是建设国家级旅游度假区，仙海区要坚持科学发展、加快发展工作取向，充分用好资源禀赋，完善发展规划、努力提炼特色，走生态优先、绿色发展之路，加快建设一流的国家级旅游度假区。

12日，市发改委主任兰劲带队到仙海调研全域旅游发展情况，区党工委委员、管委会副主任杨崇明参加。

23—25日，区党工委书记代宏率队前往南充、成都等地开展投资促进活动；党工委委员、管委会副主任张鹏参加。

28日，第六届绵阳（仙海）端午龙舟公开赛在仙海区举行，来自全市的46支代表队在22人男子大龙舟，12人女子小龙舟和男子小龙舟三个组别中展开竞技，22人男子大龙舟的冠军被西南科技大学摘得，12人女子小龙舟和男子小龙舟的冠军均花落绵阳师范学院。

31日，2017年绵阳旅游发展大会暨中国（仙海）首届湖泊旅游发展高峰论坛启动仪式上，市委常委、宣传部部长张学民宣布“2017年绵阳旅游发展大会暨中国（仙海）首届湖泊旅游发展高峰论坛”

正式启动、“第六届绵阳（仙海）端午文化旅游节”开幕，市人大常委会副主任李作虎，市政协副主席田荣华出席开幕式，市政府副市长罗蒙、仙海区党工委书记代宏分别代表市政府、仙海区管委会致辞，市政府副秘书长杨朝晖主持开幕式。

▲据统计显示，端午小长假期间，仙海区共接待游客约12.1万人次，实现旅游总收入1089万元，同比增长53.5%。

6月

1日，仙海区2017年“六一”儿童节庆祝活动暨第十三届校园文化艺术节闭幕式在中心学校仙湖校区举行。区党工委委员、管委会副主任杨崇明出席庆祝大会并致辞。

5日，市委常委、副市长颜超带领市政府办、市纪委、市目督办、市环保局、市发改委、市住建局等市级单位相关人员到仙海区开展环境保护综合督察，区党工委书记代宏参加并作汇报。

14日，遂宁市安居区台侨外事旅游局局长李涛一行到仙海区考察景区建设和管理情况。

15日，仙海区组织机关、场镇单位、景区企业、村（社区）109名市民献血35950毫升。

28日，仙海区组织水上突发事件应急救助演练，仙海区景区服务中心与游仙地方海事处共同承办，省交通运输厅航务管理局副局长赵旭东，市海事局副局长景萍，仙海区管委会副主任杨崇明及游仙区相关领导现场观摩。

30日，仙海区组织召开中国共产党建党96周年庆祝大会，党工委班子成员，调研员，副调研员，各党（总）支部书记，区级机关部门负责人，受表彰的党组织负责人及优秀个人，机关、学校、医院党员代表，发展的预备党员参会，区党工委副书记、管委会主任魏魁主持会议，区党工委书记代宏上主题党课。

▲市政府副市长蒋丽英、市政协副主席胡安虎带领市级相关部门负责人到仙海区督导学习宣传贯彻省党代会精神抓好当前有关工作的情况，区党工委书记代宏，党工委副书记、管委会主任魏魁分别作汇报，区党工委、管委会班子成员参加。

7月

13日，市推进使用正版化软件工作领导小组第五检查考核组到仙海区检查考核正版化工作，仙海区以95分的优异成绩通过A级考核。

14日，仙海区在婚庆广场举行首届诗词会暨文艺演出，演出吸引广大群众、游客近千人观看。

16日，市旅游发展委员会、绵阳市仙海水利风景区管委会与四川华美联行公共关系策划服务有限公司、四川微电影艺术协会联合制作的本土微电影《情归仙海湖》启动仪式暨女主角选拔赛在绵阳市涪城区万达广场举行。主办及承办方代表、微电影总策划人、导演、制片人、编剧以及男主角扮演者闵天浩等主创人员参加启动仪式。

24日，科技城沉抗大道（仙海二环路）铜瓦2号支线自动工以来，拆迁安置工作整体推进，并全面完成各项拆迁安置工作。

25日，市旅发委在仙海区组织召开2017年绵阳旅游发展大会筹备工作汇报会，并就相关工作筹备进行安排和部署。

8月

4日，展示仙海山美、水美、人美的微电影《情归仙海湖》开机拍摄。

8日，仙海区召开会议传达学习习近平总书记“7·26”重要讲话精神，区党工委副书记、管委会主任魏魁参会并讲话，党工委委员、管委会副主任杨崇明、张鹏，党工委委员、纪工委书记何家松，党工委委员董文彦，副调研员赖志成、李志斌参加会议，党工委副书记刘华主持会议。

11日，以展示仙海沉香文化为主题的微电影《寻找仙海的沉香》在仙海水利风景区商业街开机拍摄。仙海区党工委副书记刘华、党工委委员、管委会副主任杨崇明、党工委委员董文彦、市工商局科创区分局局长吴雪、导演杨伟及剧组其他主创人员参加开机仪式。

30日，仙海区正式出台《仙海区财政资金支持农业产业化发展实施方案》（以下简称《方案》），《方案》明确在未来3至5年里，每年从财政中列支1000万元作为支持农业产业化发展资金。

9月

4日，仙海区自7月下旬开展全民参保入户登记工作以来，经过40余天工作人员的艰辛努力，全面完成辖区全民参保入户登记工作。

6日，省旅游协会秘书长柴延祝率领省旅游标准评定小组对龙源会议中心申报五星级乡村酒店进行现场检查验收。

7日，仙海区向2017年度40名考入大学的大学本科生、研究生发放助学金，人均2000元，共发放助学金8万元。

▲仙海区召开庆祝2017年教师节暨表彰大会，向广大教师和教育工作者祝贺节日，并通报表扬优秀老师。

17日，中国铁人三项协会、市旅游产业发展领导小组指导，市教育和体育局、仙海水利风景区管委会联合主办的“‘天辅杯’2017绵阳仙海湖铁人三项挑战赛”在仙海亲水湾拉开帷幕。来自全国各地的400余名选手参加，铁人三项挑战赛比赛项目分别是游泳、自行车、长跑。

18日，仙海区中心校开展以“勿忘国耻爱我中华”为主题的“9·18”爱国主义教育活动。

20日，仙海公安分局颁发首张“特

种行业许可证”。

28日，市项目督查六组副组长林林带领市人力资源社会保障局、市医疗保险管理局、市社会保险事业管理局有关领导组成的督查组到仙海区督查全民参保登记工作完成情况。

29日，沉抗镇召开第七届人民代表大会第三次会议，应出席会议正式代表53名，因事请假3名，实到50名，46名列席代表参会。会仪代表视察仙海区重点项目推进情况和审议仙海旅游产业发展情况报告。

29日，市政协副主席、致公党绵阳市工委主委田荣华带领市社科联、市文广新局有关领导组成的调研组到仙海区调研基层文化阵地建设，区党工委副书记刘华参加并作汇报。

10月

5日，市委常委、政法委书记夏凤俭率队到仙海区检查节日期间安全生产工作情况，区党工委书记代宏作情况汇报。

17日，市公安局禁毒支队副支队长袁丹一行到仙海区督导禁毒工作，沉抗派出所、区司法所、区社发局、区群工局、各学校、海棠社区居委会相关负责人参加。

18日，仙海区各级党组织组织党群干部收听收看中国共产党第十九次全国代表大会，听取习近平总书记在大会上作的报告。

23日，国家体育总局发文表彰全国群众体育先进单位，仙海区宣传文化服务中心获全国群众体育先进单位。

11月

2日，仙海区管委会与深圳天荣集团签署体育小镇项目合作框架协议。双方携手在体育、旅游、基础设施等领域开展全面、深入的战略合作。

▲省环保厅专家组一行到仙海区开展绩效评价工作。

2—3日，水利部在珠海组织召开典型国家水利风景区建设与管理经验交流会，仙海区党工委副书记、管委会主任魏魁作为四川省水利风景区代表在会上作经验交流发言。

14日，市人大城乡环境资源工委主任覃天国率队到仙海开展2017年“绵阳环保世纪行”活动，仙海区党工委委员董文彦作汇报并接受媒体采访。

16日，市城乡规划局、市旅发委、仙海区管委会联合主办，绵阳首开兴泰公司、市城乡规划协会、仙海区住建局、仙海区旅游发展中心共同承办的“绵阳市旅游产业发展暨旅游规划创新研讨培训会”在仙海召开。仙海区党工委副书记、管委会主任魏魁，绵阳市城乡规划局副局长李正仕、总规划师刘树清，绵阳市旅发委副主任傅邦杰出席会议。

17—19日，仙海区组队参加由国家旅游局、中国民用航空局和云南省人民政府共同主办的在昆明滇池国际会展中心举办的“2017中国国际旅游交易会”。

18日，市体育总会主办，仙海宣传文化服务中心、市航空无线电模型运动协会、中心学校共同承办的“2017年绵阳市航空、航海、车辆模型锦标赛”在仙海水利风景区婚庆广场举行。

28日，全省首届森林消防技能竞赛在仙海举行。省林业厅党组成员、省森林防火专职副指挥长毛德忠，副市长赵迎春，省政府应急办副主任曹阳，武警省森林总队副队长刘枝勇，绵阳市政府副秘书长周志强、仙海区党工委书记代宏等省市领导出席开幕式。

12月

1日，仙海区党工委副书记、管委会主任魏魁到水利部，参加全国水利风景区建设与管理工作视频会议，并在会上作全国典型水利风景区交流发言。

3—6日，北京慧谷旅游规划设计院总规划师江五七博士一行到仙海调研国家级旅游度假区创建工作，区级相关部门负责人参加。

4日，仙海区党工委、管委会在七曲村场镇开展以“学习贯彻党的十九大精神，维护宪法权威”为主题的“12·4”国家宪法日集中法治宣传活动。

5日，按照市委统一安排，市委宣讲团到仙海宣讲党的十九大精神，区党工委书记代宏主持宣讲报告会。市委宣讲团成员、市委党校副校长朱云作党的十九大精神宣讲报告。

7日，市委副书记付康带领市环保局局长、市水务局、市河长办等单位负责人到仙海调研污水处理运行情况，区党工委书记代宏、党工委委员董文彦参加并作汇报。

14日，市委常委、副市长颜超带领市委、市人大、市政府、市政协有关领导及各县市区（园区）主要负责人、市级相关部门负责人到仙海现场督促重点项目推进情况，区党工委书记代宏作项目投资汇报。

▲省司法厅基层处副处长苟玉伦一行到仙海区调研公共法律服务体系建设工作，市司法局局长苏杰、人民调解中心副主任廖德生，仙海区党工委副书记刘华参加。

▲市卫计委第七督导组到仙海区督查卫生计生重点工作落实情况。

19日，仙海区组织辖区健康群众、企事业单位人员、行政单位人员献血2.33万毫升。

▲投入资金约260万元，位于仙海区观景平台——起云台的生态智能卫生间作为市级民生工程任务中唯一一个建设类项目全面完工投用。

20日，市纪委驻经信委纪检组组长陈尤林一行代表市委市政府党风廉政建设责任制领导小组到仙海开展2017年度党风廉政建设责任制考核和民主测评工作，区党工委书记代宏主持民主测评会。

22日，市目督办副主任潘进一行到仙海督查“六大专项整治”工作开展情况。区党工委委员、管委会副主任张鹏参加并作汇报。

25日，仙海区召开妇女第一次代表大会，来自全区各行各业的85名妇女代表参加会议。市妇联党组书记、主席刘春涛，区党工委书记代宏出席开幕式并讲话。

▲绵阳市依法治市工作考核第五组组长、市人大内司委主任刘伟一行到仙海区检查考核依法治区工作。区党工委书记代宏主持工作汇报会。

26日，中国桥牌协会主办的“2018—2019年度国家男子桥牌队选拔赛”在宁波结束，绵阳仙海锦烁俱乐部队在决赛中战胜深圳棋院队，获得国家一队资格，将代表中国出征世界大赛。

28日，绵阳出入境检验检疫局副局长任长胜带领市食品安全工作考核组到仙海区对2017年度食品安全工作进行全面考核。

▲仙海区为深入学习贯彻党的十九大精神，展现职工精神风貌，仙海区工会联合市规划局在婚庆广场开展以“阔步新时代展现新风采”为主题的职工趣味运动会。

29日，绵阳市环境保护局与仙海区管委会在仙海婚庆广场联合举办向环境污染宣战签名活动，市环保局相关负责人、职工，仙海区管委会部分领导干部，学校及部分市民参与签名活动。

（贺银桦　吉　敏）

综　述
Overview

※ 基本情况

Basic Information

※ 环境保护

Environmental Protection

※ 经济社会发展

Economic and Social Development

※ 第三产业发展

Development of Tertiary Industry

※ 精神文明建设

Construction of Spiritual Cvilization

※ 名胜古迹

Scenic Spots and Historical Sites

基本情况

【地理位置】 仙海区位于绵阳市中心东北角，在游仙区境内。地理坐标：北纬31.48°~31.56°，东经104.83°~104.92°。东与游仙区的魏城镇、石板镇交界，南与建华乡、小枧沟镇相连，西与游仙镇接壤，北与新桥镇毗邻，辖区行政区域面积75平方千米。

【地形地貌】 仙海区地处浅丘地，属川西褶带。仙海湖水面四周群山环绕，山势平缓，湖面在海拔529米以下，山林最高海拔655米，大部分山势海拔600米左右。

【河流水系】 仙海区内水系主要以仙海湖为主，仙海湖属四川武引工程的骨干囤蓄水库，有两条河道和数十个塘堰。仙海湖水面约6.8平方千米，库容1.04亿立方米，属灌溉水，水质常年达到二级地表水标准，是四川省第一个国家水利风景区。核心区面积13.8平方千米，由7平方千米浅丘低山和6.8平方千米水面构成，湖面纵深视野3.8千米，湖内岛湾众多，形成大半岛3座、小半岛46座，湖岸半岛穿插构成峡湾景观63个，泊岸线长达48余千米。

区内的长河堰河道，属芙蓉溪支流，全长10.02千米，起于石河堰村，途径七曲村、徐家桥村、蔡家桥村、燕子村、长河堰村，在游仙区游仙镇2组汇入芙蓉溪。

桃花沟河道，属魏刘河支流，全长9.5千米，起于铜瓦村，途径桃花村、八角庙村，在八角庙村2组汇入石板镇黄金河，两条河道均属涪江水系，是“长江上

仙海水利风景区一角

游天然林保护工程”重点地区。

【人口】 2017年，全镇总人口22958人，总户数7975户。男性人口11456人、女性人口11502人，非农业人口12327人、农业人口10631人，暂住人口1026人，出生人口271人。

【历史沿革】 仙海历史悠久，有1500多年的历史。西魏废帝二年（552年）分涪县地置魏城县，因是西魏所建之县，故名“魏城”，其治地在今绵阳市游仙区玉河镇，属巴西郡。隋文帝开皇三年（583年）属潼州，开皇五年（585年）属绵州，炀帝大业三年（607年）属金山郡。大业十年（614年），县治地迁至今绵阳市游仙区魏城镇。唐至宋代属绵州。元世祖至元二十年（1283年）魏城县被撤销，所辖地域并入绵州本州。

境内古地名有沉香、抗（秔）香两铺。沉香铺，又名奉济驿，宋朝时为都城长安到西蜀成都的108铺中的第81铺，是古金牛道和古阴平道的必经之路，也是古时东出绵州的第一个重要驿站；抗香铺，又名秔香铺，位于古金牛道上，秔稻米产地。新中国成立后，以沉香铺、抗香铺两古驿站字首取名沉抗，名字沿用至今。1950年建乡，成立沉抗乡公所，1953年建立沉抗乡人民政府；1958年成立沉抗人民公社；1966年改为向阳人民公社；1978年复名沉抗人民公社，1983年复名沉抗乡人民政府；1992年乡镇建制调整，建立沉抗镇人民政府；2003年合并魏城、新桥两镇的部分村，成立新的沉抗镇，归属新成立的仙海区管理。

【行政区划】 仙海区实行区镇（沉抗镇）合一的行政体制。2017年，沉抗镇辖燕子、天生桥、八角庙、石桥、石河堰、七曲、徐家桥、月台、抗香、蔡家桥、长河堰、铜瓦、桃花、锦屏、黄金15个行政村和海棠、沉香2个社区居民委员会。

【气候概况】 仙海区属中亚热带湿润季风气候，冬长而无严冬，夏热而无酷暑，气候温暖，四季分明，雨量充沛，雨热同季。年平均气温16.3℃，年降雨量963.2毫米，年降水日132.3天，日照少、雾日多，相对湿度79%，无霜期272天，年日照时数1298.1小时。空气质量优良天数达300天以上，空气中负氧离子长年保持在每立方厘米4000~5000个，生态旅游区13.8平方千米的水域和大面积的森林植被形成温和湿润的旅游小气候，是绵阳市区、成都市区等周边城市的重要避暑生态旅游度假地，2015年获“国家AAAA级旅游景区”“省级旅游度假区”和“省级生态旅游示范区”等。

【动植物资源】 仙海生态旅游区属四川省亚热带常绿阔叶林区，森林覆盖率达90%。现有林木均属次生林，很少有大面积的乔、灌、草完整的多层结构植物群落。自然植被主要为马尾松木林，以及次生灌丛和草丛，乔木以马尾松、柏树、青冈为主，灌木以麻栎、栓皮栎、马桑、黄荆为主要代表，主要经济林木是油桐、乌桕、桑、柑橘、核桃等。区内代表动物以鼬科和鼠类为主，鸟类以鸬鹚、白鹭、斑鸠、家燕、喜鹊、麻雀最为常见，鱼类资源丰富，有鲤鱼、草鱼、鲫鱼、青鱼、红尾、银鱼等鱼种，鱼类资源是生态旅游区动物资源的主要特色。

【区域规划】　仙海旅游度假片区总体规划范围总面积为47.45平方千米（仙海湖水面约6.8平方千米），北面、东面、西面以仙海管委会行政范围为界，南面以环湖的第三重山体的山脊线为界，依托秀丽的山地湖泊景观、良好的生态环境，推进旅游与生态、文化、体育等产业深度融合，紧紧围绕国家级旅游度假区创建目标，突出抓好全域旅游发展、项目建设、招商引资、生态保护、民生工程、服务型政府建设等重点工作，打造集“休闲度假、运动养生、会议会展、生态居住”于一体的国家旅游度假区。

【区域交通优势】　仙海位于绵阳城区东北角，地处九寨沟、黄龙、剑门蜀道、三国旅游热线的中心地带，距离成都130千米，距绵阳城区15千米，两小时旅游圈内有成都双流国际机场、绵阳南郊机场，与成（都）绵（阳）高速、绵（阳）广（元）高速、绵（阳）遂（宁）高速相通，路网完善，四通八达，与主体市场成都、重庆、西安相连，交通条件极为便捷，成（都）乐（乐）绵（阳）高铁和西（安）成（都）高铁已将成都与绵阳的距离缩短到30分钟，绵阳至西安距离缩短在3小时以内。绵阳城市的百万人口是度假区的稳定客源市场；成都、重庆、遂宁、南充、广元等旅游2小时路程圈的近2000万人口是度假区的辅助客源市场；川西北大旅游圈国内外游客集散地，发挥中国科技城、“两弹”城对国内外游客的独特吸引力是度假区的目标客源市场。

（吉　敏）

环境保护

【概况】　仙海区是国家级水利风景区、国家AAAA级旅游景区、省级生态旅游示范区、省级旅游度假区，绵阳城区的后花园。2017年，全区空气质量保持全市前列，优良天气达到330天以上，森林覆盖率达90%。全年化学需氧量削减1.2%，氨氮排放量削减0.82%；水环境质量（出境断面水质）达标率100%；地表水环境质量达到或者好于Ⅲ类水体比例100%，地表水水质达到国家Ⅱ类及以上水平，80%指标在Ⅰ类标准。无劣Ⅴ类水体。乡镇集中式饮用水水源地水质达标率100%。

【环境治理】　2017年2月10日，区管委会印发《仙海区环境保护工作职责分工方案》，明确各部门环保工作职责，分管部门的党工委委员、管委会领导负责各部门做好环保工作。2月24日，在第五次党工委委员与管委会主任会议上，审议《2017年全区工作要点》，把环境治理作为全区年度重点工作之一；7月4日，在第十次党工委委员与管委会主任会议上学习《中华人民共和国环境保护法》，就下一步环保工作进行安排部署；8月6日，召开的第十一次党工委委员和管委会主任会议上通报环保督察督导发现问题整改落实情况并就下一步抓好问题整改进行部署。截至年底，仙海区集中式饮用水水源地水质达标率100%，完成绵阳市大气、水、土壤污染防治行动计划2017年度重点工作，空气质量优良天数全面达标，高于全市平均水平。水环境质量持续改善，地表水水质达到国家Ⅱ类及以上水平(80%指标在Ⅰ类标准)，农用地土壤污染调查全面完成，全区无超标点位。秸秆禁烧和综合利用工作覆盖率100%，实现“不烧一把火、不冒一处烟”的年度目标，未发现一起焚烧行为。

【环保督查】 2017年，仙海区根据《环境保护督察反馈意见》，结合实际，共认领5大类11项任务。截至年底，完成整改7项，其余4项均达到序时进度。区纪工委、党群部执行《四川省党政领导干部生态环境损害责任追究实施细则（试行)》，强化考核督查；执行《绵阳市党政主要领导干部自然资源资产和环境责任审计暂行办法》。根据《绵阳市仙海水利风景区综合办公室关于印发党工委、管委会领导干部分工的通知》，落实党工委、管委会对行政区域内环境质量负总责，落实党委政府“一把手”亲自抓、分管负责人具体抓的领导责任，落实职能部门主要负责人直接抓的监管责任。建立责任体系，区纪工委转发《党政领导干部生态环境损害责任追究办法（试行)》和《四川省党政领导干部生态环境损害责任追究实施细则（试行)》，明确相关部门对突破资源消耗上线、环境质量底线、生态保护红线的，以及在环境保护工作方面不作为、慢作为、乱作为的，严肃追责问责。并视其情节，给予诫勉、责令公开道歉、组织处理、党纪政纪处分，对涉嫌犯罪的，将移送司法机关依法处理。区纪工委根据区落实中央环保督察反馈意见整改工作领导小组办公室《关于中央环保督察有关问题线索情况的复函》，全区未发现党政领导干部和相关工作人员在推进环境保护工作方面存在不作为、慢作为、乱作为情况。在环保督查中反映的问题，逐一抓好落实。

（*颜　彦*）

经济社会发展

【概况】 2017年，仙海区紧紧围绕市委、市政府中心工作，全面贯彻省、市“项目年”决策部署，对重点工作和重点项目进行专题分析研判，明确11项全区重点工作和22个重点项目，由区级领导牵头，按照“五个一”原则（即一个牵头领导、一个责任专员、一套实施推进计划、一张作战图、一个奖惩办法），进一步传导压力、落实责任，确保全区重点工作和重点项目推进。全区主要经济指标运行平稳，实现地区生产总值 8.12 亿元，同比增长 8%。其中，第一产业 2.47 亿元，同比增长 3.7%；第二产业 0.3 亿元，负增长 0.8%；第三产业 5.35 亿元，同比增长 10.8%。全区三次产业占地区生产总值（GDP）比重分别为 30.4%、3.7%、65.9%，全区以旅游业发展统揽全域，制定专项政策、培育新兴业态，“退二进三、优化一产”，逐步构建出以旅游业为主的现代服务业和休闲、观光、体验为主的现代农业体系，促进第一产业和第三产业融合发展，第三产业主导地位愈见明显，旅游产业发展成效显著。截至年底，全区有规模以上服务业企业 8 家，分别是：绵阳仙海假日旅游开发有限公司、绵阳市好运旅游开发有限公司、四川仁智石化科技有限责任公司、绵阳市仙海投资有限公司、绵阳仙海航泽实业有限公司、绵阳仙海航泽领翔租赁服务有限公司、绵阳快益点电器服务连锁有限公司、四川裕华建筑劳务有限公司。

2017 年，全区实现地区生产总值 8.12 亿元，同比增长 8%；实现服务业增加值 5.35 亿元，同比增长 10.8%；完成固定资产投资 24.8 亿元，同比增长 7.15%；实现社会消费品零售额 5.15 亿元，增速 12.5%；地方公共财政收入 8500 万元，同口径增长 9.25%；到位内资 11.3 亿元；农民人均纯收入达到 17986 元，同比增长 12%；城镇居民可支配收入达到 33040 元，同比增长 12.5%；实现旅游收入 3.48 亿元，同比增长 30%，接待游客近 200 万人次。

▲“四上”企业：指规模以上工业企业、资质等级建筑业企业、限额以上批零住餐企业、规模以上服务业企业等这四类规模以上企业的统称。

【项目专员跟踪服务】 2017 年，仙海区出台《仙海区重点项目推进办法》和《仙海区“项目专员”全程协调服务代办机制》。由区级牵头领导和项目专员对投资项目进行专人“一对一”无缝对接，全程跟进项目建设的每一环节，实行项目引进到竣工全程代办服务，简化办事程序和审批环节，及时解决项目推进过程中存在的问题，提高项目推进进程及工作效率。

【国有公司改制】 2017 年，仙海区将原有3 个区属国有公司整合为集团公司，改革后资产规模从 5.95 亿元增长到 17.78 亿元，增长 11.83 亿元；资产负债率从 83.76%下降到 14.55%，下降 69.21 个百分点。

【项目建设投资】 2017 年，全区共投入 300 余万元，完善游仙区第四人民医院、徐家桥湿地公园、绵梓路景观工程等 18 个项目建设要件准备。自筹资金 6100 余万元，完成了 G108 改线工程拆迁。鼓励企业投资，安排100万元对自主投入量大的旅游服务企业进行奖励；安排810万元对自主投入量大的13个农业企业进行奖补。

【创新投融资模式】 2017年，仙海区采用“EPC+投融资”模式，以公开招标方式引进中建国际投资（中国）有限公司牵头的联合体，投入18.06亿元建设亲水栈道（三期）、新场镇基础设施及黄金村片区基础设施、徐家桥村片区基础设施、现代农业旅游产业园绿道、环湖路景观改造、临湖景观建设、电力改造、拆迁、安置房等13个子项目组成的仙海文化旅游基础设施“打捆”项目。

【现代服务业】 2017年，仙海区对现代服务业重点产业发展方向和重点项目进行梳理和部署。电子商务方面，重点推进电子商务在农产品销售中的应用，先期引导农户在电子商务平台上架特色农产品，发展特色电子商务销售。科技服务方面，重点发展软件和信息技术服务、科技中介服务。健康养老方面，重点发展医养结合康养服务、社会养老服务。根据区域和基础条件，重点布局旅游度假、健康养老产业。

（陈彦 陈思 鲜艳春）

第三产业发展

【概况】 2017年，仙海区社会消费品零售总额达5.15亿元，同比增长12.5%；服务业增加值增长率10.8%。三次产业结构为30.4∶3.7∶65.9，第三产业经济成为园区重要的经济增长点。三产经济占比由高到低的是：其他服务业、住宿餐饮业、批发零售业、金融业、房地产业、交通运输仓储邮政业。全区以做大做强第三产业作为调整产业结构、优化产业布局的重要抓手，抓好项目引进，培育和壮大第三产业，整体呈现出平稳发展态势。

【生活类服务业】 2017年，全区利用区域湖景、山景、江堤、森林、农业等沿江、沿山特色资源，发挥交通、地理位置及观光资源优势，以绵阳市好运旅游开发有限公司等企业为休闲服务业发展主体，开发、改造及综合利用一批休闲水上项目，打造都市生态休闲绿地。依托区内仙海湖渔业养殖，以绵阳市仙海水利风景区兴鑫鱼庄等企业为发展主体，形成“仙海鱼”特色餐饮产业链。依托绵阳市铂金海岸度假酒店管理公司，绵阳市雷耀旅游开发有限公司等休闲度假酒店，让景区配套设施更加完善，吸引更多游客观光驻足。

【餐饮一条街】 2017年，全区采取“整体规划，科学布局业态；加大投入，美化亮化与特色街相适应的街区；引进大品牌，做大已有企业”等举措，打造景区天街商业城“特色餐饮一条街”。截至年底，此特色街区汇聚包含仙海特色小吃、仙海麻麻鱼干等在内的特色店50余家，年吸引消费人群近数十万人次。

【电子商务】　2017年，全区重点推进电子商务在区内特色餐饮住宿和生态旅游为电子商务发展的重点培育对象，电商发展成效显著。仙海区完成电子商务交易规模8400万元，网络销售额达到2100万元，名优特产品线上交易额1020万元，新增电商企业5家。推动电子商务项目建设，促进区域旅游资源整合，完成整个仙海的产品和旅游的实时对接。“智慧仙海”二期建设正在进行，通过配套支撑工程、数据中心等的建设，对仙海湖的水质、画面进行实时检测，拓展网络营销功能。微亿联酒店管理系统与线上商城建立，推进区域酒店管理服务升级和旅游产品线上销售。

（陈　彦　鲜艳春）

精神文明建设

【概况】　2017年，区党工委委员和管委会主任办公会议专题研究精神文明建设工作，区综合办公室印发《仙海区2017年精神文明建设工作要点》，全面落实党工委、管委会精神文明建设主体责任。调整完善文明委组成人员及工作职责，发挥文明委统筹协调作用，召开专项工作会3次，组织专项检查督查3次，形成各成员单位分工负责抓精神文明建设合力。仙海水利风景区荣获市文明景区称号，仙海区人民医院获“市级最佳文明单位”，公安局仙海分局沉抗派出所获“市级文明单位”，仙海区沉抗镇、仙海区党群工作部、仙海区住建局获得“文明城市建设先进单位”，李蓉、王旭丽、曾瑾被评为“文明城市建设工作先进个人”。

【“我的中国梦”主题教育活动】　2017年，按照各时间节点，组织全区1098名中小学生积极参与“我的中国梦”主题教育活动，引导他们学习理解习近平总书记对“中国梦”的深情阐释，缅怀革命先烈、继承光荣传统，激发爱国主义情感，从小立志投身实现“中国梦”的伟大实践。清明前后，组织开展“祭英烈”活动，1000余名同学们在网上献花、网上献歌、网上点烛、网上上香、网上寄语、浏览革命纪念馆和革命人物先进事迹等，各班也组织讲英烈故事、举行追忆历史、缅怀先烈主题班会和“清明文化”手抄报比赛活动。“六一”前后，组织开展“学习和争做美德少年”活动，通过主题班会、少先队活动课、国旗下讲话等形式学习美德少年优秀事迹，并推选鲁珊珊同学为绵阳市美德少年。“七一”前后，组织开展“童心向党”歌咏活动，围绕实现中国梦、培育和践行社会主义核心价值观，歌唱《让幻想展翅飞翔》《学习雷锋好榜样》等歌曲。“十一”前后，开展“向国旗敬礼”活动，组织学生参加“向国旗敬礼”网上签名寄语和国旗下讲话，并开展一次传唱习近平总书记作词的歌曲《堂堂正正一辈子》活动。

【乡村少年宫活动】 2017年，乡村少年宫在每周二、周四下午开展活动，活动以诗词歌赋、琴棋书画、非遗项目、手工制作、校园三大球为活动载体，共有书法、川剧、手工、科技、足球、护航青春等室内外活动30余项，来自9个年级的1098名学生参与其中。6月1日至15日，组织开展了第一届仙海区乡村少年宫优秀作品展，参展所有作品均由仙海乡村少年宫孩子们创作完成，作品涵盖了木刻、绘画、书法、手抄报、烙铁画、手工作品等共1000余件。学校少年宫先后被评为绵阳市“优秀少年宫”“特色少年宫”“十佳少年宫”“四川省风筝特色学校”等。

【未成年人心理成长指导中心】 2017年，继续开展“心理咨询室”的开放工作，对少数有心理困扰或心理障碍的学生进行科学的、有效的心理咨询和辅导。5月，校内心理健康教师为全体初三学生作《科学减压，轻松迎考》的心理健康辅导课，7月邀请三级心理咨询师冯燕为留守儿童代表做一次关爱辅导，10月邀请二级心理咨询师韩静为八年级部分学生做一次悦纳自己的团体活动，11月和12月分别对6~9年级女生进行两场青春期健康教育。组织6人次分别参加3月和12月的市级心理健康教育培训，邀请二级心理咨询师韩静到学校为学校的心理工作者进行一场关于学校心理健康教育专题培训，通过“派出去请进来”的方式较大提升学校心理教育工作者的专业理论知识和实际操作能力。

【未成年人思想道德建设概况】 2017年，区文明委印发《仙海区2017年未成年人思想道德建设工作实施意见》，围绕培养德才兼备、全面发展的中国特色社会主义事业建设者和接班人的工作目标，持续加强未成年人思想道德建设。开展“我的中国梦”主题教育活动，组织清明祭英烈活动、学习和争做美德少年、童心向党歌咏活动、向国旗敬礼等活动，通过活动将社会主义核心价值观根植于青少年心中。组织开展文明校园创建系列活动，学校师生文明素质和校园文明程度明显提高，区中心学校获得市级文明校园称号。持续开展乡村少年宫活动，开设艺术类、体育类、科技类等各种项目活动30余项，学生参与面达100%，为未成年人营造出“德智体美”全面发展的学习氛围，获得市、省、中央文明办高度肯定，并作为全省乡村少年宫推进会现场参观点。建立未成年人心理成长指导中心，积极推进未成年人心理健康教育，组织区中心学校未成年人心理健康专教、德育专干开展未成年心理健康教育、心理咨询、“护航青春”等业务培训6次。利用禁毒日、安全日、防灾减灾日，组织开展禁毒宣传教育、消防疏散演练活动、食品安全和自救自护等演练活动6次，提高未成年人自我保护意识。

【群众精神文明建设概况】 2017年，群众精神文明建设作为全区精神文明建设（文明城市建设）工作的重要内容，年初纳入《绵阳仙海区2017年精神文明建设工作要点》，在全区进行统筹安排。完善文明城市常态化、长效化建设，围绕《全国文明城市测评体系》《全国未成年人思想道德建设工作测评体系》，强化组织领导，层层压实责任，动态督促工作。

【开展道德模范巡讲活动】 2017年，仙海区利用道德·法治讲堂平台，通过宣传栏、LED显示屏、平面网络媒体等，深入宣传先进事迹。7月7日，开展绵阳市道德模范巡讲活动（仙海区专场），邀请“四川好人”“最美绵阳人”、市中心医院护士王晓燕和“涪城区首届道德模范”、涪城区城厢街道办体运村路社区党委书记陶岚为全区干部、群众代表作先进事迹报告。

【开展文明礼仪普及行动】 2017年，仙海区组织开展“文明旅游”“文明交通”“文明餐桌”“十大不文明现象”整治等各类专项活动100余次，专项整治了公共场所吸烟、大声喧哗，随地乱吐乱扔；行人闯红灯、翻越道路隔离栏；机动车乱停放，斑马线不礼让行人，乱鸣笛；非机动车乱穿行，共享单车乱停放；出租车随意变道加塞，开车打电话、抽烟；店铺跨门经营、游商乱摆摊点、露天烧烤乱排油烟；宠物敞放、随地便溺不予清理；商家宣传、广场舞音乐等噪声扰民；小区内垃圾乱倒、乱贴小广告，随意损坏公共设施等问题，发放宣传资料5000余份。

【模范先进人物推选】 2017年，仙海区围绕移风易俗和农村“五个一”建设，从敬业奉献、诚实守信、助人为乐、孝老爱亲等方面，向市文明办推荐许锐等10名同志为身边好人，陈建新家庭获绵阳市第一届文明家庭称号。其中陈永玉获绵阳市十佳乡村教师称号，鲁珊珊获市美德少年称号。区文明办并组织各类先进代表到各单位、各村（社区）开展巡讲，引导、传承、弘扬社会正能量。

【深化文明细胞创建】 2017年，仙海区评选表扬区级文明村（社区）6个、文明组17个、文明家庭28户、“好婆婆·好媳妇”19户、最佳志愿服务项目3个、文明诚信商户8个、最佳文明窗口6个、美德青（少）年19名、最佳导游（解说）2名。实现广播“村村响”、电视“户户通”、电影“月月看”，完成农村公益电影放映192场次，打造“乡村30分钟公共文化服务圈”。全区15个农家书屋、2个社区书屋、7个妇女儿童之家、综合文化站、文化广场、图书室、电子览室常年免费开放，全年接待3000余人前来借书、阅书、电子阅览，同时为区内17个村（社区）的农家书屋更新书籍2500余册。

【组织开展群众文艺活动】 2017年，仙海区以“三文”（即文化、文艺、文明）活动进社区为平台，发动居民自编自演文艺节目19个，先后组织开展庆元旦迎新春、闹元宵、庆“三八”、端午节龙舟赛文艺演出、仙海诗会、“年年重阳胜春光 九九佳节敬老情”等活动27场次，参与群众达5000余人次。

【学雷锋志愿服务】 2017年，仙海区设学雷锋志愿服务支队1个；志愿者服务大队7个；志愿服务站1个。在景区建立8个固定学雷锋志愿服务点，在窗口行业单位设立8个学雷锋志愿服务窗口，在通讯营业厅等地设立10个学雷锋志愿服务点；在婚庆广场建立1个景区志愿服务岗亭。志愿服务站形成文明交通、法制安全、诚信建设、环境保护等10个特色志愿服务项目，做到站点建设全覆盖。志愿服务站点每月组织开展6次志愿服务活动。区志愿服务支队集中组织开展“送温暖”“快乐三八节·健康伴你行”义诊、植树、“弘扬雷锋精神·践行核心价值观”等志愿服务活动15次。 （何 娅）

名胜古迹

【概况】 仙海区为金牛古道必经之地，有着一千多年的历史，保留下很多古遗迹，至今保存较好的有回龙桥、寨子山古井、刘氏老宅、陈氏墓群、观音井等5个文物保护点。

【回龙桥】 回龙桥为平板石桥，西南—东北走向，建于清中期，面积7平方米。桥面由八块石板齐缝铺成，两边各四块，每块石板差异不大，其中一块石板长4.6米，宽0.65米，厚0.4米。桥跨度为10米。桥由一个桥墩支撑，桥墩上由龙头造像，两头桥台由条石砌成，桥面距水面距离2.2米。

回龙桥

寨子山龙古井

【寨子山龙古井】　寨子山龙古井位于沉抗镇天生桥村一社寨子山山腰，建于清光绪三年（1877年）。古井内为不规则形，直径约为3米，井口经后人改造，现为正方形，边长为0.5米。井深约为2米，为当地村民提供生活用水。井南面立有一块方碑，碑刻“龙古老井”四字，为清光绪三年所刻。碑下刻有一尊造像，现已模糊。

【老绵树梁陈氏墓群】　老绵树梁陈氏墓群位于沉抗镇桃花村三社老绵树梁山顶，坐西向东，面积1200平方米，现有冢40座，碑15通，建于清代至现代，清墓约有24座。其中陈其才夫妇墓，建于清咸丰二年（1852年）。土冢长4米，宽2.5米，高1米。冢前紧贴一通碑，宽2.5米，高1.2米，厚0.2米。碑身上记载了墓主人的生平事迹及子孙情况，碑前又紧贴一通切角碑，宽1.1米，高2.8米，厚0.3米。碑身刻“皇清例赠登仕郎陈公讳其才老大人墓”。

【刘家坝刘氏老宅】　刘氏老宅位于沉抗镇锦屏村一社刘家大院子刘义成宅西面20米，坐北向南195°，占地面积约150平方米。台基由条石构成，条石宽0.4米，高0.35米。木构梁架，穿斗抬梁混合式结构。面阔三间，堂屋进深7.8米，宽6米，高7米。内供有“天地君亲师”牌位，梁上悬挂清咸丰元年（1851年）

的“九如競诵”匾一块，门口悬挂清光绪六年（1880 年）“金桃延龄”匾一块。门为六扇门，梁上及门窗上均刻有雕花。厢房门为群板式门，进深为 7.8 米，宽 5 米，高 7 米。堂屋前有一步廊，进深为 1.4 米，台基前有三步垂带式阶梯。

【观音井】 观音井位于沉抗镇月台村二社泉水堰观音庙南面 15 米，建于清代，面积约 1 平方米。井由条石围砌，为正方形，边长宽 0.6 米。井口离水面距离为 1.6 米，井口直径为 0.5 米，井沿为正方形石板，边长为 1.1 米，该井现已弃用。

（吉　敏）

刘家坝刘氏老宅“九如競诵”匾

文化与旅游

Culture and Tourism

概 述

【概况】 仙海作为绵阳市以旅游产业为主业的区域，先后成功创建“国家水利风景区、全国环境优美乡镇、国家AAAA级旅游景区、省级生态旅游示范区、省级旅游度假区”五大品牌。

2017年，仙海旅游度假区着重优化旅游产业布局，推进重点旅游项目落地，提升乡村旅游品质，丰富休闲旅游产品，完善旅游公共服务功能，迎宾广场、婚庆广场、商业街、环湖旅游服务站点等旅游设施日臻完善，自行车骑游道、亲水步行栈道、好运水上运动中心、亲水湾沙滩浴场等旅游项目全面建成，神仙树、鸟岛、天龙山等旅游景点形成新看点，锦烁度假酒店、铂金海岸酒店、雷耀酒店、龙源会议中心等特色酒店建成营业，绵阳科技城沉抗大道（仙海二环路）、文化旅游基础设施“打捆”项目、环湖路景观提升等项目正有序推进。全区旅游经济稳中有升。全年先后承办举行第六届绵阳（仙海）端午文化旅游节、“天辅杯”2017绵阳仙海湖铁人三项挑战赛等赛事活动，实现旅游收入3.48亿元，同比增长30%，接待游客近200万人次。2017年，全区有2个旅游项目入选省级旅游项目库，并有3个旅游项目纳入市级在建旅游重点项目，全年实现旅游投资共计5.8148亿元。争取到国家级旅游发展专项资金30万元、省级旅游发展专项资金60万元、市级旅游发展专项资金3万元，全年共计争取到旅游发展资金93万元。

（李晓丽　淳晶晶）

水上运动

文 化

【概况】 仙海区文化积淀深厚，沉香文化、驿道文化、宗教文化、文昌文化等已成为度假区的旅游名片。截至2017年底，全区公共文化服务体系健全，基础文化阵地建设效果显著，群众文化活动不断丰富。

【文化阵地建设】 仙海区现有沉抗镇综合文化站1个、婚庆广场1个、文化广场1个、社区书屋2个、农家书屋15个、村广播室15个。2017年，投入34000元为书屋补充更新书籍共2400册，并对辖区群众免费开放。投入15000元用于村广播室的运行维护。在区内铜瓦、桃花、八角庙村投入18万元完成了“高清仙海 智慧广电”试点项目建设工程，实现了150户困难群众免费收看高清电视节目。建设绵阳市主城区公共图书馆总分馆17个。

【文化队伍建设】 全区15个行政村、2个社区均配备文化专干，作为基层文化活动的组织者和管理者，负责村文化活动室、农家书屋的管理和对外开放，组织辖区群众参加各类文化、体育活动。通过不断的培育，全区各村（居）基本都组建文化表演队伍，并形成健身舞蹈、腰鼓、龙狮等多支文化表演队伍。招募文化志愿者15名。不断加强乡村文化人才培训力度，发挥教师、老干部的骨干带头作用，培育文化志愿者队伍，为文化活动爱好者进行培训，从而使各村各项文化设施不仅“建起来”，更要“转起来”，提高群众的文化活动兴趣和表演水平。

【文化活动开展】 2017年，全区至上而下广泛开展了各种形式的文化活动。利用全区独特的资源优势连续举办六届“仙海端午文化旅游节”，活动包含龙舟公开赛、非遗文化展示展销、仙海端午诗会、群众文艺演出、包粽子比赛、全国特色美食小吃展销等一系列丰富多彩的民俗文化活动，成为绵阳的一张特色文化品牌。坚持开展文化、科技、卫生“三下乡”活动，为广大群众送去科技、卫生、文化知识的同时，并带去精彩的文化盛宴。与绵阳艺术剧院深入合作，每年开展文化惠民演出2~3场，并组织相关单位向群众赠送图书和影碟。紧紧围绕“我们的节日”等重大活动，组织群众开展以歌颂党、热爱祖国、热爱家乡为主题，既注重思想教育性、群众参与性、艺术欣赏性，又有地方特色和贴近群众生活，群众喜闻乐见的自编自演的文化节目。充分利用农家书屋和社区书屋、文化活动室开展读书节、中华经典诵读、广场舞展演等活动。坚持开展农村公益电影免费放映192场活动，确保全区各村农村电影“月月看”。

【非遗保护】 挖掘传承和保护地方历史文化。2017年，仙海区与绵阳师范学院旅游发展与规划研究中心合作，深入挖掘仙海地方历史文化，完成《仙海历史文化寻踪》书籍编撰工作。

加强市级非物质文化遗产“文昌祖庭年画”的传承与保护。该项目由文昌祖庭文化传播有限公司承担。

文昌祖庭文化传播有限公司成立于2011年5月。公司认真贯彻落实“文化强国”建设的重要精神，响应政府发掘保护民族文化的号召，依托发源于绵阳的、世界独有的“文昌文化”资源，以传承弘扬民族传统道德文化为已任，聚集一批有志弘扬中华文昌文化、传播中华道德精神的同仁，以“顺天时，享地利，拥人和”理念铸造绵阳有价值、有影响、有远景的代表性文化产品。

公司艺术总监王贞龙先生亦获得“绵阳市非物质文化遗产项目传承先进个人”、“四川民间工艺艺术年画大师”荣誉称号，他所著《中华民间门神年画起源及起源地——门神年画追踪》获得到国家版权登记。文昌祖庭年画工作室自主创新研发设计团队持续研发、创新、创意设计优质的版权作品，共计成功申报文字版权2副，图画版权24副，外包装版权6副。

公司拥有极具代表性、唯一性的地域文化商标——《文昌祖庭》《重华》《祖庭》，注册了相关国际域名14个。以王贞龙先生为核心的艺术创作团队所发掘创作的近110幅文昌祖庭年画，每一幅都拥有完善的自主知识产权，具有鲜明的绵阳本土文化特色，并办理国家相关部门版权登记。公司主线产品“文昌祖庭年画”于2013年被正式列入绵阳市非物质文化遗产名录。

与此同时公司大师工作室设计团队还与西南科技大学、绵阳师范学院、四川文化艺术学院等高校及中国非物质文化遗产研究院、四川省工艺美术协会等机构建立了紧密的产学研合作机制，共同致力于文昌文化的文创产品品质提升和创意设计人才培养，有利的带动了本地文化产业发展。

公司创作中心扎根于美丽的仙海风景区，辐射日本、香港、台湾、澳门、北京、成都、西安、梓潼等地。中心推出的“手绘填彩描金”年画已在一定范围内成为“华贵、吉祥、品位、典雅”的礼品代名词，被爱好者争相请购。

【地方历史】 做好地方历史文化和水文化挖掘工作。为充分挖掘仙海地方历史传统文化和中国水文化资源，找准仙海文化和旅游融合点，打造独具特色的仙海旅游品牌，与绵阳师范学院旅游发展与规划中心携手合作，开展全区地方历史文化和水文化资源挖掘及旅游产品转化策划工作。编撰完成《仙海历史文化寻踪》一书；仙海区地方历史传统文化资源和水文化资源挖掘及其旅游产品转化策划案已提交成果汇报会并完成定稿。加大文化作品创作力度，拍摄了《情归仙海湖》《寻找仙海的沉香》微电影。

“中华旅游小姐”在仙海

【美丽的眼睛看绵阳——2017中华旅游小姐绵阳之旅】 2017年3月8日，仙海区牵头举办“美丽的眼睛看绵阳——2017中华旅游小姐绵阳之旅”走进仙海活动。来自世界五大洲50多个国家和地区旅游形象大使先后参加沿湖栈道漫步、绿道自行车骑游、探海亭采风，海珀澜山、首开·仙海龙湾生态居住项目参观，萄源仙谷慢生活体验，仙海湖水上观光等活动。通过佳丽们系列观光、采风活动，进一步提升仙海的美誉度和知名度。

【2017年绵阳市中小学生风筝公开赛】 2017年3月25—26日，绵阳市中小学生风筝公开赛暨绵阳市第四届风筝比赛在美丽的仙海婚庆广场举行，比赛包括竞技和亲子互动两个环节，来自绵阳各县区中小学28支参赛代表队，参赛人数近200人，参赛风筝包括串类（含龙类）、板子类、软翅类、硬翅类、立体类五个类别。

【绵阳市健康活力大赛】 2017年4月22日，绵阳市第九届健康活力大赛在仙海举行，大赛以“全民健身、舞动绵阳”为主题，设有包括有氧健身操、竞技健美操、啦啦操以及课间操等大项，共约100余个小项，分幼儿组、小学组、初中组、高中组、高校组等组别，参赛单位68个，队伍120余支，共1600余人，历届规模最大，本届比赛除各项比赛将按照相应名次颁奖外，还将颁发最佳明星队、最佳编排奖、最佳组织奖、体育道德风尚奖等。

【第六届绵阳（仙海）端午文化旅游节】 2017年5月28—30日，仙海区牵头举办2017年绵阳旅游发展大会暨中国（仙海）首届湖泊旅游发展高峰论坛启动仪式、第六届绵阳（仙海）端午文化旅游节。本次端午文化旅游节以“动感仙海、时尚仙海、绝味仙海、乐在仙海”为主题，推出“地方特色文艺展演、激情端午龙舟公开赛、仙海主题美食季”等系列活动，融合文化、体育、旅游多种元素。其中龙舟公开赛来自全市绵阳各县市区、企事业单位、大中专院校、社会组织等群体的46支代表队，800余名运动员在22人男子大龙舟，12人女子小龙舟和男子小龙舟三个组别中展开竞技。经过上午预赛和下午决赛的激烈比拼，三个组别分别产生了一到六名。22人男子大龙舟的冠军被西南科技大学摘得，12人女子小龙舟和男子小龙舟的冠军均花落绵阳师范学院。

【2017绵阳仙海湖铁人三项挑战赛】 2017年9月17日，仙海区举办“2017绵阳仙海湖铁人三项挑战赛”。本次赛事是由中国铁人三项运动协会批准举办的C级赛事，是绵阳首届大型铁人三项挑战赛，赛事设置全程组、半程组、接力组和小猎豹5K四个组别，总奖金设置近10万元，来自全国铁人三项运动协会会员、铁人三项俱乐部成员及境外业余运动爱好者410名运动员参赛，并邀请国家旅游局原副局长、第四届全国侨联主席、中国铁人三项的引入者庄炎林参加开幕式并致辞。最终，009号选手莫顺加以2小时34分44秒的成绩获全程男子青年组第一名，182号选手陆小勇以2小时38分44秒的成绩获全程男子中年组第一名;306号选手王文君以3小时3分3秒的成绩获全程女子青年组第一名，401号选手陈小敏以3小时18分31秒获全程女子中年组第一名。中央电视台体育频道、绵阳电视台和人民网、新华网、凤凰网、中新网、中国网等40余家新闻网络媒体对赛事情况进行全程跟踪报道，展示仙海的优势和特色旅游资源，提升仙海的知名度和美誉度，将“运动仙海”名片推向全国。

（李晓丽）

旅游政策支持

【概况】 仙海区为贯彻落实绵阳市人民政府《关于加快旅游业发展的意见》（绵府发〔2012〕3号）文件精神，以农、林、旅相结合大力发展精品旅游为抓手，进一步加快推进国家级旅游度假区建设，逐步实现全域旅游。仙海区先后制定《关于加快旅游产业发展的意见》（绵仙管委发〔2013〕1号）、《仙海区招商引资系列政策》（绵仙办法〔2016〕71号）、《仙海区财政资金支持农业产业化发展实施方案》（绵仙办发〔2017〕16号）等文件。文件分别从抓招商、促发展、推动一三产业融合发展等方面给予政策扶持和财力奖励支持。

【《关于加快旅游产业发展的意见》出台】 2013 年 4 月，仙海区管委会印发《关于加快旅游产业发展的意见》（绵仙管委发〔2013〕1 号），强力推动仙海区旅游业健康、快速发展。发展的主要措施有 5 条：提高思想认识，重点扶持培育旅游业发展；理顺管理机制，形成整体推进合力；加大资金投入力度，全面落实税费优惠政策；提升旅游管理水平，优化旅游服务环境；加快人力资源开发，加强旅游队伍建设。政策奖励支持分别从旅游开发建设项目、旅游产业培育提升项目、旅游市场促进等方面制定了明确的财力奖励标准。

【《仙海区招商引资系列政策》出台】 2016 年 12 月，仙海区综合办公室印发《仙海区招商引资系列政策》（绵仙办发〔2016〕71 号），就引进和发展旅游、休闲、养老等重点产业进一步营造良好的投资环境提供了招引优惠政策依据。政策支持分别从建成后重点旅游项目、对提升仙海旅游形象，改善旅游环境有较大作用的新建旅游项目，新入驻品牌经济型连锁酒店，创建成功的星级酒店，文化旅游商品或产品评比获奖的旅游企业，年接待量 20 万人次以上的收费旅游企业等方面制定了招引优惠标准。

【《仙海区财政资金支持农业产业化发展实施方案》出台】 2017 年 8 月，仙海区综合办公室印发《仙海区财政资金支持农业产业化发展实施方案》（绵仙办发〔2017〕16 号），围绕“旅游+农业”“旅游+林业”为发展目标，集中打造以休闲、观光、采摘、研学为特色的旅游产业。文件中明确规定：对农村一、三产业融合发展较好，功能多样、业态丰富、市场前景好、有品牌的产业和三产中规模以上企业优先予以扶持，由区财政补助资金以先建后补、以奖代补、贴息等方式给予资金补助。

（李湛美）

旅游设施建设

【概况】 2017 年，仙海旅游度假区旅游公共服务设施功能日趋完善。迎宾广场、婚庆广场、商业街、环湖旅游服务站点等旅游设施日臻完善，自行车骑游道 6.7 千米、亲水步行栈道 5.3 千米。锦烁度假酒店、铂金海岸酒店、雷耀酒店、龙源会议中心等特色酒店建成营业，绵阳科技城沉抗大道（仙海二环路）、文化旅游基础设施“打捆”项目、环湖路景观提升等项目正有序推进。

【旅游生态厕所建设】 2017 年，全区有 3 座旅游厕所纳入国家旅游厕所管理系统，并全部按时完工。与光大集团合作，修建绵阳市首座智能生态厕所，是市内首个设有厕位转换空间的旅游厕所，男女厕位数量可根据人流量和如厕等候情况实现转换。同时引入新型“光触媒”技术和国际先进的 MBR（膜生物反应器）水处理技术，通过水的循环处理使用，真正实现智能生态化。12 月 26 日上午，在仙海召开绵阳市“厕所革命”推进工作现场会，绵阳市级有关成员单位分管领导、各县区旅游主管部门负责人、相关企业、媒体 50 余人参加会议。

【亲水栈道建设】 2017 年，全区已建成的亲水栈道全长约 5.3 千米，主要沿仙海湖滨水一带建设，亲水栈道的建成加强了环湖景观与服务点之间联系，把游步道融入湖光山色之中，让游客近距离感受到仙海的湖光山色。工程分两期建设完成。

一期项目建设总投资约 2000 万元。木栈道长度约 1.8 千米，宽 3.2 米，材料主要采用防腐木铺设，起于好运码头，止于仙海大坝。服务点面积约 30 平方米，沿线栈道绿化亮化及其他配套设施等。2012 年 6 月开工建设，2013 年 7 月建设完成投入使用。

二期项目建设总投资约 2500 万元。亲水栈道约 3.5 千米，宽 2.5 米，材料主要采用塑木、青石板及透水砖结合铺设，起于仙海大坝，止于长虹别墅园区。集中服务点两处（建设面积 300 平方米），沿线栈道绿化亮化及其他配套设施等，2013 年 11 月开工建设，2014 年 12 月建设完成投入使用。

【自行车骑游道】 2014 年 10 月开工建设，2015 年 12 月建设完成投入使用。项目建设总投资约 2600 万元，新建约 6.7 千米自行车专用骑车道路，宽 3 米，占地约 45 亩。道路沿仙海湖岸修建，与亲水栈道毗邻，与环湖景观道路相连，南起仙海广场，北至云盖寺。沿线绿化亮化及其他配套设施等。自行车骑游道为游客提供自行车骑游专用道，感受运动仙海的魅力，改善游客骑行环境，增大安全保障。为促进仙海的自行车骑游活动开展创造条件。

【游客中心与服务站项目建设】 2015 年 10 月，游客中心建成，仙海区建设投资 1100 万元，建筑面积 3700 平方米。能够提供游客休息、导游讲解、景区游览服务查询、免费WiFi、特殊人群服务、手机充电服务、免费提供饮用水等。为完善仙海的旅游服务功能，在环湖路沿线已建设 5 个旅游服务站，为游客咨询、购物和休息提供方便和保障。

【码头建设】 2015 年 9 月底，仙海码头改造建设完成，主要是硬地铺装和亮化工程，建设投资约 170 万元，面积约 3000 平方米。是游客的主要集散集中区域，同时能够提供咨询、购物、乘坐游船等服务。

【迎宾广场】 2015 年 9 月建设完成，建设总投资约 5500 万元（不含土地费用），总占地约 160 亩，主要包括硬质景观、道路、给排水、照明、停车场和绿化等。

【电动观光车】 为方便游客观光，绵阳仙海航泽实业有限公司购买观光车 12 辆，

其中14座8辆、8座2辆、6座1辆、4座1辆。2017年共经营收入6万余元，对外租赁收入1万余元。（淳晶晶）

度假产品项目

【概况】 景区依托仙海湖、滨湖森林、滨湖避暑度假气候、人文历史等资源，打造了集运动健身、休闲娱乐、康体疗养等不同类型的度假产品，满足多样化休闲度假市场需求。景区现又开发环湖自行车运动、垂钓、水上休闲运动、沙滩浴场、滨河步道等度假休闲产品，常年举办端午文化旅游节、环仙海湖自行车赛、中国诗歌节端午诗会赛等常态化节庆演绎活动，各类产品均具有个性化、地方化特色，品质较高。

【垂钓类项目】 景区群山环抱，植被丰富，岛屿众多，46座半岛相互穿插，幽深宽广、山湾环抱，水质常年为国家二级地表水，生态环境优美，陆地森林覆盖率达90%，为垂钓提供天然的生态环境，并且定期安排工作人员打捞水面杂质，打击不按规定垂钓、乱扔垃圾、乱投诱饵等影响环保、破坏生态的行为，保护仙海水质。至年底已修建7座垂钓平台，为垂钓爱好者提供方便，每逢周末和节假日，这里成为钓鱼爱好者休闲娱乐的天堂。

【摄影类项目】 景区田园风光醉人，四季景色各异，自然环境“山抱水，水漫山”“山衬水，水映山”，山水一色，拥有鸬鹚、白鹭、野生鱼群、银杏树等多样性的动植物，自然与人文交融，游人如织，每时每刻，她都展现着与众不同的一面。为满足广大摄影爱好者的需求，在重要景点和海拔较高位置修建许多观景平台，摄影爱好者可根据四季天气、晨晚、重大节庆活动选择适当位置进行拍摄，对于航拍摄影者拍摄位置更为宽广，水域上空几乎没有遮挡，这里也被摄影爱好者们誉为“川西北的摄影天堂”。

【健身类项目】 景区属中亚热带湿润季风气候。冬长而无严冬，夏热而无酷暑。气候温暖，四季分明。年平均气温16.3℃，冬季较暖，1月平均气温5.2℃，全年日最低气温低于0℃仅20.9天；夏季凉爽，7月平均气温26℃，全年日最高气温高于35℃仅2.9天，是市民户外健身的理想之地，景区临湖已建亲水栈道5.3千米，自行车专用骑游道6.7千米，另有16.8千米的环湖公路，景区现有各类休闲自行车3000余辆供市民选用，骑着自行车环湖飞行，在动静中体验眼前的山水飞移，感受一步景一换、一动山一转的幽妙意境。

【赛事类项目】 “动静之间，感受仙海”，仙海利用仙海湖宽阔水域、生态环湖路、自行车骑游绿道和沿湖亲水栈道等生态环境，以“生态仙海、运动仙海”为品牌，成功举办“中美滑水对抗赛”、六届“端午龙舟赛”、七届“环仙海湖”自行车赛和 2011 环中国国际公路自行车赛，一届铁人三项赛等赛会赛事。赛事活动包括市级、省级及国际赛事，其中端午龙舟赛和环湖自行车赛已列为度假区的常规赛事。（李 佳）

旅游宣传推介

【概况】 2017 年，仙海进一步贯彻开拓川陕渝滇市场策略，相继赴云南、西安、重庆等客源地开展整合宣传营销工作，全年共参加国内、省内组织的国际旅交会、旅博会等推介会 4 次，其中参加由国家旅游局主办的 2017 国际旅交会 1 次，重庆市旅游协会主办的（第二十一届）重庆都市旅游节暨城际旅游交易会 1 次，市旅发委主办的 2017 年绵阳旅游专题西安推介会、2017 绵阳旅游高校路演 2 次，在客源地开展好宣传营销、项目考察及招商引资工作，全年共发放宣传资料 1 万余份，有力塑造“魅力仙海”品牌形象，积极开拓了客源市场。

【非绵阳 不青春——2017 绵阳旅游高校路演】 2017 年 3 月 13—17 日，由绵阳市旅游发展委员会主办，绵阳市仙海水利风景区管理委员会、涪城区、游仙区、安州区、江油市、北川县、盐亭县、梓潼县、三台县、平武县联合承办，以“非绵阳 不青春”为主题的 2017 绵阳旅游进成都高校路演活动分别在四川大学、成都大学、四川电子科技大学、西南民族大学、西南交通大学五所高校进行路演推介，向四川高校学子展示绵阳市丰富的旅游资源。5 天时间吸引到场新闻媒体 20 家，仙海区共接待学生咨询 4000 余人。

3 月 16 日，“非绵阳 不青春”旅游进高校活动

参展人员向游客介绍仙海旅游情况

【参加 2017（第二十一届）重庆都市旅游节暨城际旅游交易会】 2017 年 3 月 23—28 日，由重庆市旅游协会主办，重庆优创会展有限公司承办，绵阳市旅游发展委员会组织的第二十一届重庆都市旅游节暨城际旅游交易会在重庆主要商圈观音桥举行。通过 DM 单、易拉宝、仙海旅游产品等形式向重庆市民、游客推介仙海精品旅游线路及旅游产品，同时参加绵阳旅游重庆推介会，发放 2000 余份 DM 单和精品宣传册，系列展架、宣传海报吸引千余市民驻足观看。与千余游客互动交流，引导游客关注仙海。

【“追逐幸福，寻找美丽，绵阳见”——2017 年绵阳旅游专题推介会】 2017 年 4 月 13—20 日，绵阳市旅游发展委员会组织的以“追逐幸福，寻找美丽，绵阳见”—“2017 年绵阳旅游专题推介会”在西安召开。仙海区组队赴西安参加，仙海以“生态仙海　运动仙海　魅力仙海”三大特色主题，通过仙海形象宣传片、PPT、易拉宝等形式就仙海的旅游资源、旅游品牌、度假设施等进行详细推介，并发放旅游宣传资料 2200 份。

【参加“2017 中国国际旅游交易会”】 2017 年 10 月 17—19 日，国家旅游局、中国民用航空局和云南省人民政府共同主办，绵阳市旅游发展委员会组织的“2017 中国国际旅游交易会”，仙海区组队赴云南昆明滇池国际会展中心参加。此次活动吸引境内外游客 8000 余人咨询仙海，其间共并发放资料 5000 余份、环保手提袋 1000 余份、旅游纪念品 500 余份，提高仙海旅游在境内外的知名度。　（李　佳）

景点简介

【概况】 仙海拥有鸬鹚、白鹭、野生鱼群、银杏树等多样性的动植物，水质常年保持在二级地表水，拥有独特的三国文化、沉香传说、驿站文化、川北民俗文化等历史文化资源，形成风光绮丽的自然景观和丰富厚重的人文景观的完美结合，景区围绕丰富多样的旅游资源，加快推进景点建设，打造10余个景点，现有云盖寺、皇柏古道、神仙树等特色景点，满足了游客参观游览、休闲度假、康乐健身等的旅游需求。

【云盖寺】 据《绵州县志》记载，该寺始建于明代，大约初建于元朝致和元年（1328年），是当地民众为纪念蓥华老祖拯救当地旱灾普降大雨、百姓感恩而修建的云华殿，主要供奉蓥华老祖、还同时供奉玉帝、王母、太上老君、佛祖、观音、药王、文昌帝君、财神、雷神、雨神、川主等佛像。曾一度香火鼎盛，信众云集。历史上因战火多次损毁并多次重修至1980年重建，至年底有大雄宝殿、三门殿、观音殿等，总占地面积约1858平方米，总建筑面积约227平方米，总投资约450万元。因其矗立在仙海湖畔的云盖山脚下而得名“云盖寺”。

【观音庙】 位于西北黄金村东观音岩山坡上，始建于明朝天顺年间（1457—1464年），距今已有500多年，是绵阳周边信众求福、求学、求平安、求吉祥的神圣之地，明末毁于战火。清嘉庆年间（1796—1820年）重建，20世纪60年代，佛像尽毁，僧人离散，寺院荒废。现遗留有古石刻观音坊普陀堂一座，建于清光绪七年（1881年）；功德碑一块，清咸丰年间（1851—1861年）立。改革开放，佛法重光。1989年，观音庙得以重建，20多年来，已经建成大雄宝殿（圆通宝殿）、次殿观音殿、正殿观音阁、极乐堂等，设有法华坛。

【亲水湾沙滩乐园】 2003年建成，是一座大型内陆湖泊人工沙滩浴场，长约1.5千米，宽约500米，总占地面积约2934平方米，总建筑面积约242平方米，总投资约520万元，可容纳上万人游乐。游乐园位于环湖路亲水湾沙滩门口。可开展露天游泳、球类运动、水上游乐、水吧等私人定制派对，游客可全方位、零距离享受仙海壮丽的湖泊景观。

【皇柏古道】 仙海皇柏古道是闻名古今的剑南蜀道的一段，古称“石牛道”“金牛道”，距今已有3000多年的历史。位于仙海湖畔的这段古驿道，是长安通往西蜀的重要交通纽带，深及尺余的车辙印痕，反映出当年车水马龙的盛世繁华。史书记载，秦王朝统一中国以后，规范全国驿道驿站，道旁植树遮蔽日晒，剑门关以南的驿道，广植柏树，从秦朝到清朝，历朝历代官府都下令保护道旁柏树，由此古驿道也被称为“皇柏古道”。在古代，皇柏古道每隔 5—10 千米设驿站，从长安到成都共有 108 个驿站，仙海境内有沉香铺、抗香铺、铜瓦铺，现沉香铺已经淹没在仙海湖底，留下的这一段古驿道，全部由平整宽阔的石板铺成，成为展示古蜀文化的重要旅游节点。皇柏古道总占地面积约2146 平方米，总建筑面积约 132 平方米，总投资约 390 万元。

【天龙山】 仙海天龙山海拔 600 多米，位于仙海湖中心。从空中俯瞰，天龙山如龙入大海，将仙海湖面一分为二。宛如伸入湖中的一片绿叶，40 多个半岛，犹如条条叶脉；又像“大地之肾”，释放着纯净的负氧离子，滋养着绵阳。天龙山属亚热带常绿阔叶林区，屏峰黛立，松柏成荫，溪泉鸣涧，气候凉爽；山间多鸟兽，国家一、二类保护动物就有 20 多种。乔木以马尾松、柏树、青冈为主，是“长江上游天然林保护工程”重点区域。天龙岛总占地面积约 2471 平方米，总建筑面积约 264 平方米，总投资约 500 万元。

【鸟岛】 鸟岛是仙海湖畔簇拥的岛屿中，唯一一座呈乳白色分布的半岛，因珍稀鸟类喜居于此，故称“鸟岛”。这里生活着成千上万只水鸟，堪称“鸟的天堂”；该岛分保护区、亲鸟区、观鸟区三个区域。岛上鸟类以白鹭、鸳鸯、斑鸠、布谷为主，每年春夏之季，数万只候鸟在此繁衍生息。岛上鸟窝数量众多，形状千奇百怪，构造复杂，犹如一座座“欧洲城堡”，泛舟湖上，可观鸟儿草丛啄食，更可以体会前人诗句：“移舟起清响，沙雁一行出”的优美意境。同时，岛上还生长着茂密的古柏、香樟、冷箭竹、雪松、银杏、红豆树、幽兰、楠木竹、针叶松等植物，依靠宜人的亚热带湿季风气候及独特的地质断层，成为游客最佳观鸟去处。

（李　佳）

乡村旅游

【概况】 仙海作为绵阳市以旅游产业为主业的区域，先后成功创建“国家水利风景区、全国环境优美乡镇、国家 AAAA 级旅游景区、省级生态旅游示范区、省级旅游度假区”五大品牌。我区按照全域旅游发展的思路，农业围绕旅游搞，走农旅融合发展的道路，将桃花、八角庙、天生桥 3 个村连片打造成现代农业示范园区。利用农业部命名的无公害农产品生产基地，推出无公害绿色农产品及深加工产品，将农产品转化成旅游产品。在芙蓉溪长河堰支流两边，利用河湖连通工程提升两岸及周边区域的景观；利用徐家桥安置小区，大力发展休闲农业（农家乐）和特色民宿。

【现代农业示范园】 园区位于仙海湖东侧，包括桃花村、八角庙村和天生桥村，总人口 3260 人。园区建设坚持规划先行，为实现规划高起点、高标准、高质量，多次召开规划研讨会议，并聘请北京天创智业城市规划设计院四川分院对园区进行总体规划，总体规划于2017年9月8日通过了专家评审，规划面积438公顷。园区已入驻萄园、绿博、奥亿森3家农业公司，共计投入1.26亿元，进行观光、休闲、体验农业开发。

【萄源仙谷】 萄园农业公司在桃花村流转土地40余公顷，总投资6000余万元，建成以“萄源仙谷”命名的现代农业生态旅游观光产业园。园区于2016年4月开园，年接待能力可达20万人次以上。作为“全体验式”生态产业园，“萄源仙谷”项目集水果采摘、垂钓野炊、儿童娱乐、餐饮棋牌、水上游乐、自助厨房等项目为一体，园内种植葡萄30余种，精品桃子10余种，以及香蜜瓜、南方冬枣、白枇杷、柑橘、红心火龙果、软籽石榴、果桑、无花果等，均选种目前国内品种最新、品质最高的水果系列，且每种水果开花、结果、成熟时间各不相同，使得园区天天有绿色、月月有采摘。该公司吸收当地80余农民务工，是仙海一、三产业结合的典范，已成为仙海10余家市级农业龙头企业中的一面旗帜，其种植的葡萄、甜瓜、桃子三个农产品被中国绿色食品发展中心认定为“绿色食品A级产品”。2017年“萄源仙谷”新增投入900余万元，为提升园区的接待环境，增加游客入园的满意度，对园区景观、科普文化、萄源居营业环境等现有项目进行提升改造，并新增水上娱乐、仙海农产品集中推荐展示厅项目。

【奥亿森生态农业】 绵阳奥亿森生态农业开发有限公司成立于2013年，注册资金1000万元。项目位于仙海湖东南部天生桥、八角庙村，为浅丘陵地貌；流转面积100公顷，四至界限：北接绿博花都，东临八角庙村，南靠仙海二环，西至仙海一环；公司以休闲农业为发展核心、科教农业为项目重心；着力打造中小学生科普体验区；共种植红枫、红叶李、樱花、紫薇等苗木共计1.8万株，大树移植桂花、黄连木、朴树、菩提、香樟等200株，佛手苗种植2万株，新建机耕道路5.35千米，硬化道路2.3千米，扩建、加固堰塘1口，新建垂钓中心1处，整治排洪沟2.1千米，改造硬化引水渠1.8千米，新建提灌站1座，迁坟230座，拆迁废弃房屋3处等；新建泥结石道路7.5千米，U形槽3.4千米，修建引水渠2.5千米，新建蓄水池7口，整治大湾水库1座，精修塘堰1口，修建化粪池2口，建雨污水管网1000米，地力培肥6.4公顷。

建立4个不同的功能区：

1号功能区以义务国学教育、养生讲座为主；兼顾户外拓展养生、自驾车驿站、登山、林下休闲、风情浪漫、客栈、野外露营、林下生态养殖等。

2号功能区以中小学生实践、农耕文化交流为主；团体接待、亲子活动、划分认植认种、自采区；列出农耕用具展示区；提供多功能乡村文化俱乐部；通过该功能区的划分让中小学生了解农业发展史、真正的体会“粒粒皆辛苦”懂得粮食的来之不易，让城市人走进乡村、了解乡村，提供一个“吃农家饭、住农家房，享农家乐”的平台，使城、乡学生通过环境交流平台和谐相处。

3号功能区（产业区）有机大棚蔬菜配送区；向学校、医院等配送无公害有机蔬菜；现场配备一台有机肥生产线，以农业废弃物为原料经过发酵后转化为有机肥。

4号功能区（产业区）湿地产业区；采取合作社的模式；以观光荷花、浅水雪莲藕、水产养殖为主，兼顾菌类植物研发、种植。

【绿博花都项目】 项目位于仙海旅游风景区桃花村二社、三社、八角庙村，占地193公顷，总投资5亿元。项目致力于打造农林生态循环产业观光园，集彩林观光、亲水体验、运动康养、农林科普的综合性园林式园区。项目遵循因地制宜，立体造林、色彩仙海的理念进行开发。进行低效林改造种植90.6公顷；新建育苗大棚800平方米，火龙果大棚4500平方米（包括滴灌设施）；种植园区内行道树12千米；栽种棵樱花1万株，50多个品种进口月季母本5000多株，绣球花母本1000株，观赏牡丹母本2000株，蓝花楹1万棵；园内果树观花带种植奥桃、红叶李、水晶桃、丰水梨、金太阳杏子等共计5万株；引进重阳木、竹柳、银杏、嘉宝果等珍稀苗木120余万株；引进兰草、三角梅等母本约1.3万株；养殖广场鸽200只，锦鲤母种500尾。建设登山石道5千米，新开道路1千米，新建大棚1个，修建玻璃花房2座、固定厕所2个，新建塘堰30口（其中硬化17口），U形槽12千米，道路20千米（其中铺泥结碎石路面12千米），康养步行道3千米，修建提灌站和配电房各1座，铺设自来水管网20千米；新建四合院1座、休息观景亭2座。

（嘉尚斌）

景区管理

【概况】 2017年3月28日，仙海区管委会印发《关于加强旅游市场综合监管的通知》（绵仙办发〔2017〕3号），明确旅游市场综合监管工作的指导思想和工作目标；明确综合监管工作的组织领导机构和工作制度；明确各职能单位的工作责任清单，明确全区旅游市场综合监管工作由区旅游产业发展领导小组牵头开展，区旅游产业发展领导小组办公室承办具体工作。结合实际建立确实可行的工作制度：旅游市场综合监管协调会议制度、综合监管“行政约谈”制度、综合监管检查制度和综合监管工作考核制度。召开联席会议1次、联络员会议2次，明确监管工作的具体任务；开展旅游市场秩序联合检查6次、专项检查40余次，发出整改通知3

份，行政约谈企业 1 次，转办投诉函 1 次。

【旅游安全生产大检查】 2017 年，仙海区成立由景区中心主任为组长、副主任为副组长、各股室负责人为成员的行业旅游安全大检查工作领导小组，管理股牵头开展具体工作。

7 月至 10 月安全生产大检查期间，结合汛期及暑期旅游安全管理、旅游行业地质灾害隐患排查、水上交通安全、旅游行业电器火灾综合治理等专项工作要求，召开专题会议 4 次，拟制了专项检查表及各项工作方案 4 份，进一步明确职能职责和工作目标。其间对 4 家旅游企业、7 家星级农家乐、1 家旅游宾馆、2 家水运企业及游客密集场所共计检查 10 余次，专项联合检查 4 次，共计出动检查人数 38 人次，现场整改问题 13 处。

【健全管理机构和制度】 2017 年，仙海区成立由景区中心主任为组长，副主任为副组长，各股室负责人为成员的行业旅游安全大检查工作领导小组，管理股牵头开展具体工作。结合实际建立确实可行的工作制度，旅游市场综合监管协调会议制度、综合监管“行政约谈”制度、综合监管检查制度和综合监管工作考核制度。全年召开联席会议 1 次、联络员会议 2 次，明确监管工作的具体任务；开展旅游市场秩序联合检查 6 次、专项检查 40 余次，发出整改通知 3 份，行政约谈企业 1 次，转办投诉函 1 次。

【旅游安全集中检查】 2017 年 7—10 月，全区安全生产大检查期间，结合汛期及暑期旅游安全管理、旅游行业地质灾害隐患排查、水上交通安全、旅游行业电器火灾综合治理等专项工作要求，召开专题会议 4 次，拟制了专项检查表及各项工作方案 4 份，进一步明确职能职责和工作目标。其间对 4 家旅游企业、7 家星级农家乐、1 家旅游宾馆、2 家水运企业及游客密集场所共计检查 10 余次，专项联合检查 4 次，共计出动检查人数 38 人次，现场整改问题 13 处。大检查期间，每周进行一次上报，每月进行一次小结。分析并解决工作中遇到的问题，完成资料归档和痕迹管理，按时完成对市、区相关部门的资料上报工作。 （郑朝文）

第六届绵阳（仙海）端午文化旅游节

【概况】 2017 年 5 月 28 日~30 日，由绵阳市旅游产业领导小组主办、中共绵阳市委宣传部、绵阳市旅游发展委员会、绵阳市文广新局、绵阳市教育和体育局、绵阳市精神文明建设办公室、绵阳市文学艺术界联合会、绵阳市仙海水利风景区管理委员会承办的以“动感仙海、时尚仙海、绝味仙海、乐在仙海”为主题的第六届绵阳（仙海）端午文化旅游节在仙海区举行。本次活动推出“地方特色文艺展演、激情端午龙舟公开赛、仙海主题美食季”等系列活动，开幕式上，正式宣布仙海旅游度

文化旅游节志愿保障人员合影

假区全新的 Logo 标识及 Slogan 推广语。龙舟赛设置了 12 人 500 米小龙舟赛和 22 人 500 米大龙舟赛两个竞赛项目；分 22 人男子大龙舟、12 人女子小龙舟、12 人男子小龙舟三个组别，参赛队伍达到 46 支，为历届之首。端午小长假三天仙海共接待游客约 12.1 万人次，实现旅游总收入1089 万元，同比增长 53.5%

【文化旅游节开幕式】 2017 年 5 月 28 日，绵阳市仙海水利风景区管理委员会承办的以“动感仙海、时尚仙海、绝味仙海、乐在仙海”为主题的第六届绵阳（仙海）端午文化旅游节开幕式在仙海广场举行。开幕式上，2017 年绵阳市旅游发展大会暨中国（仙海）首届湖泊旅游发展高峰论坛同时宣告启动。市委常委、宣传部部长张学民，市人大常委会副主任董晓彬、李作虎，副市长罗蒙，市政协副主席田荣华出席开幕式。仙海区党工委书记代宏向与会嘉宾介绍仙海的基本情况。开幕式上，绵阳市首个龙舟协会授牌成立；仙海旅游度假区全新的 Logo 标识发布，设计者和创作者对其设计和创作理念进行诠释。开幕式上还进行文艺节目表演，参赛选手、应邀嘉宾、游客等数万人参加。

【文化旅游节龙舟赛】 2017 年 5 月 15 日，文化旅游节龙舟赛开始报名，截至 28 日下午共有 46 支队伍参赛，比赛在仙海好运码头举行。龙舟赛设置 12 人 500 米小龙舟赛和 22 人 500 米大龙舟赛两个竞赛项目；分 22 人男子大龙舟、12 人女子小龙舟、12 人男子小龙舟三个组别。通过两天角逐，西南科技大学、北川大盛茶业、绵阳跑客分别获得男子大龙舟组冠亚季军；绵阳师范学院、北川大盛茶业1队、绵阳跑客分别获得男子小龙舟组冠亚季军；绵阳师范学院、绵阳财经学校、四川中医药高等专科学校分别获得女子小龙舟组冠、亚、季军。（李晓丽）

“天辅杯”2017绵阳仙海湖铁人三项挑战赛

【概况】 2017年9月17日，“‘天辅杯’2017绵阳仙海湖铁人三项挑战赛”在绵阳市仙海区举行。本次赛事是由绵阳市教育和体育局和绵阳市仙海水利风景区管理委员会主办的C级赛事，是绵阳首届大型铁人三项挑战赛，设置全程组、半程组、接力组和小猎豹5K共四个组别，全程组需要完成51.5千米，半程及接力组需要完成25.75千米，总奖金设置近10万元，吸引国内铁人三项运动协会会员、铁人三项俱乐部成员及境外业余运动爱好者410名。中央电视台体育频道、绵阳电视台和人民网、新华网、凤凰网、中新网、中国网等40余家新闻网络媒体对赛事情况进行全程跟踪报道，赛事期间出动公安干警、医疗救助、水上救援、志愿服务者1000余人参与各类保障。

【铁人三项挑战赛开幕式】 2017年9月17日上午8时，中国铁人三项协会、绵阳市旅游产业发展领导小组指导；绵阳市教育和体育局、绵阳市仙海水利风景区管理委员会联合主办；四川华美联行公共策划有限公司策划执行的“天辅杯”2017绵阳仙海湖铁人三项挑战赛于绵阳市仙海水利风景区盛大开赛。仙海区党工委副书记、管委会主任魏魁，国家旅游局原副局

女子“铁人三项”前三名获奖者颁奖

长、第四届全国侨联主席、中国铁人三项的引入者庄炎林出席并致辞。赛事在仙海区党工委书记代宏鸣笛中开赛。

【铁人三项比赛】 2017年9月17日，2017绵阳仙海湖铁人三项挑战赛鸣枪开赛。此赛为C级赛事，是绵阳首届大型铁人三项挑战赛，设置全程组、半程组、接力组和小猎豹5K共四个组别，分游泳、自行车和跑步三项，共有410余选手参加。全程组需要完成51.5千米，半程及接力组需要完成25.75千米，小猎豹需要完成跑步5千米。本次赛事历时四个小时角逐。最终，009号选手莫顺加以2小时34分44秒的成绩获全程男子青年组第一名，182号选手陆小勇以2小时38分44秒的成绩获全程男子中年组第一名；306号选手王文君以3小时3分3秒的成绩获全程女子青年组第一名，401号选手陈小敏以3小时18分31秒获全程女子中年组第一名。 （李晓丽）

现代服务业

Modern Service Industry

※ 概述

Summary

※ 酒店业

Hotel Industry

※ 电子商务

Electronic Commerce

概　述

【概况】 2017年，全区实现服务业增加值5.35亿元，同比增长10.8%，较2016年同期高3.4个百分点，与全市平均增速持平，居全市第7位，总体情况发展良好。服务业增加值构成为：非营利性服务业（财政八项支出）2.93亿元、营利性服务业（规模以上服务业企业）1.04亿元、批零住餐行业0.92亿元、金融业0.27亿元、房地产业0.19亿元。在服务业构成的行业中，其他营利性服务业（规模以上服务业企业）增加值增速达到19.4%，房地产行业增加值增速达到14.8%，高于整个服务业增加值增速，推动整个服务业的发展速度和全区地区生产总值的增速。

2017年，仙海区重点引进主题乐园、度假营地等项目，加快引进和发展总部经济、旅游、休闲、养老等重点产业，进一步丰富优化度假区业态。着力推动橘子功成项目（已招标）和东辰—绿城教育旅游康养产业园项目2个市重点项目开工建设。推动锦烁酒店和铂金海岸酒店项目建成营业，区域旅游酒店集群效应增强。全力支持“萄源仙谷”、奥亿森、志鹏等农业龙头企业发展乡村旅游，包装仙海艺术文化体、科技游乐探索综合乐园等项目。按照“互联网+旅游”发展思路，推进智慧景区建设，提高景区服务质量和服务水平，把仙海区建设成为特色鲜明的国家级旅游度假区和绵阳市城乡统筹建设模范区。

【仙海鱼食品溯源追踪系统】 2015年，全区结合仙海区生态鱼养殖特色，以仙海区清水渔业公司为试点，在本市率先推出食品溯源云服务平台系统，消费者在购买仙海湖生态鱼或者在餐饮店消费时，可通过读取产品的电子标签、二维码、产品序列号等追踪介质，对产品从种养殖、检测直到消费者购买验证等各环节进行追踪溯源，以确认该产品是否属于仙海区清水渔业公司经营特色的仙海湖生态鱼。这套基于云服务的企业食品溯源系统平台，将日常捕捞鱼的身份信息通过数据库有序管理，在平台上进行整合，建立全程追溯，每件产品从生产到流通实行唯一代码，比起原先的分段追溯，更方便消费者查询，做到信息通融性和百姓易查性。食品溯源云服务平台系统的建立不仅提升仙海区生态渔业的产业发展，还促进了从源头到餐桌的食品安全产业链的有效监管。

【互联网+明厨亮灶】 2017年，全区依托“智慧仙海”建设，以政府、企业、社会共同发力，借力“互联网+”，打造“互联网+明厨亮灶”工程。通过网络视频的方式，把仙海区餐厅后厨通过网络全程视频公示，从原料的清洗、切配、烹饪到最后出餐的全部流程公开化、透明化，真正将“后厨”打造成“可视、可感、可知”的“阳光厨房”。截至年底，取得“食品经营许可证”和“餐饮服务许可证”中完成明厨亮灶的有40家，明厨亮灶率达81.6%。

【历史文化创意】 2017年，仙海区根据民间故事和遗址遗迹推进文化景点建设，开展民俗文化活动，引进现代文化旅游项目。充分挖掘历史文化遗存，依托仙海区流传下来的历史故事、民间传说，将“沉香救母”“神仙树”“皇柏古道”等神话故事和遗址遗迹，打造成文化、风景高度合一的景点，筑牢仙海的文化灵魂。推进群众性文化活动开展，形成民间民俗文艺比赛展演、“非遗”展和仙海端午诗会、端午龙舟赛等主题文化活动和特色文化品牌。积极引进游乐场、大型实景演艺等项目，重点跟进“东方伊甸园”“科技游乐园”“文化旅游演艺中心”等项目，在美食广场建音乐酒吧并开展音乐节，将旅游与文化结合进行广泛宣传，进一步丰富“文化仙海”的内涵。

【健康养老项目建设】 2017年，全区重点发展医养结合康养服务、社会养老服务。根据区域和基础条件，培育发展健康检测咨询、护理保健、康养旅游、体育健身等多样化健康服务。加强农村敬老院、幸福院等农村养老服务设施建设和运营管理，推动游仙区人民医院在仙海区设立分院，加快推进仙海旅游康养产业园、益康养老护理院二期等项目的建设，围绕运动养生等包装自驾车营地、生态体育场馆等一批优质项目对外招商。

【休闲旅游项目建设】 2017年，全区推进“国家级旅游度假区”创建，积极筹备康体休闲区，水上运动区、场镇美食区、栈道步行区、广场婚庆区、露营区的“六区”板块，完善骑行、车行、舟行、步行“四行”产品，通过康体之旅、婚庆之旅、祈福之旅、美食之旅四条旅游线路吸引游客。通过每年举办的“端午龙舟赛”“环仙海湖”自行车赛等传统赛事和“马拉松赛”、动感仙海摄影比赛等特色活动打造仙海特色旅游品牌，加强民众参与度和社会影响力。围绕水资源利用、文化创意、运动养生等包装仙海文化旅游演艺中心、科技游乐园、自驾车营地、生态体育健身场馆等一批优质项目对外招商。全力支持“萄源仙谷”、万涪农业等农业龙头企业发展乡村旅游，充分发挥农业的多功能性，开发一批形式多样、特色鲜明的乡村旅游产品。在符合有关政策要求的前提下，鼓励外商参与商业性旅游景点开发建设。截至年底，全区有规模以上住宿餐饮企业4家，分别是：绵阳市雷耀旅游开发有限公司、绵阳市亲水湾旅游开发有限公司、绵阳市铂金海岸度假酒店管理有限公司、绵阳市银瑞投资有限公司龙源会议中心。

【仙海商业城项目】 项目位于绵阳市仙海区广场。工程总用地面积41164.34平方米，总建筑面积4930.73平方米：其中1号楼616.93平方米，2号楼532.34平方米，3号楼532.31平方米，4号楼616.94平方米，5号楼677.74平方米，6号楼607.72平方米，7号楼258.53平方米，8号楼552.70平方米，9号楼535.52平方米。结构形式为框架结构工程。项目总投资2500万元，于2012年5月开工，2013年1月竣工。建设单位为绵阳仙海投资有限公司、施工单位绵阳市盛鼎建筑有限公司、监理单位四川正菱建设监理咨询有限公司、设计单位核工业西南勘察设计研究院有限公司、勘察单位四川正基岩土工程有限公司。商业街现有租户15家，经营品项有小吃、茶园、中餐、土特产产品、副食品销售、1个信用社柜员机网点、2家建设单位办公区域，1家国家非物质文化培训基地以及公安执勤办公点。

（陈　伟　陈　思）

酒店业

【概况】 仙海区紧紧围绕国家级旅游度假区创建为目标，以“加快发展建设、创新特色主题、构建标准体系、提升服务质量”为抓手，全面推进品质酒店集群发展。2017年，全面投入运营的酒店6家，分别是锦烁度假酒店、铂金海岸度假酒店、雷耀酒店、龙源会议中心、昕辰小社、好运宾馆。其中，龙源会议中心2017年通过四川省旅游标准评定委员会的评定，是全区唯一一家五星级乡村酒店。

【龙源会议中心通过创建五星级乡村酒店省级评定】 2017年9月6日，四川省旅游标准评定委员会专家评定小组，成员包括省旅游协会秘书长柴延祝、四川省旅游协会秘书处处长尹海生、成都西蜀人家五星级乡村酒店总经理韩小安、省旅游协会工作人员白崇勇、市旅发委副主任唐彪、市旅游协会执行副会长高林、市旅游协会秘书长张市委按照《四川省农家乐/乡村酒店旅游服务质量等级评定管理暂行办法》，依据四川省《农家乐（乡村酒店）

9月6日，龙源会议中心五星级乡村酒店创建评定会议召开

7月14日，2017年仙海区旅游从业人员礼仪培训会召开

旅游服务质量等级划分与评定》，对仙海区龙源会议中心创建五星级乡村酒店进行评定。省标评委评定小组围绕环境、景观与建筑、住宿、餐饮、配套设施、服务质量、安全管理、管理绩效等7个方面，采取创建汇报、现场查看、查阅资料等方式，进行逐项评定。经评定，龙源会议中心按照旅游六要素融合发展，做到乡村旅游特色化、服务管理标准化、有特色、有亮点，达到标准要求。

【酒店政策扶持】 2013年，仙海区制定《绵阳市仙海水利风景区管理委员会关于加快旅游产业发展的意见》（绵仙管委发〔2013〕1号）。文件规定鼓励扶持个体和企业经营小型和微型酒店，对首次达到三星、四星、五星的酒店，分别一次性给予5万元、10万元、20万元奖励；升级达到四星、五星的宾馆饭店按新创星级50%标准奖励。星级宾馆饭店营业额在2000万元以上，连续三年纳税超200万元，且每年纳税增幅在10%以上的，给予奖励10万元。引进品牌经济型连锁酒店，床位100个以上（100个）的，给予一次性奖励20万元；床位150个以上（含150个）的，给予一次性奖励30万元。按照特色突出，形式多样，统一标准的原则，鼓励农家乐规范发展。对达到二星级标准的农家乐/乡村酒店经营户主给予一次性奖励0.5万元，达到三星级标准的奖励1万元，四星级标准的奖励5万元，五星级标准的奖励10万元。

【酒店项目招商】 2017年，仙海区以水文化、沉香文化、自然资源为核心元素，坚持招大引强，注重引进由权威机构评比的国际知名酒店管理公司负责运营管理高端特色精品酒店，分别到成都、重庆、云南、西安等地开展招商活动。成功引进重庆美丽多彩房车销售有限公司在仙海区投资建设仙海湖露营公园项目（房车俱乐部），总投资 7800 万元。

【酒店人才培养】 2017 年，仙海区以品质酒店为目标，加大酒店从业人员培训力度，造就一批具有现代化酒店专业知识、懂经营、会管理、热爱酒店事业的人才队伍。组织酒店从业人员培训 3 次，参训人员达到 200 多人。通过培训进一步提升全区酒店规范化、标准化管理服务水平，为酒店品质的建设打下坚实的软实力基础。

【锦烁度假酒店】 锦烁度假酒店由凤凰桥国际控股投资有限公司修建，酒店由国际著名的酒店设计公司 WATG 设计，占地约 64 亩，建筑面积近 3 万平方米。酒店客房由 4 栋集约式客房和 9 栋独栋客房组成，其中标准间 35 间、单间 17 间、休闲套房 4 间、独栋客房 9 栋。所有房间均设有步入式湖景阳台，总房数 65 间，床位数 114 张。酒店餐厅有己正全日餐厅和臻致苑特色餐厅两处。己正全日餐厅面积 430 平方米，可同时容纳 102 人就餐。臻致苑特色餐厅主餐区面积 190 平方米，餐位 62 席，另配有两间 8 席位的临湖厅房。

酒店会议区有 4 个独立的会议室，面积 30~70 平方米不等，可接待 8~30 人的精品会议，有独立的休息区和茶歇区。常德厅面积 570 平方米，可被分隔为三个独立厅房，组合灵活，适合各类接待。酒店在度假中心配有恒温恒湿游泳池、健身房、能量房、美发室、卡拉 OK、练歌房、

锦烁度假酒店外景

桥牌室、室内飞镖、VR游戏室等。为满足不同宾客需求，另设有书吧和茶室。在户外，可进行网球、有氧骑行、慢跑、散步、垂钓等活动。

锦烁酒店桥牌俱乐部设址于此。2017年8月25日，锦烁酒店桥牌队荣获在法国里昂举办的世界桥牌团体锦标赛跨国队式赛亚军。作为桥牌俱乐部的根据地，酒店将始终坚持为桥牌服务，支持中国桥牌事业发展，为中国男子桥牌实现世界冠军梦贡献一分力量。酒店桥牌服务设施齐全，可提供不同类型的桥牌训练和比赛场地。

【铂金海岸度假酒店】 四川鼎浩实业集团投资2.5亿元建设；是一座以原生态自然资源建造的健康养生、度假旅游、休闲娱乐、运动、商务接待、会议为一体的休闲康养度假综合体。酒店一期开放面积5万平方米，绿化面积达50%。其中湖景独栋尊享别墅54栋，共有湖景客房和商务客房53套，标准间34间、单间18间、套房1间，酒店主楼设有1间500平方米的大型多功能厅和3个不同规格的会议厅，分别可接待20~300人的各类型会议与宴会；8间专享的雅致茶饮包房，可棋牌娱乐亦可商务会谈。酒店餐饮携手绵阳知名品牌餐饮商家“渔道”，运用其20年专注于鱼的美味烹饪研究，为游客们呈贡40多种鱼类，100多道以鱼为主的经典佳肴。

【雷耀度假酒店】 雷耀度假酒店位于仙海旅游度假区天枢岛，绵阳嘉益集团投资，台湾著名公司设计的城市首席亲水型湖畔度假酒店。酒店占地310多亩，拥有10栋湖畔水上别墅，共计40间湖景客房，其中标准间36间、单间4间。

酒店设有宴会厅、西餐厅、多功能厅、露台餐区及12个自由组合分隔雅间可同时接待1000余人的大型婚宴及宴会，酒店主楼及豪华游轮设有大、中、小型会议室5个；康体娱乐设施有网球场、羽毛球场、射箭场、垂钓、棋牌娱乐；酒店拥有仙海湖最大户外婚礼场地（可容纳500人）和婚纱摄影基地；拥有1艘大型游轮、3艘中型游轮和5艘各类小型豪华游轮。

【龙源会议中心】 2017年通过四川省旅游标准评定委员会评审，评定为五星级乡村酒店，是仙海区唯一一家五星级乡村酒店。龙源会议中心现拥有多功能会议室4个，能容纳600余人同时参加会议或培训。其中可容纳400人的大型会议厅1个，130余人的中型会议厅2个，50余人会议室1个。会议中心现拥有客房75套，标准间65间，单间7间，套房3间。龙源会议中心餐饮丰富，以仙海生态鱼、铁皮石斛等作为特色菜品，遵循并贯彻一流水准的烹饪技巧和标准，严格保证食物的新鲜美味。酒店还设有林园茶座、棋牌、自助烧烤等服务设施。

【昕辰小社】 昕辰小社酒店位于仙海沉抗镇海棠路14号，在市中心乘坐22路公

好运来酒店外景

交车至沉抗镇海棠路站即到。本酒店是以吃、住、娱乐为一体的三星级农家乐酒店。一楼大厅以中餐为主，可容纳600余人同时就餐，可承办大型宴席、会议。庭院主营火锅鱼，拥有雅间1间、棋牌室6间，现拥有客房19间、标准间11间、单间8间。

【好运宾馆】 好运宾馆占地面积约500平方米，建筑面积1500平方米，位于仙海好运主码头右侧，宾馆拥有豪华套间1套，标准间21间、单间7间，共有客房30间，共计50个床位。 （沈 鹭）

电子商务

【概况】 2017年，仙海区重点推进电子商务在区内特色餐饮住宿和生态旅游为电子商务发展的重点培育对象，完成电子商务交易规模8400万元，网络销售额达到2100万元，名优特产品线上交易额1020万元，新增电商企业5家。全年推动电子商务项目建设，促进区域旅游资源整合，完成整个仙海的产品和旅游的实时对接。“智慧仙海”二期建设正在进行，通过配套支撑工程、数据中心等的建设，对仙海湖的水质、画面进行实时检测。微亿联酒店管理系统与线上商城建立，推进区域酒店管理服务升级和旅游产品线上销售。

【制定电商扶持政策】 2017年，仙海区出台制定《仙海区招商引资系列政策》《仙海区重点项目推进办法》《仙海区项目专员全程代办服务机制》，对新注册在全区的企业给予场地提供、税收减免等一系列政策优惠，为紧急、重大企业开通绿色通道，提供全程跟踪的保姆式服务，以良好的投资环境和服务、长足的发展后劲，吸引电商企业快速落户。仙海区邀请电商行业知名专家对全区广大干部职工、企业和农业合作社进行电商相关知识培训8次，干部职工、企业人员共计290余人次接受培训，鼓励传统企业转型。

【完善电子商务网点建设】 2017年，全区完善和健全村（居）级信息服务站，17个村（居）、龙头企业、合作社、家庭农场都建有独立的互联网平台，仙海特色的枇杷、桃子、葡萄、核桃、铁皮石斛、珍稀苗木等全部实现上网（主要是京东、淘宝、新农网）销售。

【组织企业参加展会】 2017年，全区组织绵阳金草农业有限公司、四川万涪农业科技有限公司两家企业参加“2017川货新春大拜年·天府网交会第四届惠民惠企网购网销活动”，通过“天府网交会”线上促销和线下体验店两种模式，采取打折销售、附送赠品等手段，对包括铁皮石斛及其盆苗、草莓及其制品等多达数十种的商品进行销售。9月21—23日，2017（四川）电子商务发展峰会期间，组织金草农业、微亿联科技、仙海假日旅游、萄园农业4家企业参展，微亿联自有专利的“自动售货柜”极受合作意向者青睐，“仙海仙草”铁皮石斛大受欢迎，完成线下成交量0.52万元。拓宽仙海区农特产品的销售渠道，提高仙海区公司和产品的知名度，推动传统企业与电子商务融合的发展进程。（鲜艳春）

现代农业与农村发展

Modern Agriculture and Countryside Development

概　述

【概况】 仙海区辖区农业区域面积近36平方千米。共有15个行政村、130个社，农业人口20805人，其中有劳动生产能力的14010人，占67.3%。农村土地面积3144.44公顷，其中耕地1386公顷（其中地702.33公顷，田683.67公顷）；林地1613.44公顷；水域、河流145公顷。2017年，全区大力推行农业产业结构调整，发展水果、苗木等特色产业，依托仙海湖核心景区，打造休闲、观光农业，发展乡村旅游吸收农民就地务工；开展务工技术、技能培训，组织农民外出务工。实现农民增收、农业增效、农村持续发展的良好局面，全区农民人均可支配收入增长12%，增加1927元，达到17986元。

【农村基础设施建设】 2017年，全区建设社道17千米，渠系硬化20千米，提灌站新建4座、维修5座，桥梁新建2座，塘堰精修及清淤29口。所有项目总投资1466.19万元，财政补助50%，计747.125万元，另50%由受益群众自筹。全区15个村的村道公路共有124千米，已全部硬化，全区基本实现了社社通水泥路。每个村均开通公交车，有22路、24路、84路和97路。全区社道共有217千米，383口塘、堰，渠系249千米，提灌站59座。农村基础设施建项目以村社为主体通过“一事一议”进行，先由各村民委员会申报，经农业服务中心会同相关部门实地审核，于5月4日党工委、管委会办公会审定通过。项目以村社为责任单位组织实施，区级相关职能部门对建设过程的安全、质量和进度进行指导和监督；项目所在村社成立由村社干部、党员代表、社员代表组成的监管小组，对建设全过程进行监管。

【幸福美丽新村建设】 2014年起，仙海区财政每年拿出1000万元，开展农村基础设施建设。2017年，全区农田水利设施建设补助资金100万元，农业生产发展资金11.3万元，水保项目资金20万元，水资源补偿资金20万元，循环农业市级财政补助资金40万元，动物防疫补助资金14.43万元，移民后期扶持资金80万元，到位资金总额285.73万元。着力解决突出的民生问题，有效改善群众居住条件，管委会决定对全区低收入家庭土坯房（危房）进行改造。制定并印发《仙海区农村土坯房（危房）改造暂行办法》，2017年改造农村土坯房52户，财政补助88.8万元。

【移民工作】 2017年，全区移民人数为1147人，占农业人口的6.4%。移民分布于全区15个行政村，2016年年底人均纯收入达到16058元，与当地农村人口基本持平，比2015年增加2036元。截至年底，共计收到移民直发直补资金69.12万元，资金采用移民资金专用账户管理，已支出移民直发直补资金68.765万元，结余移民直发直补资金 0.565 万元。

【扶贫工作】 2017 年，全区共有贫困户 110 户 259 人，贫困人口占总人口 20805 人的 1.2%。建立“党工委领导包片，区级部门包村，干部包户”的工作机制，将扶贫责任层层分解，具体到人。对因病、因残致贫的 98 人，全部纳入低保政策兜底，并给予医疗救助扶持。另外 12 人分别采取帮劳、技术、产业等方式扶贫。

【惠民项目建设】 2017 年，全区通过农业专业技能的培训，培训 5000 余人次，引导了 700 余人农业从业人员向服务业、旅游业从业人员的转变。开展“四好村”创建，加强乡风文明、村规民约等建设。截至年底，全区共有“四好村”8 个，分别是燕子村、八角庙村、石河堰村、七曲村、徐家桥村、月台村、抗香村和铜瓦村。

【农村供给侧改革】 2017 年，全区按照农业部农村土地承包经营权确权登记颁证的新规定，对以前所做的工作进行了全面清查，发放经营权证约占 50%。全面启动农村集体产权制度改革工作，颁发没有征占用土地的村社农业土地承包经营权证，按市上要求完成农村集体资金股份合作制改革工作。印发《关于印发〈仙海区农村集体产权制度改革试点工作方案〉的通知》（绵仙办〔2017〕66 号）。将改革试点单位定在抗香村三组，按照相关要求，召开动员会，进行人员身份核实，开展清产核资和资产量化，设置股权，制定股权管理办法。

【农机农电管理】 2017 年，全区加强农机检查，杜绝超载运输和人货混运。4 月 7 日，对辖区内农机进行审核，并于 10 月 24 日进行补审。开展农电安全隐患排查，改造老化电路，全年全区无安全事故发生。

【农村信访稳定工作】 2017 年，区党工委、管委会高度重视信访维稳工作，深入群众，了解群众的愿望和诉求，群众关注的土地承包、农村财务、土地流转、基础设施建设、移民政策实施等方面。热情接待群众来访，及时处理群众来信，切实维护好群众的利益，处理好农民、集体、农业企业之间的关系，以维护、落实群众利益为前提。全年，接待、处理群众来访 56 件 178 人次，处理四川省网上信访信息系统交办件 2 件，市长公开电话交办件 43 件，区纪工委交办件 1 件，仙海网络理政 6 件，区群众工作局转办件 11 件。

（高婷婷）

农业产业发展

【概况】 2017 年，仙海农业的目标方向是发展旅游农业，全区已引进农业企业 20 家，主要从事休闲、观光、体验等旅游农业。为了推动旅游农业的发展，支持农业企业做大做强，满足游客对旅游和消费的需求，促进农民由第一产业向第三产业转型，增加农民收入。区财政每年拿出1000万元给予补助。为园区农业企业服好务。协助农业企业向上争取项目资金800余万元；指导萄园农业公司申报省级龙头企业，萄园农业公创建省级绿标品牌，其种植的葡萄、桃子、香瓜等农产品已通过中国绿色食品发展中心评审，并上网公示，等候发证；协调处理好企业、农户、集体之间的关系，依法合理维护各方的利益，切实解决企业在开发建设中存在的诸如水、电、气以及其他基础设施等方面的问题和困难，为企业创造较好的发展环境。积极打造“葡萄创意农业园”“彩林运动康养体验园”“农耕文化体验园”“原乡生态田园”等农旅融合项目。

2017年，仙海区农业产业主要以种植业、蚕桑业、乡村旅游为重点。截至年底，全区农业生产总值2.47亿元，同比增长3.7%，带动14010人致富发展，促进农民人均收入增加1927元，同比增长12%。

【种植业】 2017年，全区仍以传统的粮油产业为主，进行农业产业结构调整，发展水果266.67公顷（主要是月台村葡萄、桃子近133.33公顷，抗香村各类水果33.34公顷，铜瓦村枇杷近100公顷），花卉苗木400公顷（主要分布在天生桥、八角庙、石河堰、蔡家桥、锦屏等村），核桃324.99公顷（主要分布在核桃产业带区域的石河堰、七曲、蔡家桥等村）。

【养殖业】 2017年，全区不提倡发展养殖业，以农户散养为主，无大型养殖场，划定辖区内的畜禽养殖禁养区、限养区。禁养区内有7户养殖户实施关停、拆迁，限养区内有20户养殖户存在污染问题，已全面整改到位。全区年出栏小家畜禽20余万头（只）。另外，全区现有桑园200公顷，年发蚕种9300余张，产茧39.2万公斤，产值1000万余元。

【发展农家乐】 2017年，仙海区燕子村6社的“荣华生态山庄”、月台村7社的“黎家大院”、抗香村7社的“秸福生态农庄”、蔡家桥村1社的“福地杨宅”、桃花村2社的“桃花仙居”以及7社的“何家农庄”和“先来后到”等农家乐已建成对外营业。仙海区还有10余家农业企业和3个家庭农场。为支持农业企业、农民专业合作社和家庭农场做大做强，区财政每年拿出1000万元给予扶持。截至年底，全区农家乐接待游客4.4万余人次，实现产值约220万元。

【实施“互联网+农业”工程】 2017年，仙海区月台村、抗香村、铜瓦村的水果专业合作社和石河堰村的核桃专业合作社的水果产品和核桃产品已登录“中国网库”和“阿里巴巴”等网站。截至年底，“互联网+农业”覆盖率达到75%，部分农产品已实现网上销售。3家农业企业开展电商应用，绿博、萄园、金草3家农业企业已建立了自己的网络平台，均已运行。

【参加省第五届农博会】 2017年，组织金草、绿立方等市级龙头企业于11月16日至20日参加在成都举行的省第五届农博会。金草农业以“仙海、仙岛、仙草”为主题，其铁皮石斛切片、鲜条、枫斗、盆栽、干花等系列产品成为“绵阳造”农产品的一大亮点。 （嘉尚斌）

农民专业合作社

【概况】 2017年，全区共有水果、核桃专业合作社6个（工商注册数），其中铜瓦枇杷专业合作社已命名为省级示范农民合作组织。

【抗香村果仙园水果专业合作社】 2012年7月由抗香村村民委员会组织成立，地处仙海区沉抗镇抗香村，总占地面积33.34公顷，现有社员86户，种植桃子、梨子、柚子、枇杷、葡萄等水果。解决困难户的基本生活保障，为了保证合作社健康发展，借鉴其他优秀合作社的规章制度，制定《合作社章程》《服务制度》等依多项制度，做到制度健全、机制严密、运行规范。2017年，合作社实现年产值200多万元。

【月台水果种植专业合作社】 2010年4月合作社成立，紧邻建华和小枧，办公地点位于月台村村委会一楼。现有成员60余户，水果种类涵盖葡萄、桃子、核桃等十余类。合作社宗旨：绿色有机、诚实守信、服务于民。2017年，合作社年产各类水果1000余吨，实现产值480余万元。

【铜瓦村枇杷专业合作社】 2014年4月28日成立，有117户枇杷种植户加入，地处仙海区沉抗镇铜瓦村，总占地面积100公顷，近10万棵枇杷树。所有枇杷为绿色无公害产品，为了提高枇杷的产量和品质，铜瓦枇杷专业合作社组织枇杷种植户大力进行品种改良。通过合作社开会协商，并对枇杷品种进行考察和比较，引进优良品种在现有的老树上进行嫁接，将早期的早钟六号，改为现在的大五星、白肉枇杷、贵妃枇杷等品种。为了使专业合作社规范、有效运转，组织专业合作社社长到成都郫县进行内检员培训。以专业合作社的名义请省农科院、市农工委及周边专业合作社的相关专家进行授课，并到现场对施肥、修枝、嫁接等进行技术指导，这样的培训一年达6次之多。努力实施“互联网+农业+旅游”工程，提高产品知名度，了解市场供销信息，拓宽销售渠道，开展实地采摘活动。铜瓦村枇杷专业合作社的产品已登录“中国网库”和“阿里巴巴”等网站，并在绵阳市新农网上注册。2017年，合作社年产50万千克枇杷，产值达到600万元。铜瓦枇杷专业合作社于2017年12月21日被中共四川省委农村工作委员会、四川省民政厅、四川省财政局、四川省工商局、人民银行成都分行、四川银监局联合评定为省级示范农民合作组织。 （嘉尚斌）

农业产业化经营

【概况】 2017 年，仙海区大力推行发展现代农业，以建设现代农业示范园区为重点，招商引进和发展系列农业企业。截至年底，全区共有农业企业 20 余家，实现年产值 6125 万余元。

【绵阳金草农业科技有限公司】 公司拥有一批高层次长期从事铁皮石斛组培、研发的专业技术队伍，并与国内外多家石斛科研机构、医药企业、生物技术公司常年进行交流，得到国内外从事组培的知名专家学者的大力支持。公司现拥有技术研发人员、销售人员、售后种植技术人员若干。公司现已形成研究、选种、育种、组织培养、有机种植、产品研发及加工、营销于一体的铁皮石斛产业链。2017 年，公司已生产组培瓶苗 3000 余万瓶，大棚栽种 6.67 公顷。公司与国内外多家石斛科研机构、医药企业、生物技术公司常年进行技术交流。公司以“吃仙草到仙海”的理念，力争打造仙海旅游风景区第一产品。

资料链接：铁皮石斛为兰科多年生草本植物，俗称：寸金草，还魂草。铁皮石斛生长习性神秘莫测，生长于人迹罕至的悬崖峭壁上、阴面崖缝间，根不入土，常年饱云雾雨露滋润，受天地之灵气，吸日月之精华，为养生极品。中国有句古话叫作：北有人参，南有枫斗，枫斗的母体就是铁皮石斛。铁皮石斛素有中华仙草，药中黄金之美称，列为中华九大仙草之首，在国际药用植物界被誉为“药界大熊猫”。

【四川省万涪农业科技有限公司】 公司拥有一支反应快速、学习能力强的商业核心团队，并与成都理工大学、绵阳师范学院、绵阳市农科院、绵阳（中国）科技城生态研究所建立了一支研发团队。公司经营范围：农业科技技术研发，农业科技服务，蔬菜、水果、花卉、苗木的种植和销售，水产品、牲畜、家禽的养殖和销售，教育文化活动组织策划和食品研发。公司注册商标 4 件，拥有实用新型专利 1 项，公司曾被评为绵阳市科技型企业、绵阳市农业产业化龙头企业。2017 年公司拥有 6.67 公顷种苗孵化园区、13.33 公顷种植基地、在建万涪农业科技馆 600 平方米、待建组培、水培室 600 平方米。已种植大棚草莓 3.33 公顷，年产量 7.5 万千克；杨梅 3.33 公顷，年产量 2.5 万千克，另种植红阳猕猴桃、芙蓉李、枇杷、无花果、椪柑、柚子等水果。自养中华蜂 400 群，年产土蜂蜜 2.5 万千克。开展青少年科普、亲子活动百余次。公司采用线上线下一体化销售模式，并将鲜果进行深加工。公司年产草莓果酱 5 吨，无添加草莓干 500 千克，草莓果脯 500 千克，草莓酒 2 吨。

【绵阳志鹏农业开发有限公司】 该公司是一家集农业观光、林业花卉、珍稀植物等销售于一体的高起点、高规格的综合性农业产业化企业。大力发展节粮型草食牲畜、特色小家畜禽。做大做强茶叶、中药材、食用菌、蚕桑、花卉等特色种植业，因地制宜发展都市农业、休闲农业、观光农业、乡村旅游；加快发展林下经济和生态旅游；支持农户发展加工、商贸、物流、餐饮等二、三产业。公司与绵阳市农业科学研究院等相关科研院所密切合作，拥有业界著名科研技术专家多名，具有独立完善的研发能力，技术力量雄厚，积极加强新产品的研发利用，进行科学的合理规划。公司依托科技创新驱动，立志于发展设施农业，引领支撑现代农业发展，传统农业向现代农业转变，加快农村经济发展，实现可持续发展战略。公司项目“志鹏乡园”是以酒店及农业旅游观光为一体的综合性项目，总投资约为9550万元。是立足于以保护自然生态环境资源和发展生态农业为根本，在保证生态资源可持续发展的前提下，将园区建设成为集科研、种植、养殖、旅游休闲为一体的绿色农业观光生态园，建设成为具有影响力的农业科技示范园。

【四川天道林业科技有限公司】 2017年，有员工50余人，在仙海水利风景区七曲村、石河堰村流转基地、林地近133.33公顷，一期开垦、整理、改良基地26.67公顷，种植了核桃、景观苗木。以核桃、生态养殖、中药材优质品种的选育、种植、推广，产品收购、加工、销售一体化发展，打造乡村特色旅游，融入城乡统筹发展。公司立足于产业带动，为近300户农民提供优质核桃种苗2万余株，并给予技术指导，承诺统一回购产品、加工、销售。

【绵阳市绿立方林业开发有限公司】 公司是专门从事核桃产业化发展（培育优质种苗、引导农户种植）、核桃深加工及其产品销售的林产经济开发公司。公司在蔡家桥、燕子等村建有“千亩核桃种植示范园”，接待各级领导调研、社会团体考察100余次。建核桃采穗圃33.33公顷、优质核桃苗圃33.33公顷，年提供优质接芽300万个，优质核桃嫁接苗200万株。截至年底，发展核桃种植近667公顷，种植农户800余户，分布在游仙区、仙海区3个乡镇，涉及17个村。

【绵阳市汉灵农业科技有限公司】 公司经营范围为生态农业科普教育、生态观光旅游等。公司现有员工20人（其中：农林果土专家3人，农业高级技术人员5人，其他高级专业技术职称、证书职工8人，管理岗位大专以上学历4人）。公司积极与四川农业科学院、四川畜牧科学院、绵阳农科院、绵阳科技城生态研究所等单位建立战略合作关系，聘请了科研院所优秀的农林果土等方面的专家及专业技术人才和管理人才，组成了优秀的管理团队，企业高度重视科技成果的转化，把先进的科技成果转化为生产力视为企业的生命，运用先进的管理理念，充分调动和发挥专家学者和科研人员的作用，使一批现代高科技项目入住园区，为公司建设现代生态农业示范基地，青少年生态农业教育示范基地注入了强劲的活力，提升了企业的品质，同时也提升了企业的竞争力。

【四川省绵阳市鑫荣生态农业有限公司】 公司经营范围农作物的种植及销售，经济林木、花卉苗木、园艺作物的种植及销售。流转土地涉及石河堰村第七、八、九农业合作社。在公司组织结构合理、制度完善，配有优秀的林业、农业管理人才15名，吸纳当地百余名农业熟练技术工，固定临时工人员73人。利用施微生物菌肥改变土地肥力，引进国内外珍惜苗木品种改变当地环境。目前以种植红叶李1万株、香樟1万株、金丝垂柳2000株、日本樱花5000株、红花碧桃2000株、美国红枫5000株、加拿大紫薇890株、栾树1130株、北美海棠1000株、西湖海业500株。公司在发展的同时，为种植户提供了技术支持，就近吸纳劳动力，带动大家共同致富。实现了事业发展，农民增收的双赢格局。公司以示范项目为基础，按照“公司+合作社+农户”运作模式，以“合作发展、生态种植、有机循环、统一销售”的原则和“公司出资、技术、农户管理生产”的模式与当地农户进行合作，降低农户生产风险，增加农户收入。截至2016年年底，公司实现各种项目总收入达600万元，公司在2016年度带动农户实现“公司、农户双赢局面”，有着显著的经济效益和社会效益，促进了当地农村的经济发展和企业与农户和谐发展。

（嘉尚斌）

水　利

【概况】 根据河湖名录统计资料，全区共有2条主要河流、1座中型水库和11座小（二）型水库。长河堰河道区内起点为七曲村，止点为长河堰村。区内全长为10200米（其中长河堰村3500米、燕子村2500米、蔡家桥村1600米、七曲村2600米）。流经4个行政村，共14个社。桃花沟河道区内起点为铜瓦村，止点为八角庙村，区内全长为9500米（其中铜瓦村1500米、桃花村2500米、八角庙村5500米），流经3个行政村，11个社。沉抗水库是武都引水一期工程的一座骨干囤蓄水库，是以灌溉为主兼有城市供水、水产养殖、旅游等综合利用的水利枢纽工程。主要控灌游仙、三台、盐亭、射洪灌区3.28万公顷耕地，并可向绵阳市城区提供生活及工业用水水源。水库位于仙海区境内，工程主要建筑物包括大坝、泄洪放空隧洞、灌溉放水隧洞。水库控制流域面积13.8平方千米，正常蓄水位529米，设计洪水位528.67米，核校洪水位528.93米，汛前限制水位528米，死水位512.50米，放空水位509.00米，放空时间544小时，总容量9820万立方米，有效库容

7320万立方米。坝顶长653米，坝顶宽10.8米，坝底宽219米，坝顶建筑高程531.5米，最大坝高55米。

小（二）型水库包括：文胜水库、三要水库、五七水库、丁字桥水库、群众水库、回龙水库，五八水库，劲松水库，团结水库、铜瓦水库、丰收水库。

【水利设施】 2017年，全区共有383口塘、堰，渠系249千米，提灌站59座。9座小（二）型水库灾后重建已全部完成，另2座待维修；2017年已塘堰精修及清淤29口，累计完成33%；排灌渠系总长度249千米，已硬化97.6千米，累计完成39.2%；提灌站新建4座。

【河长制体制实施】 2017年，仙海区建立并实施河道管理“河长制”。区内1座中型水库、11座小（二）型水库和2道河流分别确定河长，沉抗水库由党工委书记代宏担任河长，11座小（二）型水库由区党工委领导担任河长，其他由所在村领导担任河长进行管理。明确各级河长的职责，并设立河长公示牌。与河长制相配套，招聘了2名公益性岗位的专职巡河员，对全区所有水利设施和水域的环保情况进行巡查，发现和提出问题以便及时整改，水域环保实现规范化、制度化、常态化管理。

【防洪度汛工作】 2017年3月，全区防洪度汛工作大会召开，健全区防汛指挥部，实行分片负责。各村（居）于4月上旬组织了自查，区防汛办在4月下旬对防汛重点区域进行拉网式排查，河道、水库、大型塘库堰及重要渠系都落实有专人负责，互相之间的联系方式畅通，对各村（居）库存的防洪物资进行检查，对缺、漏、不足的防洪物资由管委会统一购买补足，各村（居）、各单位防汛物资造表造册并实行专人负责管理。防洪经费每年纳入财政预算，出现的诸如抢险情况产生的经费特事特办，全额报销。在管委会行政值班中加入防洪值班，从5月1日到10月15日实行区级领导带班、部门领导和正式员工双值守制度，防洪值班与行政值班同步，实行24小时值班制度，使防洪指令在第一时间传达到每个防洪区域。

【江河湖库水系连通“引沉济芙”工程】 2017年，仙海区“引沉济芙”工程是以改善芙蓉溪水环境，提高长河堰流域整体防洪安全、改善生态环境质量、优化水资源配置、提高水安全保障能力，提升仙海水利风景区旅游品质，促进当地经济发展及水生态文明建设为根本目的的“治水”工程，是一项民生工程，对整个仙海水利风景区乃至绵阳市水资源可持续利用，经济社会可持续发展具有重要意义。“引沉济芙”工程通过实地勘探、可研报告、初步设计和环评，工程项目经市省两级发改委协调进入国家重点项目库。2016年3月起，开始申报河湖连通工程项目，先后与省、市多次对接，确定该项目的可行性，后聘请水电五局公司完成项目的可研报告，并报送省水利厅对可研进行了批复，本年整合农发项目资金1000万元和地方配套资金共计2000余万元，进行了前期的清淤疏浚及生态护坡治理工作，达到了该项目的申请条件，10月28日，省水利厅组织专家对仙海区江河湖库水系连通“引沉济芙”项目进行评审。在2017年11月得到了省水利厅的可研批复，争取国家资金7424万元，并确定为2018年向水利部申报的四川省江河湖库水系连通项目。

（郭丛铭）

林　业

【概况】　2017年，全区林地面积1613.44公顷，森林覆盖率为38.37%，森林绿化率为66.25%。其中：沉抗水库林地面积202.94公顷，森林覆盖率为15.18%，非林地有林地772.41公顷，陆地森林绿化率90%以上。有林地面积1609.41公顷，占99.75%；疏林地0.53公顷，占0.033%；灌木林地2.8公顷，占0.174%；宜林地0.7公顷，占0.043%。在现有林地中，纯林1465.19公顷，混交林126.3公顷，竹林17.92公顷。在灌木林地中，均为其他灌木林地。区内生态良好，已知有高等动物26目68科256种，高等植物57科109属186种，低等植物21种，共计207种。动物种类中属国家Ⅱ级保护动物的有18种；植物种类中属国家重点保护植物有4种，其中Ⅰ级保护植物有水杉、银杏2种，属国家Ⅱ级保护植物有厚朴、香樟2种。

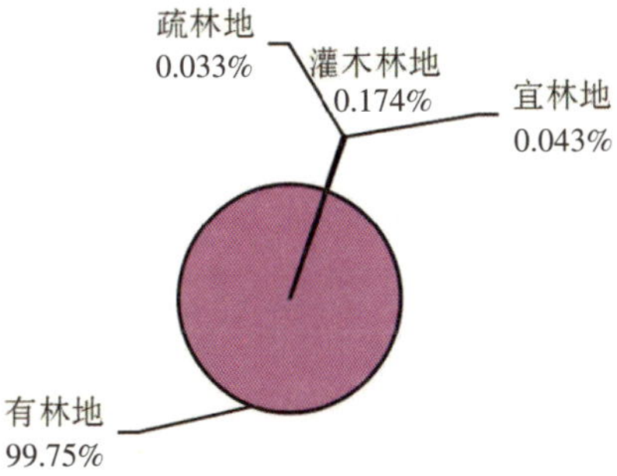

各林地面积结构图

【生态公益林】　2017年，根据游仙区森林分类区划界定，仙海区（沉抗镇）区划公益林面积124.63公顷，占全区面积的1.69%，占林地面积的7.72%，均为国家公益林。分别分布在蔡家桥村、燕子村、徐家桥村、石桥村、石河堰村、七曲村、抗香村、月台村。

【退耕还林】　2017年，仙海区退耕还林涉及5个村、32个社、1131户农户。退耕面积112.68公顷，其中经济林35.91公顷，涉及铜瓦村和月台村；生态林76.77公顷，涉及铜瓦村、天生桥村、沉香村、月台村、抗香村5个村。

【森林防火】　2017年，全区完善森林防火预案，与村、社、农户签订了森林防火责任书。在节假日期间，下发森林防火通知，加大宣传力度，对森林防火工作进行认真检查，严控火源，严防森林火灾。积极协助省市森林防火指挥部在仙海区警官培训基地、亲水湾开展的森林防火技能竞赛。全年，有效处置燕子村、七曲村小型火情各1起。

【森林病虫害防治】 2017年，仙海区组织人员对森林病虫害进行检查和监测，对蜀柏毒蛾、松材线虫病进行了防治。在各小组设置灯光诱捕设施2~3个，采购太阳能诱捕器7个、药物诱捕器10个，安置在景区内诱捕森林害虫。

【禁止乱砍滥伐】 2017年，仙海区对外公开了举报电话，对2起乱砍滥伐案件和1起移植活立木事件进行了及时处理，共罚没资金3240元。配合市森林公安局对抗香村发生的滥伐林木事件进行调查取证。巩固退耕还林成果112.65公顷，及时兑付补助资金。聘请两名专职护林人员（公益性岗位），对全区森林进行巡视和管理。

【林地占用服务】 2017年，农业服务中心积极与住房和城乡建设局、科技经济发展局、仙海投资公司、景丽林业设计服务公司协调，收集补充仙海大道建设项目占用林地相关资料，确保占用林地工作稳妥推进。聘请绵阳景丽林业设计公司对铜瓦2号线占用铜瓦村退耕还林地块约2.68公顷进行异地置换设计。

【绿化绵州】 2017年3月10日，管委会组织区级机关、场镇单位干部职工开展了植树节活动，栽植紫薇、香樟600余株。请专业公司对环湖路景观建设工程的树种、土质、栽植技术等方面进行指导和监督。

【林业产业】 2017年，全区种植核桃324.99公顷。其中：四川天道林业科技有限公司在七曲村种植20公顷；石河堰村书记宋模相在本村种植23.33公顷；绵阳绿立方林业发展有限公司在蔡家桥村、燕子村种植67.67公顷。四川省绿博农林业开发有限公司在桃花村、八角庙村种植美国竹柳、黄花风铃木等树木113.33公顷，已全部成林。蒲薪玮在长河堰村种植香桂13.33公顷，绵阳地博科技有限公司在石桥村种植桂花、红枫等33.33公顷，绵阳博森农林业开发有限公司在七曲村种植桂花、银杏20公顷，绵阳市鑫荣生态农业有限公司在石河堰村种植香樟、桂花等34公顷。

【野生动植物】 2017年，仙海区境内有高等动物26目69科267种（其中国家1级、2级保护野生动物21种和省级重点保护野生动物21种），尤以鸟类为主，分布有176种，主要品种有白鹭、白鹤、野鸡、小翠鸟、鹰、猫头鹰、斑鸠、家燕、鹊、土画眉、蜡嘴、喜鹊、麻雀、百头翁、啄木鸟等；其他野生动物10余种，主要为蛇、青蛙、野兔等。植物主要有乔木、灌木、草本。乔木树种：柏木、墨西哥柏、马尾松、国外松、桤木、樟树、栎等；竹类以慈竹为主；经济树种主要有：油桐、桑、梨、李、橙、柚、樱桃、枇

杷、柿、核桃。灌木：马桑、黄荆、火棘等；草本以白茅、芭茅、岩蓑、龙须草、蒿草、狗尾草等为主。（侯智华）

畜牧业

【概况】 2017年，全区生猪饲养量0.4万头，其中出栏0.16万头，存栏0.24万头；耕牛存栏0.06万头，羊存栏0.1万头，小家禽饲养量19.2万羽。生猪出栏50头以上的大户15户，出栏100头以上的大户达到2户，出栏200头以上的大户2户。饲养肉羊30头以上的2户。饲养能繁母猪5头以上的4户。小家禽饲养量2万羽以上的3户。肉牛出栏20头以上的1户。

【动物疫病防控】 2017年，全区按照“五统一、五不漏”的要求开展了春秋两季动物集中防疫和消毒灭菌工作，强化基础免疫。抓好了口蹄疫、高致病性禽流感、猪瘟、鸡新城疫、狂犬病等重大动物疫病和平时对畜禽进行补免工作。全年注射猪口蹄疫、高致病性猪蓝耳病、猪瘟4.2万头次，免疫密度100%；牛羊口蹄疫0.35万头次免疫密度100%；小反刍兽疫0.25万头次，免疫密度100%；狂犬病免疫0.293万只，免疫密度95%；小家禽高致病性禽流感、新城疫免疫共计113万羽次。免疫密度100%；全区发放消毒药2吨，畜禽圈舍消毒面积达100余万平方米。平时对新进的畜禽进行补免，共补免家畜0.25万头、家禽4.1万羽，全年未发生动物疫情。

【防疫监管】 2017年，全区重点指导和帮助养殖场（养殖大户）完善防疫设施，建立健全防疫制度，落实专人对规模养殖场（养殖大户）进行监督管理。加强和规范市场、运输等环节的管理，严格产地和屠宰检疫，扩大监测范围，提高监测密度和频率。全年向市疫控中心实验室送猪、牛、羊、鸡、犬全血样品共191份，小反刍兽病源学样品20份，送猪淋巴结和脾脏样品各40份，送鸡咽喉和泄殖腔试子各100份，检验结果合格。监测养殖场（养殖户）241个次。严格执行重大动物疫病诊断程序和技术标准，提高动物疫病的监测水平和应急处置能力，做到了早发现、早报告、早确诊、早处置。

【畜禽产品质量监管】 2017年，全区严格产地检疫和屠宰检疫，坚持入场必检制度。出动执法人员480人次，屠宰检疫生猪胴体1656头，检疫动物产品13.2万公斤，小家禽检疫16万余羽，活畜市场检疫3300余头，检出病畜禽12头只，对检出的病畜禽全部按照《中华人民共和国动物防疫法》的要求进行了无害化处理。2017年全区无畜产品质量安全事故发生。开展了2次拉网式“瘦肉精”检测，养殖大户检测猪牛羊44头616个样；屠场检测猪192头577个样，全部为阴性。产地检疫生猪2201头、小家禽22490羽；屠场检疫生猪1655头、肉品148950千克，病害猪产品（摘除三腺）413.7千克，无病死猪进场屠宰。

【农村环境治理】 2017年，仙海区成立畜禽养殖污染专项治理工作领导小组。划定辖区内的畜禽养殖禁养区、限养区。下发《关于印发〈仙海区畜禽禁养区养殖场（户）关停、拆除奖补方案〉的通知》（绵仙办发〔2017〕58号）、《关于印发〈农业服务中心环境整治工作方案〉的通知》（绵仙农发〔2017〕4号）、《关于印发〈仙海区禁养区畜禽养殖场（大户）关停拆除实施方案〉的通知》（绵仙农发〔2017〕11号）等。在整治过程中，首先进行了摸底，禁养区内有7户养殖户需实施关停、拆迁，限养区内有20户养殖户存在污染问题，需进行整治。工作人员深入养殖户做动员工作，宣传讲解相关法律法规、政策和要求。与养殖户签订关停、拆迁协议5份；下发整改通知书28份，并对整改落实情况进行跟踪50余次。截至年底，禁养区已完成关停、拆迁7户，限养区20户养殖户已全面整改到位。制定区级测土配方实施标准，建立农村面源污染防治台账，设立测土配方施肥监测点，对典型农户测土配方施肥实时登记。依据测土配方，指导农户科学使用农药、肥料和农膜，降低土壤重金属含量，最大程度减少农业面源污染。下发了宣传标语，利用会议、广播、深入农户地头等形式进行宣传。加强巡查。中心成立2个巡查组，对全区和联系村的秸秆禁烧工作情况进行巡查，杜绝了秸秆焚烧现象，达到了“不冒一处烟、不点一把火”的秸秆禁烧要求。

（李　锋）

招商引资与创新创业

Investment Invitation and Innovation

※ 概述

Summary

※ 投资项目建设

Investment Project Construction

※ 招商活动

Business Invitation Activities

※ 创新创业

Innovation and Entrepreneurship

概　述

【概况】 2017年，仙海区编制仙海旅游度假区总体规划、控制性详细规划、土地利用、道路交通、产业发展和项目建设等规划，基本形成以总体规划为龙头，要素规划和项目规划为支撑的全域规划体系，确保仙海的开发建设在规划的指导下科学合理进行。出台“总部经济招引优惠政策”“现代服务业企业招引优惠政策”等6项招商引资政策。对照“国家级旅游度假区”创建标准和提升后的度假区规划，把文化和旅游进行深度融合，实行“挂图招商”，以总部经济、旅游、休闲、养老等为重点产业加快引进和培育。全年以招商引资为突破口，以项目建设为着力点，以旅游发展为总目标，到位内资11亿元，同比增长122%。

【《仙海区招商引资系列政策》出台】 《绵阳市仙海水利风景区招商引资政策汇编》于2016年11月23日在区党工委、管委会办公会上审议通过并由区综合办印发。2017年对“政策”中“总部经济优惠政策”和“现代服务业优惠政策”支持对象范围进行优化。包括旅游业企业、科技企业、建筑企业、农业企业优惠政策等九大板块，36条扶持政策。“政策”具有扶持对象准、优惠力度大、服务角度优的特点。

【重点项目推进办法和项目专员全程代办服务机制出台】 2017年8月26日，区党工委、管委会召开办公会，审议通过《仙海区重点项目推进办法》与《仙海区“项目专员”全程协调服务代办机制》。10月10日，区综合办印发两个文件。重点项目推进办法和项目专员代办机制的出台，进一步加大全区重点项目推进力度，建立健全工作机制，确保重点项目顺利推进更好地为区内企业服务。建立了项目推进“五个一”机制，即一名牵头领导、一名项目专员、一个推进计划、一张作战图、一个奖励办法，形成区级领导牵头抓、项目专员具体抓的格局，为进区项目全程服务、保障。（李湛美　陈　思）

投资项目建设

【概况】 2017年，全区新引进项目17个，协议引资51.9亿元；中外知名企业四川行活动签约项目1个，协议引资1.34亿元；川商返乡投资大会签约项目1个，协议引资0.8亿元；其中亿元以上项目2个，5亿元以上项目1个。

【中建旅游基础设施建设“打捆”项目】 2017年8月中建国际投资（中国）有限公司投资18亿元，建设旅游基础设施“打捆”项目，主要包括绵阳仙海亲水栈道（三期）新建3千米亲水栈道，新场镇基础设施及黄金村片区基础设施。电力改造项目：环湖16.8千米10千伏电力管廊建设。徐家桥村片区基础设施：7.6千米市政道路、管网、绿化、亮化。现代农业旅游产业园绿道：8千米长，4米宽绿道及绿化、亮化建设。黄金村居民安置小区：新建居民安置小区约10万平方米及配套基础设施。徐家桥居民安置小区（二期）：7.5万平方米统筹安置房及配套基础设施。广场城堡建设：1万平方米的建筑、装饰装修、室外景观。环湖路景观建设项目：总长16.8千米景观绿化、节点景观建设。临湖景观建设：42.8千米临湖景观建设。国道108线改线工程拆迁：16.3千米的项目征地拆迁。黄金村片区科教产业园拆迁：面积约200公顷的拆迁。徐家桥片区拆迁：土地整理项目拆迁等项目。

【四川微亿联科技有限公司】 2016年，公司落户四川省绵阳市仙海风景区，注册资本5350万元。公司致力全国酒店行业智慧升级、改造，为酒店提供公众号运营服务、线上订房退房功能、智能门锁及无人售货场景等智慧升级，改善消费者出行、入住及旅游消费等体验。

【广东岭南园林环湖景观设计项目】 2017年，岭南园林股份有限公司投资1.08亿元在仙海区开展环湖路景观建设。环湖景观建设项目，5月开工，截至年底累计完成投资5880万元，项目以植物景观为基础，“生态、经济、美观、实用”为总体设计原则，以“借景造园、文化赋予”为设计总策略，主要对环湖路两侧绿化带进行景观建设，包括景观绿化、绿道工程等项目，建成后将为游客呈现出一道亮丽的生态景观带，为美丽绵阳建设增光添彩。

【天荣F1国际体育产业小镇项目】 2017年10月，深圳天荣投资有限公司开始规划设计、拟在投资建设F1一级方程式摩托艇世界锦标赛暨中国大奖赛比赛场地、F1主题水上乐园、康复疗养中心、F1国际体育交流中心和奥林匹克学校等。

【美丽多彩房车营地】 2017年2月17日，仙海区管委会与重庆美丽多彩仙海湖房车俱乐部有限公司签订项目投资框架协议。该项目由重庆美丽多彩仙海湖房车俱乐部有限公司规划建设房车营地项目，项目总体投资7800万元，项目总占地面积130亩，位于仙海区仙海湖西岸1号岛，建设房车营地、营位、运动休闲区、房车及户外用品销售展示区。 （李湛美）

招商活动

【概况】 2017年，仙海区先后组织区内各企业参与第五届中国（绵阳）科技城国际博览会、中国（四川）电商峰会、珠三角投资活动、西部投资大会、长三角投资促进活动等大型招商活动平台，广泛开展会展招商、平台招商、精准招商。完成包装和推出项目17个（任务10个），超额完成目标任务。区党工委、管委会主要领导率队赴北京、深圳、昆明、成都等地开展投资促进活动 19 次，洽谈项目 42 个，1—12 月仙海区在谈重点招商项目 10 个，为北京建科工程建设管理有限公司基建项目、北京中冶建工集团有限公司总部经济项目、环球嘉年华（北京）投资有限公司游乐场项目、中石化天然气公司金融项目、北京慧谷旅游规划设计有限公司旅游项目、北京绿维创景规划设计有限公司旅游项目、北京中富天友投资管理有限公司总部经济项目、多彩贵州文化产业集团有限公司总部经济项目、北京偶的文化机构整体旅游打造、四川港航集团有限公司整体提升项目。

【赴成渝地区促进项目】 2017 年 2 月 14—15 日，区党工委书记代宏带队赴成都与北京建科工程建设管理有限公司西南分公司、北京中冶建工集团有限公司四川公司洽谈对接。5 月 23 日，党工委书记代宏带队赴成都与北京港航开发有限责任公司洽谈对接。6 月 26 日—27 日，党工委副书记、管委会主任魏魁赴重庆与中蕴实业集团有限公司、正源新电影公司洽谈对接。

【赴京津地区促进项目】 2017 年 4 月 7—9 日，区党工委书记代宏率相关单位负责人赴北京拜访中富天友投资管理有限公司。10 月 24—25 日，由市投促局天津分局陪同拜访天津文博文创开发有限公司，考察文创产品合作开发。2 月 19—22 日，区党工委副书记、管委会主任魏魁率相关部门负责人赴北京与环球嘉年华（北京）投资有限公司就环球嘉年华项目洽谈、北京慧谷旅游规划设计有限公司、北京绿维创景规划设计有限公司就仙海整体旅游规划进行洽谈，拜访中石化天然气公司。7 月 28—29 日，赴北京拜访凯益鼎盛有限公司。拜访首都开发公司就首开仙海龙湾二期项目进行对接。11 月 28—30 日，赴北京拜访喜来登酒店管理（国际）集团有限公司就首开仙海五星级酒店项目进行促进。

【赴珠三角促进项目】 2017 年 7 月 12—14 日，区党工委书记代宏率相关单位人员赴深圳与中建国际投资集团拜访中建国际投资有限公司周勇总裁，就旅游项目运营、基础设施建设及资产优化等合作事宜进行交流。党工委副书记、管委会主任魏魁于 10 月 30—31 日在深圳与天荣投资有限公司就天荣 F1 国际体育产业小镇项目签署框架协议。11 月 2—3 日，赴珠海与珠海景富旅游开发有限公司对接洽谈旅游小镇项目。

【赴云贵地区促进项目】 2017 年 6 月 19—24 日，区党工委书记代宏日赴云南与伟光汇通文化旅游投资有限公司就古镇开发项目进行洽谈；拜访云南飞凡发展有限公司、云南云湾体育文化发展有限公司，推荐仙海区优势产业。4 月 25—29 日，区党工委副书记、管委会主任魏魁赴贵阳与多彩贵州文化产业集团有限公司对接洽谈文旅小镇项目，拜访贵州丰瑞投资有限公司，推荐仙海区总部经济优惠政策。

【赴山东与河南地区促进项目】 2017年10月26—27日，区党工委书记代宏赴山东威海齐东城市品牌运营公司、威海大成体育文化传播有限公司就仙海铁人三项赛比赛运营进行合作洽谈。11月14—17日赴河南小浪底黄河三峡景区有限公司拜访，洽谈对接景区开发。

【赴华东地区促进项目】 2017年12月25日，区党工委书记代宏赴南京拜访中国网球学院，就仙海网球基地进行项目促进。12月26—27日，区党工委书记代宏赴杭州拜访杭州大观山农业生态园旅游开发有限公司就仙海农业综合体洽谈对接。

【赴西藏与安徽开展促进项目】 2017年5月23—26日，区党工委副书记、管委会主任魏魁赴拉萨与佳富美董事长赵裕华进行合作洽谈，就西藏佳富美在仙海注册四川佳富美建设进行洽谈。8月24—25日，区党工委副书记、管委会主任魏魁赴安徽省与安徽旅游集团、科大讯飞公司就仙海智慧景区建设项目进行对接洽谈。

（李湛美）

创新创业

【概况】 2017年，仙海区管委会根据支持创新政策文件《鼓励科技型企业发展的若干政策（试行）》，对绵阳市科技型中小企业认定的园区企业给予一次性1万元/户的补助，用于创业扶持、科技创新、企业发展。出台制定《仙海区招商引资系列政策》《仙海区重点项目推进办法》《仙海区项目专员全程代办服务机制》，进一步优化为企业服务能力，提高政务服务环境。对新注册在我区的科技型企业给予场地提供、税收减免等一系列政策优惠，为紧急、重大企业开通绿色通道，提供全程跟踪的“保姆式”服务。

【实施科技创新工程】 2017年，仙海区加强省、市科技成果鉴定登记、申报评奖和技术合同认定登记工作。组织参加科技成果对接推进会，提高科技成果转化率。加大科技计划项目过程管理，提高科技资金使用效率。2016年，万涪农业获得省科技支撑项目下拨的专项资金，用于完成苗木引种及嫁接、土壤测试工作。贯彻《企业知识产权管理规范》国家标准，推进知识产权上台阶。全年万涪的“离心式分离装置”“滴灌装置”专利申请已受理，元源能源“电动车通用增程控制系统及其方法”、微亿联“酒店售货柜”等专利获批。

仙海区专利申请及授权情况表

序号	专利类型	专利名称	申请日期	授权公告日	所属公司
1	实用新型	一种杨梅渣汁的离心式分离装置	2017.11.7	2018.6.12	四川万涪农业科技有限公司
2	实用新型	一种用于杨梅栽培的节水防老化的滴灌装置	2017.11.7	2018.6.12	四川万涪农业科技有限公司
3	发明	电动车通用增程控制系统及其方法	2014.8.12	2017.10.24	绵阳元源能源科技有限公司
4	实用新型	一种酒店售货柜	2016.11.29	2017.7.21	四川微亿联科技有限公司

【《鼓励科技型企业发展的若干政策（试行)》出台】 2014年4月4日，仙海区党工委、管委会同意，仙海区综合办公室印发《鼓励科技型企业发展的若干政策(试行)》（以下简称《若干政策》)。《若干政策》包括旅游业企业、科技企业、建筑企业、农业企业优惠政策等九大板块，36条扶持政策。《若干政策》具有扶持对象准、优惠力度大、服务角度优的特点。

【电子商务实务课程专题培训会】 2017年10月，仙海区聘请微波电子职业培训学校老师为区内企业、各村（居）电商从业人员讲授电子商务实务课程。通过讲解电子商务大平台的发展趋势，计算机基础及应用、网络市场调查与分析，商品信息的加工与处理，网店的开办等基本常识，达到加深认识、提高技能、引导创业就业、做大做强农特产品的效果。

【四川仁智石化科技有限责任公司】 该公司是一家具有独立法人资格的公司，注册地在绵阳市仙海区，注册资本金1亿元，主要业务范围：油气田环保治理服务、防腐工程技术服务、油田管具检测维修服务等技术服务。公司是国内服务能力较强，能够提供一体化、一站式钻井液、环保以及井下作业等服务的提供商。公司的主攻方向是环保工程技术服务，在做大做强油气田废水处理的同时，开拓工业废水和生活废水无害化处理市场。2017年，公司生产经营规模产值24380.39万元，其中油气田环保技术服务812.61万元，特种设备检测与维护技术服务132.07万元，井下作业技术服务202.35万元，石化产品销售285.11万元，钻井项目141.89万元，化工品贸易15448万元，钻具检修1677.39万元，其他184.22万元。

【四川省万涪农业科技有限公司】 2014年3月成立，位于绵阳市仙海区沉抗镇。公司主营业务是：农业科技技术研发，蔬菜、水果、花卉等苗木种植及销售，文化教育活动策划组织，餐饮服务，预包装食品的销售和食品研发。公司拥有100亩种苗孵化园区、200亩种植基地、在建万涪农业科技馆600平方米、待建组培、水培室600平方米。自养中华蜂100群，已种植大棚草莓、杨梅、三红柚等数十种水果，开展青少年科普、亲子活动百余次。2017年，公司主营收入135万元，同比增长60.7%，税收0.53万元。公司成功申报实用新型专利2件，注册商标3件。公司被认定为绵阳市科技型中小企业、绵阳市农业产业化重点龙头企业；2017年在川藏版股交中心成功挂牌（812194）；2017年为绵阳市休闲农业和乡村旅游行业协会副会长单位。“杨梅引种栽培技术研究及应用示范”项目被纳入四川省科技支撑计划项目，2017年已完成杨梅苗引种及嫁接、对于杨梅苗木测试、土壤测试工作。

（鲜艳春）

党务与政务
Party Affairs and Politics

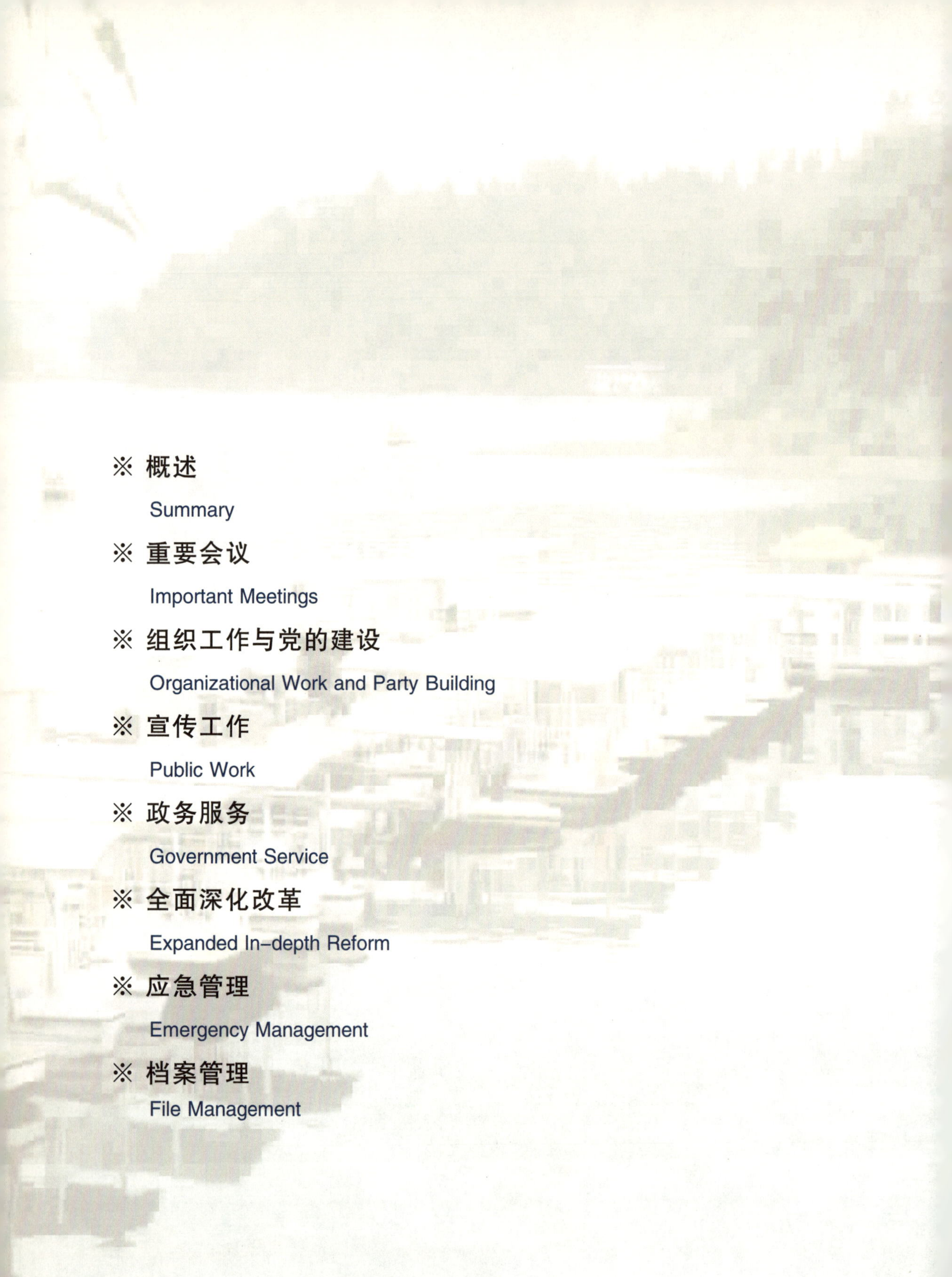

※ 概述

Summary

※ 重要会议

Important Meetings

※ 组织工作与党的建设

Organizational Work and Party Building

※ 宣传工作

Public Work

※ 政务服务

Government Service

※ 全面深化改革

Expanded In-depth Reform

※ 应急管理

Emergency Management

※ 档案管理

File Management

概　述

【概况】　中共绵阳市仙海水利风景区工作委员会（以下简称党工委）、绵阳市仙海水利风景区管理委员会（以下简称管委会），分别为市委、市政府的派出机构，党工委、管委会与沉抗镇党委、沉抗镇人民政府合署办公，两块牌子，一套班子，根据市委、市政府授权范围负责区内的经济开发建设和管理。现设综合办公室、党群工作部、经济发展和投资促进局（安全生产监督管理局）、社会事业发展局（农村工作办公室、食品药品监督管理局、质量技术监督局）、住房与城乡建设局（环境保护局）、财政局、监察局共7个内设机构，设城管分局（绵阳市城市管理行政执法支队九大队）、农业服务中心、动物疫病预防控制中心、旅游发展中心、宣传文化服务中心、劳动保障服务中心（群众工作局）、仙海人民医院、仙海区中心学校、仙海区敬老院共9个事业单位。

【机构发展变革】　2003年6月30日，中共绵阳市委、市政府决定成立绵阳市仙海水利经济开发区，实行区镇合一体制，保留沉抗镇建制，撤销绵阳市仙海风景区管理局，设中共绵阳市仙海水利经济开发区工作委员会（以下简称党工委）、绵阳市仙海水利经济开发区管理委员会，分别为市委、市政府的派出机构。党工委、管委会与沉抗镇党委、沉抗镇人民政府合署办公，两块牌子，一套班子，根据市委、市政府授权范围负责区内的经济开发建设和管理。

2003年8月11日，经绵阳市委编委同意，成立综合办公室、党群工作部、经济发展局（挂招商旅游局牌子）、社会事业发展局（挂农村工作办公室牌子）、城建环保局、财政局共6个正科级内设机构；成立绵阳市仙海水利经济开发区农业服务中心、水利经济开发服务中心、宣传文化服务中心共3个国有科级事业单位；在原沉抗镇卫生院的基础上组建仙海人民医院，挂绵阳市仙海水利经济开发区计划生育技术服务站、绵阳市仙海水利经济开发区防疫保健站牌子，实行三块牌子、一套班子的管理体制。12月22日，经绵阳市委编委同意，成立绵阳市仙海水利经济开发区劳动保障服务中心，为国有科级事业单位。

2004年7月19日，经市委、市政府研究，设中共绵阳市仙海水利风景区工作委员会，绵阳市仙海水利风景区管理委员会，分别为市委、市政府的派出机构。党工委、管委会与沉抗镇党委、沉抗镇人民政府合署办公，两块牌子，一套班子，根据市委、市政府授权范围负责区内的经济开发建设和管理。撤销绵阳市仙海水利经济开发区，内设机构保持不变。9月20日，经市委编办同意，绵阳市仙海水利经济开发区农业服务中心更名为绵阳市仙海水利风景区农业服务中心，绵阳市仙海水利经济开发区水利经济开发服务中心更名为绵阳市仙海水利风景区水利经济开发服务中心，绵阳仙海水利经济开发区宣传文化服务中心更名为绵阳市仙海水利风景区宣传文化服务中心，绵阳市仙海水利经济开发区劳动保障服务中心更名为绵阳市仙海水利风景区劳动保障服务中心，绵阳市仙海水利经济开发区计划生育技术服务站、绵阳市仙海水利经济开发区防疫保健站更名为绵阳市仙海水利风景区计划生育技术服务站和绵阳市仙海水利风景区防疫保健站，绵阳市仙海水利经济开发区畜牧兽医站更名为绵阳市仙海水利风景区畜牧兽医站。

2009 年 4 月 17 日，经市委编委同意，撤销仙海水利风景区畜牧兽医站，建立仙海区动物疫病预防控制中心（挂沉抗畜牧兽医站牌子）。

2010 年 10 月 25 日，经市委编办同意，设置沉抗镇卫生院，与仙海人民医院、仙海区计划生育服务站和仙海区防疫保健站，实行四块牌子、一套人马的管理体制。12 月 5 日，经市委编委同意，设立绵阳市仙海水利风景区城市管理办公室，为管委会管理的正科级事业单位。

2011 年 1 月 14 日，经市委、市政府同意，在绵阳市仙海水利风景区管理委员会新增派出监察室。

2012 年 3 月 8 日，经市委编委同意，绵阳市仙海水利风景区水利经济开发服务中心更名为绵阳市仙海水利风景区景区服务中心。6 月 29 日，经市委编委研究，同意设立绵阳市仙海水利风景区敬老院。

2013 年 6 月 6 日，经市委编委研究同意，设立绵阳市城市管理行政执法局仙海分局，挂绵阳市城市管理行政执法支队九大队牌子，核定为正科级行政执法类事业单位。9 月 11 日，市政府授权仙海区管委会按照属地管理原则履行食品药品监管职能，在社会事业发展局加挂食品药品监督管理局牌子。

2014 年 8 月 5 日，经四川省人社厅批准，同意绵阳市城市管理行政执法局仙海分局参照《中华人民共和国公务员法》管理。

2015 年 2 月 12 日，市政府授权仙海区管委会按照属地管理原则履行园区质量技术监督管理职能，在社会事业发展局加挂质量技术监督局牌子。6 月 26 日，经市委编办同意，绵阳市监察局派出市仙海水利风景区监察室更名为绵阳市监察局派出市仙海水利风景区监察局。

2017 年 9 月 18 日，经市委编办同意，绵阳市仙海水利风景区经济发展局更名为绵阳市仙海水利风景区经济发展和投资促进局，绵阳市仙海水利风景区城建环保局更名为绵阳市仙海水利风景区住房与城乡建设局，挂环境保护局牌子。

10 月 11 日，经市委编委同意，绵阳市仙海水利风景区景区服务中心更名为绵阳市仙海水利风景区旅游发展中心。

【学习宣传贯彻党的十九大精神】 2017 年，区党工委印发《关于认真学习宣传贯彻党的十九大精神的通知》（绵仙工委发

〔2017〕4号），制定《仙海区党的十九大精神学习宣传贯彻落实工作方案》，成立学习宣传贯彻落实领导小组和3个工作小组。组建以党工委班子成员为主的宣讲团，以选派机关干部为村（社区）第一书记为主的宣讲队17支，组建“十九大精神在基层·身边好人好事”巡讲团1个。组织开展党的十九大精神学习宣讲42场次，参与学习达6000余人次。组织集中观看《辉煌中国》《还看今朝》《将改革进行到底》《复兴之路》等宣传片，开展“砥砺奋进的五年”主题宣传教育活动。在机关、学校、医院、社区、景区等处张贴悬挂十九大精神宣传横幅标语50余幅，印发张贴宣传海报200余份，制作《砥砺奋进的五年》宣传展板13幅，充分利用辖区内LED的功能，滚动播放十九大宣传标语，播放量不少于25%，截至12月22日，新闻宣传信息报道20条。以元旦、春节为重要节点，制定《仙海区贯彻十九大喜迎新春系列活动方案》。制定《仙海区党的十九大精神贯彻实施工作督查考核方案》。

【落实意识形态工作责任制】 2017年，区党工委围绕《中国共产党章程》、习近平总书记系列重要讲话精神、“两准则、四条例”等重要内容，加强对党员干部特别是党员领导干部的学习教育。以基层党建“3+2”书记项目为抓手，按照6个规范化办法，认真开展党支部“三会一课”、主题党日活动、民主生活会、组织生活会和民主评议党员。制定《仙海区贯彻落实党工委意识形态工作责任制实施办法》，明确党工委责任和“追责清单”，建立信息收集分析甄别反馈、定期分析研判和党工委意识形态工作情况报告等机制，全年意识形态领域无事故发生。

【党工委中心组学习】 2017年，区党工委印发《2017年仙海区党工委中心组学习暨会前学纪学法实施意见》，先后邀请国务院参事刘桓，中央党校政法部宪法与行政法教研室主任傅思明，北师大哲学博士郭继承，四川省委党校进修部党支部书记任春艳，市纪委副书记、监察局局长任斌等专家教授为区党工委领导及全区干部职工进行理论业务培训13次，区党工委委员、管委会主任办公会议先后7次组织会前学纪学法，学习《中国共产党问责条例》《关于新形势下党内政治生活的若干准则》《中国共产党党内监督条例》和《干部选拔任用条例》等一系列法律法规。

【培育和践行社会主义核心价值观】 2017年，区党工委加大对社会主义核心价值观、尊德守礼、“讲文明树新风”、“十大最美绵阳人”等宣传，做到全区机关单位、街道、社区、集贸市场、建筑围挡、窗口单位宣传全覆盖，并协调各单位的LED显示屏长期滚动播放公益广告宣传内容。按照市上“一园、一街、一校、一站、一所、一社区”的统一要求，选择清水湾、婚庆广场、景区商业街等点位作为示范点整合资源、重点打造，重点突出社会主义核心价值观宣传展示。挖掘先进人物，广泛组织推荐评选，涌现出陈建新、陈永玉、杜元秀、鲁珊珊等一大批先进人物，陈建新家庭获第一届绵阳市文明家庭称号，陈永玉获市十佳乡村教师称号，鲁珊珊获市美德少年称号，并组织各类先进代表到各单位、各村（社区）开展巡讲，引导、传承、弘扬社会正能量。将社会主义核心价值观纳入国民教育，在重要时间节点组织广大未成年人开展清明“网上祭英烈”“学习和争做美德少年”“童心向党”“向国旗敬礼”等教育活动9次。开展文明评选活动，仙海水利风景区荣获市文明景区称号，区党群工作部荣获市文明城市建设先进集体荣誉称号。

【保密管理】 2017年，全区为增强干部职工对做好当前保密工作重要性的认识，在区党工委暨管委会办公会议上，组织区党工委、管委会领导、部门负责人学习贯彻《中共中央关于加强和改进保密工作意见》和《中共绵阳市委关于加强和改进保密工作的实施意见》，同时在全区的中心组（扩大）学习会议室，向全体干部职工会议传达《中华人民共和国保守国家秘密法》及《国家机关工作人员保密守则》等相关法规和文件精神。重点加强对办公室档案管理、文件收发等涉密人员的保密教育，明确涉密人员对文件收发、登记、传递、归档、销毁等环节的职能职责。开展保密普查，对保密工作中的基础、重要、稳定的数据进行一次彻底清理清查；对各单位现有计算机、移动存储介质、办公自动化设备和涉密文件信息资料及内部文件档案进行全面清理、检查和登记，并建立日常保密工作台账，加强涉密载体和档案保密管理，确保工作期间不发生失泄密事件。

【机构节能工作】 2017年，仙海区以手机短信、QQ群、微信群为平台，向各部门（单位）、学校、医院分管领导和联络员发送节能公益信息，提高节能知识普及率。结合公共机构节能宣传周活动，围绕“节能有我绿色共享”主题，组织开展报告会、展览会、推介会、现场会、科普展等系列活动，开展群众喜闻乐见、形式多样、丰富多彩的日常节能宣传活动，引导干部职工自觉参与、主动践行能源资源节约。据全区年报数据统计，公共机构全年综合能耗119.69tce，比2016年下降28.12%。人均综合能耗为68.39kgce/人，比2016年下降28.04%。单位建筑面积能耗为2kgce/㎡，同比下降2.4%。完成全年节能目标任务。

【接待工作】 2017年，通过认真研究接待方法，加强改进，树立“接待无小事”的理念，主动了解、积极沟通，每次活动都能周全考虑，精心安排，从车辆、食宿、会谈等各方面提供了及时而优质的服务，保障了接待工作的有序进行。高质量完成了水禽湿地专家到区踏勘、省司法厅

到区调研、省环保专家到区检查等重大接待工作。（赵海州 马乙钺 陈相竹）

重要会议

【沉抗镇人大七届二次会议】 2017年2月28日，沉抗镇人大七届二次会议在龙源会议中心举行，共计106人。出席会议代表53人；列席人员53人（列席人员为不是镇人大代表的党工委、管委会领导，村（社区）书记、主任，部门负责人；辖区内游仙区人大代表；场镇单位负责人；部分企业负责人等）。会议听取审议通过了镇人民政府工作报告决议；镇人大主席团工作报告决议；财政预决算报告决议（书面）。

【沉抗镇人大七届三次会议】 2017年9月29日，沉抗镇人大七届三次会议在龙源会议中心举行，共计103人。出席会议代表53人；列席人员50人［列席人员为不是镇人大代表的村（社区）书记、主任、机关部门负责人，辖区内游仙区人大代表，场镇单位负责人］。会议组织代表视察了仙海区（镇）重点项目建设推进情况和听取了旅游产业发展情况的报告。

【仙海区第三季度经济运行分析会议】 2017年10月10日，仙海区第三季度经济运行分析会议召开，区党工委、管委会全体领导，区经科局、社发局、住建局、财政局、农业中心、景区中心等部门负责人参会。会上，区党工委委员、管委会副主任杨崇明就仙海三季度经济形势作全面分析，汇报了三季度经济工作情况。区党工委副书记、管委会主任魏魁传达“全省做好第四季度经济工作会议”及“全市做好第四季度经济工作会议”精神。会议要求，核心围绕项目建设，集中抓项目；继续抓好项目落地和项目投资工作；要把责任落实到相关部门，实事求是地完成各项目标任务。会议强调，要进一步明确目标任务，确保主要指标的完成；全区上下要围绕项目建设为中心；建立和完善“项目专员”责任制，切实为企业服务；在工作方法上要讲究主观能动性，要有主人翁意识；实事求是的完成各项目标任务。

【仙海区召开2017年一季度经济形势分析会】 5月22日上午，仙海区组织召开了2017年全区一季度经济形势分析会，参会单位有经科局、社发局、住建局、财政局、农业中心、景区中心等，会议由管委会副主任杨崇明主持，管委会主任魏魁出席会议并作重要讲话。

会上，经科局局长李林志就仙海区一季度经济形势作全面分析并根据市上下达的半年目标和仙海区经济工作存在的主要问题安排二季度的统计工作。住建局副局长梁好和财政局局长胥小林就各自涉及的经济目标工作汇报了完成目标的保障措施。

魏魁主任在会议上强调：一是进一步明确目标任务，确保主要指标的完成；二是认真研究经济结构和各构成部分间的关系，主要抓二产降低一产的占比；三是抓好我们工作的重点和薄弱环节，以提高三产增速的主要方向来抓招商引资；四是抓好项目和投资；五是落实责任到各部门，实事求是的完成各项任务。（漆远陈）

组织工作与党的建设

【概况】 2017年，仙海区党工委以实施基层党建“3+2”书记项目为契机，强力推进全面从严治党，推进“两学一做”学习教育常态化制度化，进一步落实党建责任，从严抓实思想教育、干部选任、作风改进、制度建设、人才培训等工作。为加快建设国家级旅游度假区和幸福美丽仙海提供坚强的组织保证。

至2017年年底，全区共有党的基层组织39个，其中镇党委1个、党总支1个、基层党支部37个。在37个基层党支部中，区直机关单位党支部8个，事业单位党支部9个，企业单位党支部4个，行政村党支部15个，居民社区党支部2个。全区共有党员1116名，其中预备党员16名，占党员总数的1.4%，女党员236名，占21.2%，农村党员780名，占69.9%，少数民族党员11名，占0.9%。

【学习宣传贯彻党的十九大和省第十一次党代会精神】 2017年，区党工委印发《关于认真学习宣传贯彻党的十九大精神的通知》（绵仙工委发〔2017〕4号），制定《仙海区党的十九大精神学习宣传贯彻落实工作方案》和《仙海区学习贯彻省第十一次党代会精神宣讲的工作方案》。成立学习宣传贯彻落实领导小组和3个工作小组，明确总体要求、工作职责、宣传重点、时间安排。制定工作督查考核方案，加强督促检查、落实考核，把学习贯彻落实党十九大和省十一次党代会精神贯穿整个目标考核过程中。组建以区党工委班子成员为主的宣讲团，以选派的机关干部为村（社区）第一书记为主的宣讲队17支，组建“十九大精神在基层·身边好人好事”巡讲团1个，当年开展学习宣传70余场，参与学习达6000余人次。集中组织各级干部观看《辉煌中国》《将改革进行到底》《复兴之路》等宣传片，开展“砥砺奋进的五年”主题宣传教育活动，组织专题学习讨论，开展党的十九大精神进“农民夜校”活动，把学习宣传贯彻落实党的十九大和省十一次党代会精神不断引向深入。

【领导班子和干部队伍建设】 2017年，区党工委领导班子始终把加强党的思想政治建设摆在首位，坚定执行党的路线方针政策，严格遵守政治纪律和政治规矩，坚决执行中央八项规定精神，认真贯彻落实中央和省市委的决策部署。紧紧围绕《中国共产党章程》、习近平总书记系列重要讲话精神，“两准则四条例”等重要内容，加强对党员干部特别是党员领导干部的学习教育。以个人学和集中学相结合的方式进行专题学习。组织党员干部抓好自学，撰写学习记录、读书笔记和学习心得，开展集中学习和专题讨论。全年组织召开区党工委会议专题研究党建工作5次，出台《仙海区党建工作实施意见》，规范村（社区）、机关党组织运行机制。建立区党工委班子成员党建工作联系制度，全覆盖辖区村（社区）和企事业单位。全覆盖开展领导干部谈心谈话，全年共开展谈心谈话47人次。落实党风廉政建设责任制，成立内审机构，出台《党风廉政建设和反腐败工作实施意见》，制定5个方面63项整改措施，梳理排查廉政风险点214个，处理各类人员12人次，其中谈话提醒4人、诫勉谈话5人、行政警告处分2人、党纪立案1件。按照市上民主生活会“六叫停”规范化办法的要求，认真开好党员领导干部民主生活会，严格落实领导干部双重组织生活制度、党支部“三会一课”、主题党日活动、组织生活会和民主评议党员工作，抓好党员干部队伍思想政治建设。

【党的基层组织建设】 2017年，区党工委按照全面从严治党要求，认真抓好基层组织党的建设各项工作。抓换届工作，选强配齐村（社区）“两委”班子。研判和民主测评村（社区）班子运行情况，及时约谈不认真履职的党组织负责人2名。换届调整党支部书记2名、支委委员16名，村委会主任5名，村委委员14名。把学历高、人年轻、责任心强的回乡青年充实到村（社区）班子中，进一步增强村（社区）班子的凝聚力和战斗力。发挥基层组织战斗堡垒作用。开展新一轮“三分类三升级”活动，整顿软弱涣散村党组织2个，推动基层党组织建设水平不断整体提升。继续实施机关部门联系村（社区）制度，把部门中党性强、业务能力强的副科级以上干部选派任村（社区）第一书记，选派15名机关党员干部担任重点社（组）的党建指导员，加强对基层党建工作指导。村（社区）办公经费及时足额到位。全区落实15个村、2个社区办公经费140万元，保障基层组织各项工作有序开展。进一步规范党群活动中心建设，按照规范化阵地建设要求，统筹资金近70万元，对全区党群活动中心进行规范化建设，对长河堰村等3个村级阵地进行提升改造。调动农村干部工作积极性。加大对村（社区）干部管理考核，制定和完善村（社区）干部考核制度，实行职数管理和绩效考核，把工资待遇与业绩挂钩，不断调动基层干部工作积极性。

【基层党建“3+2”书记项目】 2017年，全区按照市委部署，区党工委及时召开动员培训会，安排落实基层党建“3+2”书记项目。印发《关于实施基层党建“3+2”书记项目的意见》（绵仙工委发〔2017〕1号），分7个领域制定党支部规范化建设工作清单和考核办法；部署落实“绵州先锋·智慧党建云平台”管理运行工作，建立全区党组织机构和党员信息化档案1100余套，各党（总）支部适时更新党建新闻、基层动态等栏目；开展示范性引领工作，推选一批党员示范户、打造一批党建示范点、创建一批党建示范项目，以及申报通过6个书记领办项目；以落实村（居）民公约的考评和以党建带群团工作为抓手，推进教育引导群众工作扎实有效开展，基层治理能力不断加强；强化工作督查，成立由区党群工作部、目督办、监察局和有关联系村（社区）部门党员干部组成的“3+2”书记项目工作督查组，推动基层党建工作不断深入、不断强化。

【干部教育培训】 2017年，全区健全学习培训制度，科学制定干部培训计划，按规定落实教育培训经费。坚持党工委会议、主任办公会会前学习，组织中心组（扩大）学习13次，开展专题讨论4次，强化思想政治学习，提升政策理论水平。通过上挂、下派及外派到浙江大学等地培训干部240余人次，并对换届后村（社区）干部开展3天集中培训。开展对科级后备干部理论知识的考核和全体机关干部综合知识大学习、大考核，全面提升干部理论素质和业务能力。严格按照程序和标准做好发展党员工作，持续注重培养机关干部入党积极分子，把人年轻、有文化的青年农民吸收到组织中来，今年共发展党员16名，党员队伍结构得到不断改善。

【企业党建】 2017年，全区共有企业224个，其中国有企业2个，建立基层党组织1个；非公有制企业222个，纳入统计的12个，不纳入统计的（没有完整的组织架构和生产经营管理团队，员工不固定）210个，建立基层党组织3个。国有企业党组织按照基层党建规范化强基工程“四同步四融合两晒账”国企党建总体要求，党组织书记履行第一责任人职责，推动党建与企业发展“同频共振”。对纳入统计的12个非公有制企业选派机关党员干部落实党建工作指导。7月，新成立绵阳锦烁实业有限公司党支部，具备建立党组织条件的3个，均已全部单建党支部，非公有制企业党的建设落实“两个覆盖”。

▲“四同步、四融合、两晒账”：指党建和改革同步谋划、领导班子和党务干部同步配备、党的组织及机构同步设置、党的活动和企业发展同步开展；工作、力量、机构、发展深度融合；晒经济账、晒党建账。

（马乙铖）

宣传工作

【概况】 2017年，全区宣传工作利用单立柱广告牌、LED显示屏、宣传橱窗、建筑围挡等各类宣传阵地，开展专题宣传和先进典型选树活动，以“我们的中国梦”文化进万家、“绵州好家规”征集、“图说我们的价值观”公益广告作品征集、喜迎十九大笑脸征集等活动，着力培育和践行社会主义核心价值观。充分发挥“道德·法治”讲堂、“农民夜校”等载体作用，切实将中央、省委、市委、区党工委的重大决策部署，经济、城建、拆迁、民生、维护稳定等方面法律法规和相关政策宣讲到基层。组织开展食品安全、安全生产、“4·15”全民国家安全教育日、“爱国卫生运动65周年”、防范打击非法集资、打击网络通信犯罪、“安全用药月”“12·4”国家宪法日等主题宣传活动12次。

【“我们的中国梦”文化进万家】 2017年元旦，区文明办印发了《关于开展“我们的节日——元旦·春节”系列活动及第一次创建检查的通知》《关于组织开展关爱帮困志愿服务活动的通知》和《关于开展“我们的节日——春节·元宵”系列活动的通知》，全区共开展了“奋进新时代 描绘新风采”“放飞梦想 扬帆起航”等迎新春联欢会20余场次，通过民俗展示、体育健身、歌舞表演、灯谜灯会、书法棋艺、春节楹联评比等突出“我们的节日”的主题活动。开展“送温暖、献爱心”走访慰问活动，为群众送去文艺演出，并为困难群众、贫困党员、村（组）干部等发放慰问金和慰问品。积极参与“我们的节日——春节”文化创意作品比赛，区中心学校学生唐烁雅的木刻《苗寨》获学生作品一等奖，陈得志的中国画《水墨静物》和缪先儒的中国画《鸡》均获学生作品三等奖。

【“绵州好家规”征集】 2017年2月，区党群部、监察局、文明办联合组织开展“绵州好家规”征集活动，全区共征集到优秀家风家规10余条，主要有月台村黄氏家族家规、月台村黎氏祠堂等，要求子孙要谨记祖训家风，做到立志敬业、忠厚诚信、遵守立法、禁绝非为。

【“图说我们的价值观”公益广告作品征集】 2017年6月，区党群部、文明办组织开展“图说我们的价值观”公益广告作品征集活动，共征集到木刻画《中国梦》、纸板书法《核心价值观》、文昌年画《图说核心价值观》等作品14副。

【喜迎十九大群众笑脸征集】 2017年7月，区党群部为喜迎党的十九大，组织开展“喜迎十九大群众笑脸征集”活动，共征集到来自医院、机关、学校、社区的《一杯水的温暖》《我服务我快乐》《仙海骑行》《法律惠农的喜悦》等群众笑脸作品12幅。

【群众文化活动】 2017年，区党工委完成“村村响”工程，实现全区广播“村村响”、电视“户户通”、电影“月月看”，完成农村公益电影放映192场次，打造“乡村30分钟公共文化服务圈”。实施文化惠民工程，全区15个农家书屋、2个社区书屋、7个妇女儿童之家、综合文化站、文化广场、图书室、电子览室常年免费开放，全年接待3000余人前来借书、阅书、电子阅览，同时为区内17个村（社区）的农家书屋更新书籍2500余册。以“三文”（文化、文艺、文明）活动进社区为平台，大力组织开展群众活动，发动居民自编自演文艺节目19个，组织开展庆元旦迎新春、闹元宵、庆“三八”、端午节龙舟赛文艺演出、仙海诗会、“年年重阳胜春光 九九佳节敬老情”等活动27场次。（何 娅）

政务服务

【概况】 2017年，仙海区政务服务贯彻落实中央、省、市关于“放管服”改革精神，围绕党工委、管委会中心工作，加快建设服务型政府，提升政务服务质量和水平。召开仙海区建设服务型政府工作会，传达全市建设服务型政府工作会议精神，贯彻落实《绵阳市建设服务型政府行动方案》；成立以管委会主要领导为组长的建设服务型政府领导小组，统筹研究、解决服务型政府建设中的重大问题，领导小组办公室设在综合办公室，负责具体日常工作。推动建设服务型政府相关工作，制定考核问责机制，把建设服务型政府工作纳入全区绩效考核体系和重点督查事项，印发《2017年仙海区政务服务工作目标绩效考核细则》，明确责任主体、督查内容、结果运用，并适当加大考核权重，定期通报工作进展情况和成效。积极参加业务培训，组织各部门按时将应纳入平台的行政权力事项全部纳入平台运行，实现网上同步运行；按照《绵阳市人民政府办公室关于印发绵阳市建设服务型政府行动方案的通知》和《关于印发〈2017年绵阳市政务服务工作目标绩效考评细则〉的通知》等要求，及时报送总结材料；全面完成全年工作目标。

【管委会重大决议】 2017年，仙海区管委会制定《仙海区建设服务型政府工作方案》《仙海区关于全面推进政务公开工作的实施意见》《建设服务型政府工作督查机制（试行）》《建设服务型政府工作推进机制》《仙海区重点项目推进办法》和《仙海区“项目专员”全程协调服务代办机制》《联系服务群众中教育引导群众十七条举措》《招商引资政策汇编（修订）》《仙海区财政金融互动和支持企业融资政策》及《仙海区便民服务中心等窗口单位延时服务实施方案（试行）》等系列文件，对2017年度建设服务型政府工作作周密安排和具体部署。印发《2017年仙海区政务服务工作目标绩效考核细则》，适当加大考核权重，定期通报工作进展情况和成效。严格按照《仙海区书记、主任信箱办理流程》工作制度对信访件及时处理，切实维护好群众利益；规范网络舆情与网络理政工作，确保网络舆情与网络理政工作制度化和可持续化。

【构建高效政务服务体系】 2017年年初，完成区政务服务大厅选址规划设计，12月底主体工程建设基本完成。政务服务事项逐步在一体化平台上运行，实现服务事项标准化、服务指南标准化、受理审查标准化和服务流程标准化。积极参加业务培训，组织各部门按时将应纳入平台的行政权力事项全部纳入平台运行，实现网上同步运行；建立平台工作内部分工协作机制、开展平台日常巡查、按要求及时处置预警报警；开展日常督查、重点抽查、专项督查。一体化政务服务平台建成后，便民服务大厅继续发挥政务服务的窗口作用，进行现场身份认证和办件受理，承担网络平台宣传、咨询、培训等任务，积极引导群众、企业等服务对象正确使用网络服务平。

【服务流程优化】 2017 年，仙海区各相关部门对各自负责的行政审批和行政服务事项进行流程清理和优化，明确办理程序和办理时限并进行公示。对申报材料中的不必要和无法定依据的证明和盖章环节进行初步清理，并按新标准执行。综合办公室负责收集区级相关部门行政审批和行政服务事项的名称、适用范围、具体要求，已编制政务服务指南。有行政审批、行政服务事项的部门和单位，整合资源及相关事项，各部门已上墙并执行。

【政务服务延时服务】 2017 年 12 月 1 日起，仙海区便民服务中心、社保大厅、公安分局有关业务窗口实行每周六（法定节假日除外）9：00—17：00 提供可受理的延时服务和预约服务。全区将延时服务情况纳入日常考核内容，对执行不力和服务质量下降的，进行问责。

【“项目专员”代办制】 2017 年。仙海区本着“一切为项目服务，一切为企业服务”的要求，在代办服务过程中，凡与仙海区正式签订投资协议和已经落地的项目，区管委会委派“项目专员”代办与行政审批相关事项。“项目专员”所代办事项除法律、法规明确规定必须由代办单位缴纳的费用外，一律实行无偿代办服务。“项目专员”在依法合规、不损害公共利益和代办单位合法权益的前提下，为代办单位提供优质、高效的代办服务。依托区级领导、区级各职能部门、各村（社区）三级服务体系，逐步建立分工协作、上下互动、全面覆盖的代办网络。

▲“项目专员”代办制：指“项目专员”以无偿代办的形式，负责对项目单位依法全程协助申办人（企业和项目业主）办理其所申办的行政审批事项的一种工作制度。

【群众村（社区）党员干部代理制】 2017 年，仙海区根据群众自愿、公开高效、无偿服务原则对区（镇）、村（社区）群众需要办理的事项实行党员干部代理。通过发放“民情联络卡”“干部联系卡”等方式，让群众知晓代理范围及程序，为群众提供便捷的综合服务；制定并公示《群众事务党员干部代理项目表》，建立健全党员干部代理职责，变被动服务为主动服务，确保代理工作规范、有效运行。

【建立政务信息公开长效工作机制】 2017年，仙海区根据实际需要，进一步完善政务信息公开、保密审查、政务公开备案、评议考评等等一系列制度，确保政府信息公开工作的制度化和可持续化。对主动公开的政府信息，按照“谁制作、谁公开”“谁公开、谁审查”“谁审查、谁负责”的要求，坚持“先审查后公开”和“一事一审”的原则，由各政务公开成员单位制作、更新后，由政务公开成员单位负责人、管委会分管领导审核签字后，统一交由区综合办公室在仙海区信息公开网站上公开发布。对维护稳定、政法、信访、民族宗教、国家安全、公共安全、经济安全等涉密信息进行严格控制。

【信息公开平台建设】 2017年，仙海区加强仙海门户网站建设，制定《网络安全应急预案》《网络安全（管理制度）》《网络意识形态工作责任实施办法》，同时将仙海网站与市政务网衔接，落实安全技防措施，建立和落实重点部位的保密制度。依托门户网站，进行政府信息公开，在仙海门户网站上衔接领导和部门信箱。网站公布工作动态884条，其中：概况信息7条，计划总结信息2条，规范性文件信息19条，工作动态信息624条，人事信息2条，财政信息20条，行政执法类信息30条，其他事项信息180条。依托便民服务中心，实行政府信息公开。把便民服务中心作为政府信息公开重要载体和窗口，规范窗口设置，简化办事程序，优化操作流程，增加了LED电子显示屏，对行政审批项目、办事流程、办事标准和办事依据进行公开，窗口工作人员以桌牌的形式公开姓名、职责、联系电话、服务承诺等，使服务对象更加明确，服务质量更有保证。拓展政务公开平台。通过悬挂宣传标语、发放政务公开宣传单、设置宣传图版、现场政策咨询等，营造良好的政府信息公开氛围，同时搭建政民互动平台，为群众解决实际问题。

【政务公开体系建设】 2017年，仙海区贯彻落实《政府信息公开条例》，按照公开为原则、不公开为例外的要求，加大政务公开工作力度，利用仙海政务门户网站等政务公开载体，围绕涉及群众切身利益的热点问题，社会关注的难点问题，以及人、财、物管理等容易滋生腐败的重点部位，抓住决策、执行、结果等权力运行的主要环节，公开行政权力运行的全过程。规范政府信息公开目录分类体系和公开流程，促进公开的规范统一。（李　强）

全面深化改革

【概况】 2017年，仙海区出台《仙海区党工委全面深化改革领导小组2017年工作要点》及工作台账，明确改革方向、工作重点和改革任务，全年安排重点改革任务9大类49项；对接市委改革办《县市区（园区）2017年专项改革方案对接任务目录》9类16项，改革任务覆盖全区所有行业和领域。

【经济体制改革】 2017年，仙海区继续按照创建国家级旅游度假区标准，全面整合旅游资源，聘请北京慧谷公司作为国家级旅游度假区创建策划指导单位。顺利通过省标评委专家组对仙海创建国家级旅游度假区工作的技术评估，被纳入省旅发委、市旅游局“十三五”期间重点指导创建单位；出台《仙海区关于开展旅游市场综合监管的通知》开展旅游市场综合监管，制定《共享单车管理办法》，加强对观光车、自行车的监管，及时协调处理旅游投诉，旅游市场秩序进一步规范；与绵阳师范学院旅游发展与规划中心合作，开展地方历史文化和水文化资源挖掘及旅游产品转化策划工作，成果即将完成；构建集团公司体系，实现资产的有效聚集、有效配置和资本的放大功能。

【生态文明体制改革】 2017年，仙海区继续实施污水处理厂和仙海湖水质监测站、垃圾压缩中转站、“引沉济芙”工程等一批环保项目，实现“不让一滴污水流入仙海湖”的承诺。强力推进环保“三同时”制度，坚决杜绝污染项目进区，开展夏、秋两季秸秆禁烧和综合利用，做好大气、水、土壤污染管理，强化对涉及污染企业的检查，深化扬尘污染治理、环境卫生监管、农村生活垃圾治理，全区建成垃圾房107个、垃圾中转站1个，垃圾收集转运覆盖率达到100%。在省环保督察中，仙海区是全市唯一实现现场点位零问题的地区，在中央环保督查组为期一个月的环保督察中，仙海区是全市唯一实现零信访的地区，“绿水青山就是金山银山”的发展理念在仙海深入人心。

【农业农村综合改革】 2017年，全区开展农村集体产权制度改革试点，推进徐家桥至七曲示范片的幸福美丽新村建设，争取河湖连通工程，该项目已进入国家重点项目库。出台《农村土坯房（危房）改造暂行办法》，财政按每户1.6万元~2万元的标准补助，同时，给予特贫困户贴息50%贷款3年。以水利、交通为重点，全面推进农村基础设施建设，补助资金500万元，建设社道16.5千米，硬化渠系12.3千米，新建提灌站4座、维修5座，新建桥梁2座。完成现代农业产业园总体规划，积极争取省级现代农业产业园建设项目。加强专业合作社建设，支持铜瓦枇杷专业合作社申报省级专业合作社，已经省委农办审批通过，等待授牌，2017年，全区有水果、核桃等专业合作社8个。财政补助资金850万元，鼓励支持“萄源仙谷”“绿博花都”等农业产业企业发展。实施“互联网+农业”工程，指导3家农业企业开展电商应用，“互联网+农业”覆盖率达到75%。

【教育卫生体制改革】 2017年，全区全面完成省市民生工程目标任务，落实困难家庭临时救济、城乡医疗救助等政策，抓实新型农村合作医疗，家庭医生签约服务1.3万人。强化企业退休人员社会化管理服务，整合城乡居民医疗保险，全面完成全民参保登记。强化农民工工资监管，为约200名农民工收回工资200余万元，切实维护农民工合法权益，构建和谐劳动关系。举办企业招聘会，开展职业技能培训，提升务工人员劳动技能。开发公益性岗位60个，实现新增就业岗位341人，城镇失业人员实现再就业88人，城镇登记失业率3.46%。持续开展乡村少年宫活动，全面实施素质教育，推进义务教育均衡发展。发展学前教育，审批确定3所民办普惠性幼儿园。争取游仙区第四人民医院门诊住院综合楼项目，完成项目前期所有工作。加强医疗联合体建设，与绵阳市中心医院等医疗机构合作，提升医疗能力，提高家庭医生签约服务质量。强化食品药品监管，创新开展“互联网+明厨亮灶”，明厨亮灶完成率达66.7%。强化特种设备监督管理，全面开展质量强区，质监工作水平提升。指导开展社区文化体育活动，开放学校体育场馆，建设健康步道和健康一条街，更新农家书屋书籍2400余册，农村公益电影放映192场次。严格落实安全生产责任制，实现安全生产零事故。实行领导干部大接访、大下访活动，做好“两会”“十九大”等重要敏感时期的信访维稳工作，实现全年零进京、零到省、零到市重复集访的“三无”工作目标。

【服务型政府建设】 2017年，仙海区加强便民服务中心管理，出台《建设服务型政府工作方案》《窗口单位延时服务实施方案》，清理规范村（社区）证明事项。加大政务公开力度，主动公开重大项目、民生工作、公共财政等政府信息。扎实做好网络理政，处理网络信箱信件27件、回复率100%。积极对接市“12345”政务服务热线，切实为百姓办实事、办好事。编制《法治宣传教育第七个五年规划（2016—2020年）》，全面推进法治仙海建设。启动“七五普法”，稳步推进科技城法治示范区创建，深入开展“法律七进”活动，规范建设村（社区）公共法律服务工作室，不断加强社区矫正、法律援助等工作力度，政府依法行政水平进一步提升。自觉接受人大法律监督、政协民主监督，认真办理人大代表建议、政协委员提案，共办结建议、提案11件，办结率、满意率逐年提高。（蒋　超）

应急管理

【概况】 2017年，仙海区贯彻落实《中华人民共和国突发事件应对法》《绵阳市人民政府突发公共事件总体应急预案》等各项部署，加强组织领导，完善应急预案体系，健全应急管理体制机制，积极做好各项监测预警和防范应对。强化突发事件的预防工作，强化信息报送工作，建立风险隐患排查责任制，定期组织力量开展风险隐患排查工作，层层落实责任制。全面提升应急管理能力和水平，为加快建设与转型发挥应有的作用，落实执行仙海区党工委、管委会的决策部署，为创建国家级旅游度假区和维护社会稳定奠定扎实的基础。全年汇编总体应急预案1项、专项应急预案32项。做到上下贯通、左右衔接、互联互通、信息共享、互为支撑、联动处置。畅通信息渠道，与市公安、消防、防汛、气象等部门加强信息共享，突发事件信息报送规范、及时。加强宣传，全年共举办应急宣传5场次，印发应急知识宣传资料5000份。注重应急准备工作，全年开展防灾救灾演练3次，参演达1000余人。补充完善储备站应急物资，落实24小时应急值班和巡查制度，全年未发生重特大安全事故。

【应急预案管理和修订】 2017年2月，仙海区编制出台《绵阳仙海区突发公共事件总体应急预案汇编》，针对已制定的社会安全、自然灾害、防洪度汛等32个专项预案进行修订完善，提高预案的适应能力。《仙海区突发事件总体应急预案》及区级各部门专项应急预案修订完善工作，进一步明确应急处置职责，规范应急处置流程，强化应急处置措施。全面开展重大风险排查，编制应急预案，明确目标、任务、责任、落实防范化解措施、时限。开展汛期地质、洪涝灾害，春秋季节疫情、重大节假日，特殊敏感时期安全信访稳定等突发事件的会商研判，加强监测预警预报，互通趋势情况，提前做好防范工作。

【落实应急值班制度】 2017年，全区实行科学应急处置，按照“分类管理、分级负责、属地为主”的原则，快速、安全、高效处置各类突发事件，健全完善处置情况全程跟踪机制，及时报告处置动态信息。抓好领导批示、指示、精神的贯彻执行，按规定反馈落实情况，做好领导赶赴现场指挥处置的协调服务工作，有效发挥参谋助手作用。严格执行机关24小时值班和领导带班制度，在重要防汛期间实行多人值班制度确保到岗到位，履职尽责，开展值班工作电话抽查和现场督查，严格落实检查情况通报制度，加快推进专业化值班建设，落实值班要素保障，满足值班工作需要。

【应急演练】 2017年，仙海区坚持“群策群防”“主动避让”，严格落实动态巡查、排查、值班等制度，扎实开展巡查、排查工作，全力做好监测预警、临灾避险，全年累计巡查20余次，其中组织森林火灾隐患大检查10次，组织各村社、区内各企事业单位安全生产培训12次、消防培训4次、防震减灾培训2次、水上交通名安全培训4次，其中包括2次水上安全突发事件应急演练：5月17日成功组织的水上交通船舶失火救助应急演练和6月28日组织的水上船舶碰撞人员落水救助演练。11 月 20 日，参加由省森林防火指挥部组织专业森林扑火队员到仙海开展森林防火技能演练。

【应急物资保障】 2017 年，全区开展应急物资储备现状普查，摸清储备分布和底数，补充完善储备种类和数量，满足应急所需。与区内多家超市、五金店、应急物资相关单位等签订协议建立健全应急物资和资源储备数据库，完善体制机制，提高紧急快速调集调配和配送能力。

【应急监测预警】 2017 年年初，区级各部门针对各种可能发生的突发公共事件，完善监测预测的机制，建立预测预警系统，并且加强对隐患的排查和监测，开展风险分析，做到早发现、早报告、早处置，并按规定渠道、时限、程序及时向上级有关部门报告。区应急办依托管委会值班室设立区突发公共事件接警中心，负责全区突发公共事件的接警工作。统一设置全区接警电话：2760111，并充分利用公安“110”、消防“119”、卫生急救“120”、交警“122”、市长公开电话“12345”等现有报警资源，实行联动报警。并且每天夜间保持比低于 5 人巡逻队员对全区地质灾害易发点、容易发生火灾的重点区域等进行巡查实行人工预警，严格落实动态巡查、排查、值班等制度，扎实开展巡查、排查工作，全力做好监测预警、临灾避险，全年累计巡查 120 余次，其中组织森林火灾隐患大检查 20 次，对发现的火灾隐患及时组织整改，做到防患于未然，有效地保证区域老百姓的生命财产安全。（赵　跃）

档案管理

【概况】 仙海区实行区镇合一体制，保留沉抗镇建制，设仙海区党工委、管委会，2017 年，有工作部门 14 个。综合办代行档案行政管理职能，下设综合档案室，对全区档案工作实行统一管理。自园区建立以来，党工委管委会高度重视档案工作，把档案工作作为推动园区各项工作的一项重要基础工作来抓。落实有分管领导和主管部门，对园区各部门档案实行集中统一管理。2014 年，党工委管委会综合档案室晋升四川省档案工作规范化管理一级档案室，园区档案工作为推进园区经济社会发展发挥重要支撑保障作用。2017 年年初，全区实施《四川省产业园区档案管理办法（试行）》，综合办进一步加强档案工作基础，确保各类文件材料形成制作规范，收集归档齐全完整，管理更加安全高效。并对乡镇、驻园企业、事业单位（学校，医院）档案工作及重点项目、重大活动档案工作进行了进一步安排部署，确保按照新的《办法》和《标准》继续保持四川省档案工作规范化管理一级标准水平。

【经济科技和民生档案】 2017 年，仙海区加强园区 14 个部门机关档案工作的规范化管理，制定机关档案工作各项制度办法，把档案工作纳入年度工作目标考核，要求各部门文件材料归档实行部门立卷制，每年6月底前完成档案移交工作。综合办对各部门文件材料归档执行情况按照规范、标准要求进行指导督促检查。

【数字档案馆建设】 2017年，全区将档案信息化工作纳入整个园区信息化规划。对管委会成立之初至的所有档案进行电子化著录，室藏档案已全文数字化，增量档案全文数字化。办公管理向数字化迈进，建立OA办公平台，园区领导及各部门在网上处理文件，节约人力物力。依托政务外网和内网，仙海区将部署办公和档案一体化系统，逐步开展原生电子文件的归档与接收，建成以档案目录数据库、全文数据库为主要内容的园区数字档案室，实现园区电子文件与数字档案的规范化管理和档案信息资源共建共享。

【档案文化建设】 2017年，全区把档案工作列入园区建设和发展规划，与机关其他工作同部署，同组织，同考核。成立由区党工委分管领导任组长，综合办负责人任副组长，区级各部门办公室负责人为成员的档案管理工作领导小组，明确由区综合办具体承办档案管理工作，形成分管领导亲自抓、综合办公室具体抓、各部门办公室协助抓的档案管理格局，确保档案工作与园区建设同步发展。全区从组织、人员、经费、制度上对档案工作进行进一步完善，要求园区各部门深化认识、转变观念、改进作风、创新方式。结合全区实际，办公室联合各部门制定详尽的贯彻实施方案，扎实做好各项基础工作。创新档案工作指导模式，运用现代化手段开展业务指导，并将业务指导与平时检查相结合，制定培训计划。结合年终归档文件检查、档案业务基础建设检查、了解各部门档案工作薄弱环节，针对有共性的问题，邀请专家进行集中培训指导和现场指导，使园区各方面档案工作逐步走上规范化道路。 （蒲　玮）

情人橋

人民团体

People´s Organization

※ 区总工会

District Federation of Labor Unions

※ 共青团仙海区工委

Xianhai District Work Committee of the Communist Youth League

※ 区妇女联合会

District Women´s Federation

区总工会

【概况】 2017年，区总工会下属基层工会组织47个，涵盖法人企业（单位）55家，工会会员4581人，职工入会率达98.8%。2017年度区总工会获市总工会年度考核一等奖，绵阳市工会维权工作先进单位，绵阳市工会信息工作先进单位称号。

【困难职工帮扶】 2017年，区总工会开展春节送温暖、医疗救助、生活救助等活动，按照600元至2000元的标准为83名符合条件的建档困难职工发放各类帮扶资金7.67万元。开展金秋助学及助学延伸行动3次，按照200元至4000元的标准资助学生93人，发放帮扶资金11.06万元。开展女职工关爱活动，为机关、学校、医院患病女职工发放帮扶资金0.3万元。为24名城镇职工提供再就业服务，完成率为120%；在机关、派出所、中心学校等基层工会开展互助保险活动，为291名工会职工购买住院互助保险；为5名创业人员发放专项帮扶资金1.5万元。

【民主管理制度改革】 2017年，区总工会制定《创新企事业单位民主管理制度改革、完善创新厂务公开民主管理及工资集体协商工作方案》，全面实施工资集体协商提质增效2014—2017年工作规划，推行区域（行业）工资集体协商，开展工资集体协商职工满意度测评，切实提高工资专项集体合同的实效性和履约率。

【创先争优活动】 2017年，区总工会在全区各领域广泛开展创先争优系列活，先后评选出区级“五好家庭”22户，“好婆婆·好媳妇妇”19名。仙海人民医院医外科、海棠社区、雷耀酒店等5家基层工会获得市“五一工人先锋号”“四有四增强”示范点、“市职工之家”等称号，文东、郑兵、钱慧获得市总工会优秀调解员和法律工作者、劳动和技能竞赛先进个人称号。

【工会会员登记及普惠制活动】 2017年，成立普惠工作领导小组，配备专门工作人员做好会员采集及普惠工作，完成47个工会组织和4581名会员实名登记录入等相关工作。利用机关、企业、村（社区）工作会议宣传工会会员实名登记及普惠制相关信息及要求，做到辖区基层工会宣传全覆盖。推荐萄源仙谷、雷耀酒店、龙源会议中心3家基层工会加入全市普惠制活动加盟商，提供相关优惠项目，超额完成市总下达的目标任务数。完成409张会员卡制卡工作、发放等工作。

【维权法律法规普及】 2017年，区总工会组织开展法律专题讲座2次。组织机关、学校、医院、投资公司、雷耀等9家企事业单位，开展女职工权益保护法规竞赛活动。

组织开展妇女维权宣传活动，发放《中华人民共和国妇女权益保障法》《中华人民共和国反家庭暴力法》《中华人民共和国食品药品安全法》等法律宣传资料800余份。

【开展工会文体活动】 2017年，区总工会组织各村（社区）开展“树巾帼形象、展仙海风采”庆“三八”国际劳动妇女节广场舞比赛。在“五一”前后，组织开展以“大美仙海劳动光荣”为主题的趣味运动会和职工文艺演出活动，全区20多个基层工会近400名职工参与。在基层工会组织开展“锦烁·起航之夜”文艺晚会。组织开展仙海区首届诗词大会，并推荐10名称选手参加全市诗词大会比赛，获得优秀组织奖。成立书画、普通话（朗读）、歌舞等职工兴趣爱好小组11个，涵盖区机关工会、中心学校、人民医院、雷耀酒店等8家基层工会的230名职工。 （李蓉 李晶）

共青团仙海区工委

【概况】 2003年，仙海区设立仙海区团工委。2017年，仙海区团工委坚持党建带团建，以改革创新精神推动自身建设。依照法律和《中国共产主义青年团章程》，加强组织建设，提高建团率、扩大覆盖面、增强示范性、推进规范化。截至年底，共青团区工委直属团委3个（其中镇团委1个、学校团委1个、医院团委1个），团支部7个，团员92名。

【青少年思想教育活动】 2017年，仙海区团工委坚持用社会主义核心价值观体系教育引导青少年，深入研究青少年群体的新变化、新特征，不断创新青少年思想道德建设的方式和手段，广泛开展主题团日等学习活动，组织广大青年深入学习习近平新时代中国特色社会主义思想。组织团员青年学习中共十九大精神、习近平到川视察讲话，通过开展“举团旗、学团章、过团日”、书记讲团课等主题活动，对团员青年、少年儿童进行党史、团史教育和爱国主义、集体主义、社会主义教育。

【青年志愿者行动】 2017年，仙海区团工委以“参与志愿服务，建设和谐社会”为主题，进一步深化青年志愿者行动。依托区文明办设青年志愿者服务大队1个；青年志愿服务站1个。同时，在景区建立1个固定青年学雷锋志愿服务点，在窗口行业单位设立1个青年学雷锋志愿服务窗口。建立未成年人心理成长指导中心，积极推进未成年人心理健康教育，2017年组织未成年人心理健康专教、德育专干开展未成年心理健康教育、心理咨询、“护航青春”等业务培训6次。2017年，举办铁人三项比赛、端午龙舟赛等活动，成功组织100余名青年志愿者为活动提供安保服务，保证活动的顺利开展。

【开展青春建功行动】 2017年，仙海区团工委以服务党政工作大局为切入点和着力点，团结带领广大青年为推动仙海又好又快发展建功立业。联系区劳动保障服务中心，结合仙海实际，依托绵阳财经学校、绵阳旅游学校和绵阳微波电子商务学校培训基地，开展下岗青年职工和返乡青年农民工就业培训，引导广大农村青年学科技、用科技，依靠科技致富；大力开展“绿色青春、绿色仙海”的环保行动，联合区农业服务中心组织50余名青年在全区开展植树造林行动。

【服务青少年成长成才工作】 2017年，仙海区团工委不断丰富服务载体，创新服务手段，竭诚为青少年全面发展提供广阔舞台。举办庆祝“五四”青年节大会和“一二·九”庆祝晚会，评选仙海区优秀团员、团干等先进青年典型，激发广大青年奋发成才、创先争优的良好风气。暑假期间，组织全区35名留守儿童开展与父母团聚活动；8月，资助2名贫困学子圆梦大学；春节慰问17名留守儿童。（李瑶瑶）

区妇女联合会

【概况】 2017年，仙海区妇联以深化基层妇联组织改革为重点，进一步加强女性素质培养，提升女性发展空间，拓宽妇女工作思路，提升法治理念维护妇女儿童权益，真情服务妇女儿童，办好民生实事。

【仙海区妇女第一次代表大会召开】 2017年12月25日，仙海区妇女第一次代表大会和区妇联第一届执委会第一次全体会议召开，来自全区各行各业的91名妇女代表参加了会议。市妇联党组书记、主席刘春涛，区党工委书记代宏出席开幕式并讲话。区党工委委员、党群部部长董文彦出席并致辞。会议选举产生妇联执委27名，常委11名，其中主席1名、副主

12月25日，仙海区妇女第一次代表大会召开

席4名。经选举，周静当选为区妇联主席，陈相竹、李晶、张慧星、杨清当选为区妇联副主席。

【开展妇女培训和就业】 2017年，仙海区妇联依托职业培训学校、妇儿之家等阵地，举办电子商务、家政、烹饪等妇女创业就业培训班17期，培训妇女500余人次。与区劳保中心联合举办“春风送岗位”现场招聘会，组织127家市内大中型企业进场招聘，提供就业岗位5000余个，发放各类宣传资料1.2万余份，帮助417名妇女实现就业。

【女干部素质提升】 2017年，仙海区妇联加强女干部综合能力教育培训，组织女干部参加省、市、区举办的各类专题培训班。多渠道、多形式、多方面为辖区女企业家提供各种学习交流机会，不断提高女企业家创新创业能力。强化“互联网+妇联”工作思路，积极推进“精彩人生女性终身学习计划”，大力推广“女性享学吧”门户网站和手机APP，不定期组织收看“女性之声”网站线上直播和微信群学习讨论分享。展现仙海区女性积极、乐观、文明、向上的精神风貌。

【妇幼合法权益维护】 2017年，仙海区妇联联合区司法所建立法律援助中心妇女维权工作站，解答妇女维权方面的法律咨询70余人次、解决家庭纠纷30余次。“三八”妇女节、“6·26”禁毒日、“11·25”反家暴日和“12·4”法制宣传日等开展普法宣传和妇女维权服务。全年举行普法宣传活动10余场，发放各种宣传资料近3000余份。

【困难妇女儿童帮扶救助】 2017年，仙海区妇联开展春节温暖慰问活动，慰问特殊困难儿童3人，发放慰问金1200元。开展女职工特殊关爱行动，慰问特殊困难女职工3人，发放慰问金3000元。广泛宣传辖区16周岁至60周岁妇女自愿参加女性安康保险，分散和化解妇女因病、因意外致贫的风险。

【家庭建设】 2017年，仙海区妇联利用宣传栏、LED显示屏等宣传阵地，深入宣传社会主义核心价值观，运用微信公众号、校讯通、家长QQ群等新兴媒体及时沟通家庭教育中的问题，分享家庭教育先进经验。“三八”妇女节活动周期间，举办全区家风家训知识讲座。4月26日，邀请市家庭教育促进会到区开展家庭教育工作调研，指导辖区各学校、社区建设好线上线下家庭教育学校（指导站）。10月8日至11日，在仙海区中心学校举办10场“科学家教进万家”系列讲座，受到家长和学生们的好评和欢迎。积极开展“向幸福出发——寻找最美家庭”“五好家庭”评选等各类活动，全年成功推荐市级“最美家庭”2户、市级“五好”家庭1

户。文敏、何娅、舒晓英、米国清、冯长兴、杨清分别获得市妇联“三八红旗手”“五好家庭”最美家庭等称号。组织幼儿园、小学、社区家长学校负责人、教师和社会组织家庭教育工作骨干参加绵阳市妇联第二期“幸福使者·母亲课堂”骨干讲师培训班，并荣获团队成果展示一等奖。

（周　静）

纪检监察·法治

Discipline Inspection and Supervision and Rule of Law

※ 纪检监察

Discipline Inspection and Supervision

※ 公安

Public Security

※ 司法行政

Judicial Administration

纪检监察

【概况】 2011年1月14日，《中共绵阳市委办公室、绵阳市人民政府办公室关于转发〈市委编委市纪委市监察局关于市人民政府机构改革部门纪检监察机构设置编制配备的意见〉的通知》（绵委办发〔2011〕1号），明确园区新增派出监察室。2015年6月24日，《中共绵阳市委机构编制委员会办公室关于同意绵阳市监察局派出市仙海水利风景区监察室更名的批复》（绵编办发〔2015〕14号），同意将绵阳市监察局派出市仙海水利风景区监察室更名为绵阳市监察局派出市仙海水利风景区监察局。更名后，其他机构编制事项维持不变；12月28日，《中共绵阳市仙海水利风景区工作委员会、绵阳市仙海水利风景区管理委员会关于区级机关内设机构及其职能职责调整的通知》（绵仙工委发〔2015〕10号），明确监察局与区纪工委合署办公，明确具体职能职责。2016年6月，全部人员到位履职，监察局正式行使职能职权。

2017年，仙海区印发《2017年党风廉政建设和反腐败工作的意见》，健全主体责任落实体系。建立政风行风评议长效机制，聘请新一届政风行风监督员。严肃查处违法违纪行为，全年立案3起。

【党风廉政建设述责述廉会】 2017年1月11日，仙海区召开2016年度党风廉政建设述责述廉会，区党工委委员、纪工委书记何家松参会并讲话。会上，区综合办、经科局、社发局、农业中心等部门负责人分别从履行党风廉政建设职责、纪律作风建设、廉洁从政（业）、部门存在的廉政风险点及履行主体责任、其他需要报告的情况等方面现场进行述责述廉，11名其他区级机关部门负责人进行书面述责述廉，并采取无记名方式对述责述廉对象进行民主测评。

【传达学习贯彻市纪委七届二次全会精神会议】 2017年2月，仙海区召开学习贯彻市纪委七届二次全会精神工作会。会上，区党工委委员、纪工委书记何家松组织学习中纪委十八届七次全会、省纪委十届六次全会、市纪委七届二次全会有关内容，通报2016年全市纪检监察机关立案查处情况和市委第二巡察组及市审计局审计组移交线索和反馈意见核查办理情况。会议要求，要继续做好党风廉政建设和反腐败工作，要强化日常管理，通过批评教育、谈话提醒、组织处理、纪律处分、职务调整等方式，抓早抓小、防微杜渐，继续在常和长、严和实、深和细上下功夫，坚持无禁区、全覆盖、零容忍，努力为仙海经济社会快速发展保驾护航。

【政风行风评议会议】 2017年9月21日，仙海区召开政风行风评议会，区党工委委员、纪工委书记何家松参会并作要求，副调研员、监察局局长李志斌主持会议，镇人大主席团成员和政风行风监督员30余人参加会议。会上，区城管分局和人民医院负责人汇报了上半年工作作风整改情况，参会人员对其工作作风整改情况进行评议。会议要求，要根据评议意见认真梳理，围绕如何进一步树立执法人员良好形象，如何提升医务人员服务态度和医技水平细化整改方案并落实到位，切实服务好人民群众。

【党风廉政建设】 2017年，区党工委、管委会研究党风廉政建设和反腐倡廉工作11次。区纪工委印发《2017年党风廉政建设和反腐败工作的意见》，细化《仙海区2017年党风廉政建设和反腐败工作重要任务分工》，具体为5大项26个小项，明确责任领导、牵头单位和协办单位。区党工委书记与党政领导班子其他成员、部门负责人、各村（居）委会书记签订党风廉政建设责任书39份，形成了任务明晰、责任到人的主体责任落实体系。

【“四风”违纪查处】 2017年，区纪工委把落实中央八项规定精神和省委“十项规定”，市委、市政府“七项规定”作为严肃的政治问题，驰而不息纠正“四风”。对元旦、春节、“五一”、中秋、国庆等重要节点加强明察暗访。开展违规公款购买消费白酒问题集中排查整治，未发现违规购买消费白酒的问题，对其他接待中存在的酒水费用进行清退处理。建立政风行风评议长效机制，聘请新一届政风行风监督员16名，对区人民医院和城管分局进行民主评议，收集政风行风方面的评议意见20条，逐一进行整改落实。开展作风纪律巡察6次，每月公示各部门工作开展情况，每月通报重点项目进度，有效治理机关“庸、懒、散、浮、拖”等问题。

【整治群众身边不正之风和腐败问题】 2017年6—9月，开展整治群众身边不正之风和腐败问题专项工作，建立问题线索定期排查分析机制，形成“微腐败”线索问题台账和整改台账，共排查问题线索8条。开展廉政风险岗位抽查审计工作，梳理排查廉政风险点214个，制定预防措施79条，党员干部做出廉政承诺98份。开展村级工程建设“一事一议”财政奖补项目专项监督，形成调研成果，制定出台相关制度规范，从源头防止权力滥用。严肃整治征地拆迁中损害群众利益行为，召集拆迁办等相关工作人员开展专题警示教育，制定拆迁工作纪律规定，保障全区拆迁任务顺序推进。

【廉政教育宣传】 2017年，区纪工委切实加强廉政文化宣传力度，依托区政务网站、政务公开栏、电子屏等宣传阵地，传播党纪政纪法规知识和廉政警句。坚持领导干部上廉政党课制度，邀请市纪委副书记、监察局局长任斌作“坚决推进全面从严治党，巩固发展良好政治生态”专题辅导，开展“把纪律和规矩挺在前面推动全面从严治党要求落到实处”等党课。结合“纪律教育学习月”活动，组织观看警示教育片，编印《“六大纪律”负面清单》《村（居）“四职”干部廉洁履行职责规范》1000余册，组织全体党员干部进行党章党纪知识测试。

【巡察审计后的整改工作】 2017年，针对巡察组和审计组反馈问题，区党工委、管委会切实履行从严管党治党政治责任，召开4次专题会议研究整改方案、明确整改责任，制定5个方面63项整改措施，限期整改到位，处理各类人员12人次，其中谈话提醒4人，诫勉谈话5人、行政警告处分2人、党纪立案1件。

【监督执纪工作】 2017年，区纪工委坚持抓早抓小、动辄则咎，扩大谈话、函询、诫勉范围，让有反映的干部讲清问题，认识错误，及时纠正。年内，对5名同志进行谈话诫勉，共核查问题线索61件，其中，核查并书面回复市委第二巡察组移交的问题线索44件，初核信访线索6件，其他问题线索11件。坚持有案必查、应查尽查，不压案、不瞒案，全年立案3起，给予党纪处分1人，立案数较2016年增长50%。（车　静）

公　安

【概况】 2017年4月11日，绵阳市公安局仙海分局正式挂牌成立；仙海分局现有民警12人，辅警26人，其中男民警10人，女民警2人，党员8人，苗族1人；分局运行指挥中心，下设沉抗派出所。按照“3队1室”警务模式运行（社区警务队、巡逻防控队、案件办理队、综合内勤室）；2017年接处警总数564起，比2016年上升48.8%，求助314起占总接处警数55.6%，比2016年上升171.58%。其中行政案件77件，比2016年上升67.3%，刑事案件45件，比2016下降17%。

【公安基层基础】 2017年，仙海分局建立风景区警务室、游客中心警务室、七曲村警务室和水上警务室4个警务室，创新“1+2+N”的警务工作机制；完成年度大型活动和敏感时期维稳安保任务20余次；出台《仙海区治安员管理办法》《仙海区治安员考评细则》确保队伍在制度中规范前行；推动“公调对接”，着力打造共建共治共享的新格局；加快“雪亮工程”建设，已接入天网控制中心摄像头27个；成立专业巡逻防控队，采用步、车相结合的网格化防控模式，维护景区秩序，有效震慑犯罪；推进“一标三实”信息维护工作，全年核实实有房屋7850间、实有人口12122人、实有单位454家、从业人员2842人，服务实战4条，协助破案2件；加强流动人口管理，对流入居住人员468人全面核实登记；坚持做好户籍信息管理，全年办理居民身份证1300个，为近506名群众更换户口簿，办理死亡注销171条，办理新生儿入户170人，迁入户口194人、迁出户口14人，办理其他更换业务669条；推进城镇化进程，办理村改居业务2200余人；推进“放管服”制度改革，出台仙海区《关于推进户籍制度改革的实施意见（试行）》。

【执法规范化建设】 2017年，仙海分局突出执法培训，落实学法用法制度，举办培训13期；规范执法办案场所，采用一门关禁，内设信息采集室、人身检查室、尿检室、询问室、讯问室、候问室，对办案区域内采用无死角24小时同步录音录像；规范接出警，民警全部配备单警装备，执法记录仪以及移动巡逻盘查终端；

【严打违法犯罪】 2017年，仙海分局结合“三打击一整治”等专项行动的开展，严打辖区各类违法犯罪行为。全年，共立各类刑事案件45件，同比下降15%，侦破各类刑事案件6件，打击处理6人。破获辖区杜某等人系列电瓶车盗窃案，黄某入室盗窃案，李某等人系列盗窃车内柴油案等多发性侵财案件，共刑拘7人，提请逮捕6人，取保候审1人，起诉6人。治安案件行政拘留14人。

【禁毒工作】 2017年，仙海分局坚持“打防结合、预防为主”的工作措施，全力推进禁毒各项工作的开展。建立制毒嫌疑场所动态排查机制；强力推进“禁毒严打整治”和“重嫌必检”工作制度，严厉打击各类违法犯罪，全年未发现一起毒品刑事案件；建立吸毒高危人员定期联系、定期研判和风险评估机制；推进戒毒康复办公室和场所的规范化建设，加强禁毒专兼职队伍建设，实现社区康复人数逐步下降；开展“6·26国际禁毒日”“禁毒宣传月”“青少年禁毒知识竞赛”等活动，群众识毒知毒拒毒意识明显增强，社会公众对毒品知晓率达到95%以上，对禁毒工作满意度达到100%以上，新吸毒人员滋生速度明显减缓，年均增幅控制在10%以下；毒品预防教育“五个一”活动实现常态化，青少年对毒品知识知晓率达到100%，实现“校园无毒品、学生不吸毒”的目标。

（漆小琬）

司法行政

【概况】 仙海区司法所成立于2012年5月，为市司法局派出机构，实行市司法局与园区党工委、管委会双重管理。市司法局对其人员编制关系进行管理，园区党工委和管委会负责各专项工作开展和经费保障。司法所共有5名人员，其中政法专项编制4名（1名同志在安县秀水金埝村扶贫挂职第一书记），管委会聘用人员1名。设所长1人（实职副科），副主任科员1名。

【推进“七五”普法】 2017年，仙海区司法所以“夯实基础抓规范、创新特色上水平”为总体思路，加强依法治区组织机构建设。调整充实区依法治区工作领导机构和工作机构，由区党工委书记、管委会主任共同担任区依法治区工作领导小组组长，下设依法执政、依法行政、公正司法、社会法治4个专项小组，进一步畅通工作推进机制，选优配强工作力量。出台完善国家工作人员学法用法制度，加强“七五”普法骨干班培训。邀请市局廖局长为全区七届人大代表进行法治讲座，邀请市委党校法学教研室李安详副教授为全区普法骨干讲课。在村居（社区），坚持做好村级公共法律服务室建设，完成3处标准化的村级工作室建设。坚持每季度集中举办一次村（社区）法律大讲堂。通过“以案释法”等方式，增进基层群众对法律知识的认识。坚持“法律体检”，开展一系列的送法进工地活动。全年开展各类法治宣传活动54次，发放各类宣传资料5万份，受教育人次1.5万余人。

【法治文化建设】 2017年，仙海区司法所用好各类景区设施载体，全面完成2处法治文化阵地建设工作。投入近30万元，在景区木栈道二期入口文化广场、清水湾自行车服务点新增两处法治文化阵地，力促法治建设与景区建设同步推进；用好各类新媒体载体，充分发挥好微博、微信、QQ、手机APP的独特优势，抓好仙海公共法律服务网站和法治专栏建设，提高信息发布质量及覆盖面。广泛组织法治文化活动，组织法治文艺会演3场次，正在拍摄将法治元素融入仙海民俗文化、旅游文化的法治微电影1部。

【人民调解工作】 2017年，全区进一步完善调解员的网络体系，全面推行人民调解“百米服务圈”。村社两委换届后，组织辖区各村社开展人民调解委员会换届选举，完善调解员队伍。贯彻《中华人民共和国人民调解法》，推进人民调解与交通、治安、劳动、城建等行政调解、信访工作和法律援助工作的衔接互动机制。在各调解委会广泛开展“调解一起纠纷，上好一堂法治课”工作。要求调解员把每一次矛盾纠纷调解都作为一次现场普法讲座来做。在事先征得当事人同意的情况下，把调解方案提前进行公告，对当事人邻居、亲朋里有类似纠纷的群众，都通知参加旁听。适时组织调解员、村组干部或矛盾纠纷重点区域的群众和特殊人群等现场观摩，预防和化解该类型矛盾，实现普法和调解的“双赢”。邀请游仙法院魏城法庭到仙海进行现场庭审1次，组织重大纠纷调解现场观摩2次，起到了“调解一案，教育一片”的效果。突出抓好重大疑难矛盾纠纷的调处化解。全力、快速抓好区党工委、管委会领导交办重大疑难案件的调处，积极参与四川兴视物业诉管委会买卖合同案、七曲村村委会诉张强堰塘承包合同无效案、首开别墅装修工人受伤等案件的化解调处工作。积极参与辖区重大事情的稳控工作。参与到仙海龙舟赛、自行车赛的稳控工作，景区营运电瓶车观光车整顿等，全力维护辖区稳定。2017年，完成矛盾纠纷调解227件，避免上访事件50余起，防止民转刑47件，调处成功率达到98.5%以上。

【加强司法所规范化和信息化建设】 2017年，全区以夯基础、强素质为主导，高标准、高质量的创建规范化司法所。切实做到“五规范”：机构人员规范化。司法所干部4名，满编运行。办公场所规范化。办公场所门头、各项标示标牌均按照省厅最新要求进行了规范。硬件设施规范化，一体机等现代化办公手段齐备。经费保障规范化。在园区党工委、管委会的大力支持下，明确司法所的工作经费，将其纳入财政预算予以保障。制度建设规范化。司法所制定岗位责任制度，工作职责、内部管理、档案管理等制度，并公示上墙，接受群众监督，按章办事，保障了司法所规范有序良性发展。

【“智慧司法”信息化建设】 2017年，区司法所强化软硬件建设。购置和维护好电脑等硬件设施，推进网络带宽升级改造，满足信息化建设工作需求。指定专人负责相关基础数据的采集，在规定时限内完成各板块数据录入。整合现行的QQ、微信、网站等资源，形成对内以司法行政OA办公平台为中心、全员运用的办公平台，对外以仙海公共法律服务网为主的宣传服务平台，该网站预留对接绵阳网上司法局端口，既实现了文件收发、通知传送、信息资源等共享互用，有效提高工作效率，又体现上级精神和自身特色结合，多渠道的宣传服务辖区群众。全所工作人员加紧学习和培训，均掌握一定的网络建设、软件应用及维护等知识和技能培训，能满足日常工作需要。制定信息化建设考核办法，将业务专网使用情况分别纳入日常考核和年终考核，要求文件、简报等政务信息一律通过专网传送，并要求上班时间必须使用专网处理、阅览公文，违规报送信息简报、逾期未办理公文等情况将在考核中扣除相应分值，切实保障了信息化工作的持续推进。

【规范社区矫正和安置帮教工作】 2017年，仙海区有刑释解教人员62名，新增社区矫正人员6名，解矫3名，居住地变更1名。根据辖区工作实际，在接收衔接、定位监控、变更居住地和请销假、追查脱漏、“两个报告”“两个8小时”、考核与奖惩等措施上不断探索和完善。建立健全财政、民政、司法、公安、教育、企业等为成员的特殊人群帮教管控网络，社区矫正工作经费按照人均1500元，刑释解教工作经费按照人均600元的标准纳入财政预算予以保障。为克服司法所执法力量薄弱的问题，司法所主动加强与区派出所、村社区的沟通衔接，定期通报情况，对每一名社区矫正人员，均建立司法所、派出所、社区干部、矫正人员家属为成员的帮教小组。确保矫正对象“收得下、管得住、跑不了”。管理与帮扶并重，不定期走访。比如针对夏季高温和暴雨等极端天气频发，给辖区部分困难社区矫正人员的生产生活带来了不利，对困难社区服刑人员进行了走访，到家中解决实际困难。积极与劳动保障部门建立针对社区服刑人员、刑释解教人员的就业帮扶“绿色通道”，免费提供就业技能培训。针对社区矫正人员自身特点，向企业推荐合适的就业岗位，帮助重新走上自立、自强、自省之路。

【规范运行区公共法律服务中心】 2016年，区公共法律服务中心建立。2017年，全区着重对其进行提档升级，主动服务中心工作，主动服务重大项目，主动服务弱势群体。制定公共法律服务中心服务管理手册，打造管理规范、运行通畅、优质高效的便民服务平台。全年公共法律服务中心共解答法律咨询447人次，调解案件65件，为七曲村、蔡家桥、长河堰等村（社）举办法治讲座6场次。

【规范建设村（社区）公共法律服务工作室】 2017年，全区建成3个村级公共法律工作室建设，将“一村一法律顾问”工作全面融入村级平台服务内容，建立各村居法律顾问档案，完善其工作台账记录，着力提升村（社）法律顾问工作实效。

【公共法律服务网站建设】 2017年，全区加强“互联网+平台”法律服务。一方面在规定时间内完成省厅公共法律服务平台数据的录入；另一方面立足自身特色，做好仙海区公共法律服务网的运行和维护，定期推送普法资讯、案例法理、服务咨询等内容，提高信息发布的数量和质量。

【法律援助】 2017年，全区加大法律援助的社会宣传，加强法律援助网络建设，进一步做好农民工、特殊人群法律援助等重点专项活动。全年法律援助共提服务咨询521人，发放宣传资料5800多份，参与化解农民工权益、征地拆迁纠纷等20余件，为当事人挽回经济损失80万余元。

（肖　莹　李碧玉）

1790
—
1838
1839
—
1860

教育·体育·卫生与健康

Education, Sports, Hygiene and Health

※ 教育

Education

※ 体育

Sports

※ 卫生与健康

Hygiene and Health

教　育

【概况】　2017年，绵阳仙海区有各级各类学校6所（3所改扩建幼儿园），其中九年一贯制义务教育学校1所、民办幼儿园5所（2所已认定为普惠性民办幼儿园、3所正在改扩建中）。全区在校学生1414人，其中仙海区中心学校1097人、幼儿园317人。截至12月全区共有在编教师95人，其中高级职称9人、中级职称35人、初级职称51人、省级骨干教师1人，市级骨干教师、学科带头人10人。九年一贯制学校素质教育督导评估被评为市级优秀学校，文明校园创建高质量通过市级验收。取得四川省文明校园、绵阳市文明校园、绵阳市卫生单位。推荐表彰市级“三好”学生2名、优干生2名、先进班集体2个。参加四川省体育舞蹈公开赛暨四川省少年队选拔赛获一等奖。组队参加参加四川省风筝比赛再创佳绩，获团体总分第一名。参加“绵阳市第四届风筝比赛”获团体总分第一名。组队参加“绵阳市第九届健康活力大赛”获啦啦操自选套路（小学组）第一名，三级表演轻器械操（小学组）第一名，二级有氧舞蹈（小学组）第三名，规定套路一级（初中组）第一名，学校现行课间操规定套路组合（初中组）第一名，三级有氧舞蹈（初中组）第三名，并获“最佳明星队”等称号；参加绵阳市定向运动锦标赛获团体总分第二名和优秀组织奖、体育道德风尚奖，获小学组高段短距离赛团体总分第一名，小学组高段标准距离赛团体总分第一名，小学组高段百米定向团体总分第二名，小学组低段标准距离赛团体总分第二名，小学组低段短距离赛团体总分第三名，小学组低段百米定向团体总分第三名。组队参加2017绵阳市航空、航海、车辆模型锦标赛获团体总分二等奖和“优秀组织奖”。获小学组悬浮纸飞机单项团体第六名，泡沫弹射飞机竞时赛单项团体第八名，自由遥控车竞速单项团体第八名，“博海堂”排齿四驱车拼装竞速赛单项团体第六名，“天龙”仿真橡皮筋动力模型飞机留空时赛单项团体第六名。获初中组练机穿越龙门比赛第七名，轻木手掷飞机直线距离赛第七名，天龙仿真橡筋动力模型飞机留空计时赛第七名，自由遥控车竞速赛第五名，多旋翼穿越赛第六名，博海棠排齿四驱车拼装竞速赛第六名，沫弹射飞机竞时赛第三名。组队参加绵阳市中小学武术展示活动获一等奖。川剧组排练的节目代表学校参加绵阳市“非遗进校园”成果展，获得专家一致好评。学校荣膺第十九届全国青少年五好小公民主题教育活动示范学校、“气候小公民”中小学教育项目2016年度全国优秀活动奖、市环保局和教体局等七部门授予的“生态保护学堂”、绵阳市非物质文化遗产传习基地、师范大学生“创新教育实践基地”。

【教育惠民工程】　2017年，仙海区减负、资助共计100万元，其中：学前阶段，共减免辖区50名贫困儿童的“三儿”保教费5万元和2名残疾儿童各种费用1.06万元，对已认定的两所普惠性民办幼儿园发放购买学位补助5.98万元；义教阶段，对仙海区中心学校1097名学生实施免费午餐共计16.455万元；免除中小学1097名学生全部教科书和作业本费共计21.4043万元；对752人次家庭经济困难寄宿学生发放生活补助41.45万元；为学校2名贫困学生运动员发放资助金0.3万元；减免特困寄宿制学生生活费7.1万元，解决留守儿童寒暑假探亲车船共计4万余元。

【学前教育】 2014年，仙海区为发展学前教育，逐步解决农村幼儿“入园难”问题，出台《关于支持规范普惠性民办幼儿园发展的通知》（绵仙办发〔2014〕53号），对符合要求的民办幼儿园给予最高20万元的建设补助资金，以及每生每月50元的购买学位补助资金。此外，制定政策，对残疾儿童在区内上学，免除学费、生活费等所有费用，真正实现全免费入学。

【教师队伍建设】 2016年，仙海区通过公招补充教师8名，其中艺体教师4名、大学毕业学生4名。2017年，全区通过选调补充教师2名，优化教师学科和年龄结构。组织全区3名教师参加省、市骨干教师师资培训，组织30名班主任及德育干部参加绵阳市初中、小学班主任工作培训研讨会。暑期组织20余名教师外出参加卓越教师提升培训。全区5名教师申报高级职称评定。召开2017年仙海区教师节表彰大会，对全区教育先进个人进行隆重表彰，弘扬尊师重教的良好风尚。

【师德师风专项治理活动】 2017年11月10日，仙海区社发局在仙海区中心学校举行“贯彻落实十九大精神、办好人民满意的幸福教育、开展师德师风专项治理活动”启动大会。全区中小学、幼儿园全体教职员工和区社发局工作人员共计160余人参加大会。按照绵阳市教体局和仙海区社发局制定的专项治理活动方案，分阶段按照既定步骤扎实进行了师德师风专项治理活动，和每位教师签订“仙海区师德师风承诺书”和四川省教师“十不准”承诺书。

【教学教研】 2017年，全区为克服区社发局没有教研室之短板，主动跟涪城教研室、游仙教研室及市教科所联系，采取“请进来”“走出去”的方式，提升学校教师教育教学水平。因区内教研交流面受限，多年在此工作的教师易养成闭关自守、满足现状心态，故加大外派培训力度，给教师创造拓宽视听的机会与平台，促使其更新观念、改善思维、改变心态，帮助其跟上教研教改的时代步伐，以适应教育现代学生的需要。区财政将师资培训经费（10万元/年）作为专项纳入预算，学校制定教师培训计划、教师培训制度、培训费用报销规定。

加大外派培训力度的同时，根据学校教学教研的需要，加大基于课堂教学“请进来”的力度。既有基于课堂教学“请进来”的一线教师联合研讨与交流，也有基于现实教学问题“请进来”的专家讲座与指导。11月28日邀请东辰二小五六年级数学组、12月6日邀请成绵路教育集团语文教研组、市教科所语文特级教师叶正国工作室一行、绵阳瑞思英语培训机构教师来学校进行联合教研，分别指导学校语文、数学、英语教学教研工作；5月11日邀请游仙区教研室所有学科教研员到区指导九年级各科教育教学工作。仙海区仅有一所九年一贯寄宿制学校，但长期以来分成两个学部（校区）相对独立开展日常教育教学工作，故未能发挥好一贯制学校中小学无缝衔接的优势。2017年秋，学校特邀绵阳名校名师来校，先后进行语文、数学、英语三大基础学科课堂教学实研交流，特意将授课年级安排在五六年级(仙海的六年级归口初中校区)，目的在于强化中小学衔接研究。

【对口支教工作】 2017年，绵阳仙海区为做好对口支教和援藏工作，继续选派学校2名教师赴阿坝藏族羌族自治州红原县完成为期2年的“三区”人才支持计划和藏区千人支教十年计划两项支教工作任务。学校派出教学骨干赴对口支援学校——红原县深圳福田希望小学进行为期一周的送教帮扶活动，接纳1名来自藏区的孩子到校就读。11月2日，组织学校派出骨干教师10人前往对口援建学校进行为期一周的送教教研活动。

【素质教育】 2017年，绵阳仙海区组织开展未成年人思想道德建设和文明校园创建活动，组织开展“社会主义核心价值观教育”“中华经典诵读比赛”“美德少年评选”“校园文化艺术节”“庆五四”“庆六一”等系列主题教育活动。全年组织开展学雷锋、网上祭英烈、“三关爱”等志愿服务活动，提升全区师生的德育素养。

【乡村少年宫建设】 2013年，被列为中央专项彩票公益金支持项目。学校少年宫实行“一宫六部”的管理，将“以乐促智，以技促能，以读养德，以礼养性”作为办宫理念，以诗词歌赋、琴棋书画、非遗项目、手工制作、校园三大球为活动载体，活动项目设置力求动态静态结合，传统现代结合、室内室外结合，常年开设有书法、川剧、手工、科技、足球、护航青春等室内外活动30余项。

【仙海区中心学校】 2003年秋季挂牌，前身是游仙区沉抗镇中心学校，一所九年一贯制中心学校和4个村基点小学组成。2009年9月停办所有村小，所有学生集中在中心学校就读。2008年汶川大地震后新修一个校区，2010年9月投入使用。至此仙海区中心学校分为两个校区，海滨校区（学校总部）位于仙海区海滨街1号，仙湖校区位于仙山路142号，学校成为一所真正的九年一贯制寄宿制义务教育学校。占地面积48516平方米，建筑面积1.9万平方米，绿化面积1.2万平方米。2017年度学校共有25个教学班，在校学生1097人，其中仙湖校区1~5年级15个教学班，海滨校区6~9年级10个教学班。学校共有在编教师95人，其中：高级职称9人、中级职称35人、初级职称51人。省级骨干教师1人，市级骨干教师5人，市级学科带头人2人。学校深入实施素质教育，关爱留守少年儿童，关注学生青春健康教育，以“创设主动适应学生教育环境，为学生成人、成才、成功奠定素质基础”为办学理念，以“质量为本、全面育人、提高效益、争创名校”为办学目标，让每个孩子快乐学习、健康成长，让每位教师幸福工作。近年来，学校先后被联合国教科文等组织命名为“中国水学校”，被教育部授予“全国青少年校园足球特色学校”，被中国书法家协会命名为“兰亭小学”，荣膺四川省创先争优先进基层党组织、绵阳市素质教育先进单位、绵阳市教学质量综合考核先进单位、绵阳市特色学校少年宫、示范学校少年宫等100多项荣誉称号，接待各级领导、俄罗斯青少年代表团、北京、珠海、重庆、成都、九寨沟等客人学习观摩5000余人次。

【兰亭小学】 2014年5月22日，仙海区中心学校被中国书协命名为“兰亭小学”，是四川省第一所创建成功的“兰亭小学”。2017年，为持续推进“兰亭小学”建设，彰显书法教育特色，学校成功申报成为《中国人生科学学会美育研究会“十三五”科研规划重点课题——学校美育与人生发展的实验研究》科研基地，同时以子课题《学校美育（书法教育）传承弘扬中华优秀文化艺术研究》参与研究。

【中国水学校】 2007年，仙海区中心学校被施华洛斯奇公司、香格里拉可持续社区学会、教育部基础教育课程教材发展中心、联合国教科文组织联合命名为“中国水学校”，主要参与携手保护生命之河项目。2017年，开展丰富多彩的“中国水学校”实践体验活动：开通“中国水学校绵阳仙海”微信号，参观绵投经济循环产业园，参观污水处理厂，开展二氧化碳轮盘游戏了解碳足迹等活动，旨在以少年儿童为主体，以学校为主阵地，密切联系社会、家庭全面开展活动，建立学生低碳生活意识和行为，让全社会更多的人关注和重视环保。（叶贤兴　彭　景）

体　育

【概况】 2017年，绵阳仙海承办市级赛事5项（绵阳市风筝大赛、健康活力大赛、定向运动大赛、三模大赛、端午龙舟大赛），组织区级赛事4场，推动以足球为首的校园“三大球”活动。完成农民体育健身工程1个，新建社区综合运动场2

个、全民健身路径1条。免费开放体育场馆进行体育锻炼5万人次。仙海区现有各级社会体育指导员65名。全年街道、社区不定期举办综合性及单项体育比赛共计10余次。

【学校体育】 2017年，全区学校有体育专职教师8人，其中4人持有国家篮球裁判员等级证、4人持有国家排球裁判员登记证、2人持有国家足球裁判员登记证、5人持有国家田径裁判员登记证、1人持有健美操等级证、1人持有自行车赛等级证、1人持有龙舟赛等级证、1人持有乒乓球等级证。至年底，有田径运动场2个，7人制人工草足球场2块，篮球场3个，排球场3个，羽毛球场2块，乒乓球场地20余个，各种体育器材均按省标准配备和添置，能满足学生体育教学和体育活动的需求。在体育课程的设置上，严格执行课程计划，按照课程标准和上级要求开足、开齐体育课：1~2年级体育课每周为4节，3~6年级每周体育课为3节，7~9年级每周体育课为3节。开课率为100%。

【开展阳光体育运动】 2017年，学校以“达标争优、强健体魄”为目标，积极贯彻“健康第一”“每天锻炼一小时，健康工作五十年，幸福生活一辈子”的现代健康理念，全面实施《学生体质健康标准》、推进体育大课间活动为重点，蓬勃开展“阳光体育活动”。同时把体育活动与促进和谐校园等紧密结合，培养成学生积极主动的体育锻炼习惯，提高学生的身体健康素质和体育文化素养，推进校园体育文化建设，由此，学校组建阳光体育运动领导小组，健全领导网络，明确分工责任到人。学校将阳光活动建设落实到学校年度工作计划中。改善工作的具体措施和计划，将体育教师培训纳入计划，每年组织兼职教师参加各级各类业务培训。同时建立体育教研小组，每两周开展一次活动，有专门的教研组活动记录。坚持依法治教，规范办学行为，严格执行国家有关体育课时的规定，开足上好体育课，全校各年级均按有关规定开齐开足体育教育课程，由学校统一安排，每周定时定点上课，教师不得以任何理由挤占体育课时。100%学生参加每周的体育艺术“2+1”活动，精选教师有计划地进行精心指导。通过体育教学，深化教学改革，提高教学质量，引导学生参加阳光体育运动。

【体育教师队伍建设】 2017年，学校现有体育专职教师8名。学校以乡村少年宫活动为载体，根据实际，安排体育教师担任竞训工作，让教师充分发挥自己的特长，开展好竞训工作。在教学中，要求教师从现代课堂教学要求出发，加强教育教学理论的学习，并进行有目的、有计划的教学实践，增强科研意识，提高教学质量。并做到经常性地对教学工作进行检查、总结，及时发现问题，解决问题，逐步认识和掌握新课程标准下体育教学新的规律。根据所制定的体育教学工作计划教学进度，结合教学的实际情况上好每节课。同时，积极选派教师参加各级各类的体育教师培训和联谊工作，不断提高体育教师的思想和业务素质。

【学生体质健康数据测试上报】 2017年，全区以“达标争优、强健体魄”为目标。学校以全面实施《学生体质健康标准》为基础，使每一位学生能做到每天锻炼1小时以上，要求每位学生掌握至少2项日常锻炼的体育技能，形成良好的体育锻炼习惯，体质健康水平切实得到提高。建立和完善《学生体质健康标准》测试结果记录体系，测试成绩记入学生成长记录或学生素质报告书，建立通报制度，定期通报各班《学生体质健康标准》的实施情况和测试结果。做好《学生体质健康标准》的测试登记工作。本学期《学生体质健康标准》测试顺利进行，全校95％的学生达到合格标准，成绩优良。

（兰红梅 彭 景）

卫生与健康

【概况】 2017年，区内有各级各类医疗机构18家，其中，乡镇卫生院1家、村卫生室14家、民营医疗机构1家、个体诊所1家、学校医务室1家。各医疗机构（市注册医疗机构）实际设置床位180张，每千常住人口拥有病床7.8张。有医疗卫生专业技术人员109人，其中：取得执业（助理）医师37人、中医（助理）执业医师10人、注册护士55人，全科医生6人、乡村医生12人，每千人拥有卫技人员4.7人。

【医政医管】 2017年，全区加强行业作风建设和医德医风教育。执行医疗机构不良执业行为记分管理。贯彻《绵阳市医疗纠纷预防与处置办法》。开展健康促进和健康管理，改善医疗服务。截至年底，辖区内医疗机构门诊诊疗量达41671人次，住院诊疗量达2411人次。

【医疗重点问题专项整治活动】 2017年，全区落实进一步改善医疗服务行动计划重点工作，结合政风行风工作，做好辖区居民健康工作。依据医疗质量管理规定、质量控制标准、从业人员行为规范、医德医风和行风建设等各项规定，开展承诺整改活动，及时发现医院在规范诊疗行为、医疗质量持续改进以及提升医疗服务方面存在的问题。加强医院管理，优化诊疗流程，不断强化医务人员合理诊疗、合理用药、合理检查、合理治疗的规范意识，杜绝过度医疗行为。

【行政审批】 2017年，全区共办理医师注册、变更注册8人，护士注册、变更注册、延续注册14人。开展医疗机构校验18家，换证1家。

【医联体建设】 2015年3月，仙海区与市三医院联合，设立远程会诊中心，开通远程网络平台。2016年按要求落实医疗联合体建设任务，加入绵阳市中心医院、绵阳市中医医疗集团、绵阳市游仙区医疗联合体。借助医联体的平台，与中心医院建立第三方实验室，拓宽检验检查项目，使患者即可享受中心医院的检验服务，进一步为患者提供更精准、更便捷的医疗服务。

【分级诊疗及双向转诊】 2017年，全区按照分级诊疗管理要求，相继和市中心医院、市三医院、市肿瘤医院、万江眼科医院、市骨科医院、科学城医院、市中医院签订双向转诊协议，为患者提供整体性、连续性的医疗服务。引导患者逐级就医，努力实现患者“首诊在基层”，全年转入上级医院病人130余人次。

【医疗人才队伍建设】 2017年，全区通过直接考核方式公开招聘10名卫生专业技术人才。先后派出3名医生和1名护士业务骨干到“三甲”医院进修学习，加强从业人员继续教育和岗位培训，各级培训达到300余人次。

【贫困白内障患者复明手术】 2017年，全区实施白内障患者复明手术补助项目100%覆盖，为困难群体全部补助手术费用，为其他群众定额补助。截至年底，全区共补助贫困白内障患者复明手术9人次(15例)，共计7500元。

【爱国卫生】 2017年，全区围绕“为了人民的健康——65年的历史与展望”第29个爱国卫生月活动活动主题，在纪念爱国卫生运动65周年活动中，进一步弘扬爱国卫生运动优良传统，联合区住建、食药、工商、社区、医院等9家区爱卫办成员单位在组织开展纪念活动和大型义诊活动，本次活动现场，前来接受咨询、检查、领取宣传资料的群众络绎不绝。活动受理群众健康咨询300余人，接受各种检查200余人，血压检测150余人，向过往群众免费发放艾滋病、H7N9病毒防控、除“四害”知识宣传资料1000余份，发放高血压、糖尿病、精神病等慢性病健康教育宣传资料500余份，活动月期间，全区各单位全面落实病媒生物防制工作。区爱卫办组织相关人员对主城区重点行业、重点单位除四害工作进行现场指导。在充分发挥群众力量全面清除垃圾和卫生死角，消灭“四害”滋生地，有效地控制“四害”密度。全年共投入资金2万余元坚持每周3次对公共场所人员密集地、管委会办公区、学校、医院等地进行环境卫生喷洒消毒处理。有效降低“四害”密度，为人民群众提供了良好的生活环境。健康教育有序开展，全年共开展12次、健康教育宣传栏每两个月更换一次。健康教育受教育人数共计1200人次。积极开展卫生城市创建巩固工作，创建2个市级无烟单位——仙海人民医院、仙海区中心学校，创建3个市级卫生单位——仙海区沉抗派出所、仙海人民医院、仙海区中心学校，创建市级2个卫生村——燕子村、天生桥村。

▲“四害”：指苍蝇、蚊子、老鼠、蟑螂。

【疾病预防控制】 2017年，仙海区依托医联体，与游仙区疾控中心签订购买服务协议，建立区疾控中心、基层医疗机构的疾病综合防控新模式。加强对重点区域、重点环节、重点人群的防疫工作。全年共报告乙、丙类传染病27例，前3位病种依次为流行性腮腺炎，细菌性痢疾、乙肝，无甲类传染病例发生。

【传染病预防和宣传】 2017年，全区为防止辖区传染病的流行传播，组织辖区各医疗机构利用宣传栏、电子显示屏、发放宣传单等形式开展传染病防控知识宣传。在村卫生室办宣传栏90期，发放宣传单3.6万份，印制健康宣传手册12种5000本；到学校、社区、机关、企事业单位开展健康教育讲座16场；以学校、幼儿园为重点人群开展手足口病防控宣传，举办讲座，对学校、幼儿园领导和老师开展防控知识培训，要求学校幼儿园做好晨检、午检，对因病未到校的儿童做好病情随访追踪和登记。

【艾滋病防治】 2017年，全区在管艾滋病感染者及病人10人。新增艾滋病感染者和病人3人，随访检测10人，接受抗病毒治疗8人，病毒载量检测5人，艾滋病感染者/病人的配偶/固定性伴HIV检查2人。均按时按要求接受检查和吃药治疗。

【肺结核病防治】 2017年，全区按绵阳市卫计委的统一要求，仙海区户籍结核病人在绵阳四〇四医院确诊治疗，实行医院（公卫科）村社（村医）家庭（直系亲属）三位一体督导管理，全年在管慢性病结核病人共计15人。全年接诊可疑肺结核病人68例，转诊68人，全部转诊到位。

【血吸虫病防治】 仙海区所辖七曲村、月台村、抗香村、蔡家桥村属血吸虫病流行区，历史有螺面积43.84万平方米。多年来均采用综合治理的方式，多部门协作，开展血吸虫病防治工作。现在有螺环境分别在月台村和蔡家桥村。2017年，仙海区血吸虫病查螺面积26828平方米，查出有螺面积1万平方米，药物灭杀36960平方米，有螺环境环改22个，血吸虫病血检795人.未检出血吸虫病阳性病人。

【无偿献血】 2017年，全区强化目标责任考核，出台《绵阳市仙海区社会事业发展局关于组织开展2017年无偿献血工作的通知》（绵仙社发〔2017〕13号）文件，区级各部门，各村（社区），各企事业单位和志愿者积极踊跃参与无偿献血。全年共组织开展2次无偿献血活动，共计

180 人次，献血总量达 59250 毫升。2017 年仙海区管委会被评为绵阳市年度无偿献血先进县市区。仙海区人民医院和仙海区海棠社区被评为绵阳市年度无偿献血先进单位。

【基本公共卫生服务】 2017 年，全区基层医疗机构采用“团队服务、网格管理、购买服务”的工作模式开展健康教育、慢病管理预防接种等 14 项基本公共卫生服务项目居民健康档案建档 21880 份，建档率 95%（高血压患者建档率 95%，糖尿病患者建档率 95%，重性精神病患者建档率 100%）。全区 65 岁以上老人保健管理 3340 人，健康管理率 98%。高血压在管人数 1387 人，规范化管理 1221 人，管理率 88%；糖尿病在管人数 357 人，规范化管理 289 人，管理率 80.9%。重性精神疾病患者 92 人，规范管理 88 人、管理率 95.7%。孕产妇管理 218 人，管理率 96%。0~6 岁儿童系统管理 1276 人，管理率 93.5%

【共建医学检验实验室】 2016 年，仙海区与四川大家医学检测有限公司共建基层医疗机构临床医学检验实验室。拓宽基层医疗机构的检验检查项目，让群众在临床医学检验中用一级卫生院的缴费标准享受三级医院的服务，进一步为患者提供更精准、更便捷的医疗服务。

【乡村医生退出机制】 2017 年，全区继续完善乡村医生退出机制工作，对从事乡村医生工作满 5 年以上、现已离岗退休的 29 名乡村医生，发放生活补贴共计 3.17 万元，以保障乡村医生退出后的生产生活问题。

【新型农村合作医疗】 2017 年，仙海区新农合工作委托游仙区新农合服务中心代管，共有 12 个卫生站完成农合定点，实现门诊网络直报，全年参合人数 19358 人（个人筹资 290.37 万元、财政补助 836.26 万元）；全年实现门诊统筹补偿 80.87 万元，住院补偿 209.8 万元，慢性病补偿 46.13 万元，一般诊疗费补偿 20.3 万元

【中医药工作】 2017 年，全区开展乡镇卫生院标准化中医科建设，推广基层常见病多发病中医药适宜技术。每年选派 1 名骨干医师前往上级医院进修学习，及时更新掌握专科技术。鼓励中医专科辨证使用中药，提升中药饮片使用率，推广使用针灸、推拿、拔罐、刮痧、中药熏蒸、理疗等中医非药物治疗方法或外治法。加强在基本公共卫生服务的中医药健康管理。全年全区 0~6 岁儿童中医药健康管理 1365 人，覆盖率 98.6%。65 岁以上老年人中医药健康管理 2335 人，覆盖率 70.3%。

【严重精神障碍管理】 2017 年，全区精神卫生工作严格按照国家卫生计生委、中央综治办、公安部、民政部、人社部、中国残联《关于开展全国精神卫生综合管理试点工作的通知》（国卫疾控发〔2015〕

57号）和《绵阳市人民政府办公室关于印发绵阳市精神卫生综合管理试点工作的通知》（绵府办函〔2015〕203号）的要求，认真贯彻以仙海区社发局为牵头单位，区人民医院为医疗技术管理单位，联合区民政、残联、综治、公安等多部门开展管理工作。一年内共召开多部门培训会1次，多部门协调会议4次，多部门工作部署会议1次，每月开展多部门的患者信息交换，贯彻落实《中华人民共和国精神卫生法》和国务院关于加强肇事肇祸等严重精神障碍患者救治救助工作的有关规定。根据《绵阳市精神卫生综合管理关爱帮扶小组工作规范的通知》（绵综治办〔2017〕29号）文件精神，仙海区以村为单位，村支两委干部为先锋，共建立关爱帮扶小组17组，全面落实患者生产生活方面问题。2017年，纳入国家精神卫生系统管理患者共计92人，住院治疗患者4人，在家居住进行社区康复的患者共计84人。对在家居住进行社区康复的患者根据新农合补偿政策实行精神药品门诊免费领取（委托医院精神卫生管理医师），住院患者所需住院费用先由新农合合理报销，剩余部分由区财政支付。

【妇幼保健】 2017年，仙海区婴幼儿死亡率、五岁儿童死亡率、孕产妇死亡率均为0。规范实施农村孕产妇住院分娩补助、育龄妇女增补叶酸、预防艾滋病、梅毒和乙肝母婴传播、妇女病普查等妇幼重大公共卫生项目。孕产妇住院分娩率100%。孕产妇、儿童系统管理率均达98%以上。开展妇女儿童“三病阻断”、叶酸发放等工作，借助基本公共卫生服务项目的平台，加强对孕产妇、儿童的管理，提高妇幼健康服务水平。委托游仙区妇幼保健院开展免费婚检、孕前优生检查服务工作。仙海人民医院积极配合，做好宣传、组织参检的工作，全年完成免费婚检79对，孕检47人。全区继续开展全民免费健康体检暨孕产妇分娩补助工作。全年全民健康体检4665人次，补偿金额37万余元；孕产妇分娩补偿64人次，补偿金额6.9万元。

【新生儿疾病筛查】 2017年，仙海区新生儿疾病筛查委托游仙区妇幼保健院开展。仙海人民医院全部开展新生儿遗传代谢疾病筛查血片采集，发放新生儿听力筛查通知单。新生儿遗传代谢性疾病筛查项目在苯丙酮尿症和先天性甲低的基础上，逐步增加葡萄糖-6-磷酸脱氢酶缺乏和先天性肾上腺皮质增生症检测项目，进一步扩大新生儿听力筛查覆盖面。全年新生儿遗传代谢疾病筛查覆盖面达100%，筛查率100%，新生儿听力筛查率100%。

【妇女病普查】 2017年，全区为保障广大已婚妇女身体健康，提高妇女健康水平和生活质量，开展妇女病普查。全区妇女总人数9740人，检查人数954人，筛查疾病人数488人，检查率12%（其中阴道炎297例、宫颈炎191例）。

【人口与计划生育】 2017年，全区出生215人，死亡115人，净增长100人。计生年度人口自然增长率为4‰，符合政策生育率100%，各项指标在正常范围内；有序推进全面二孩政策和计划生育服务管理改革。网上登记生育服务证受理187条，办理生育服务证242个，群众满意率达98%以上，省内异地协查及时回复率达99%以上；全面实施计划生育免费技术服务。全区统一发放服务卡片，凭卡每季度开展一次“三查一治”。至年底，开展计划生育技术服务178例，其中放置宫内节育器27例，取出78例；孩子构成比例继续保持优化状态。计生年度全区出生孩子215人，男孩108人，女孩107人。依法打击“两非”，婴儿出生性别比为100.9，在正常范围内；药具工作扎实推进。全面落实计划生育避孕药具免费发放政策，拓展发放模式和平台，全年直接免费发放避孕套4万只，避孕药具530余盒。发放覆盖率达到98%以上；牵头做好计生协会各项工作。开展计划生育特殊家庭慰问和帮扶。启动计划生育家庭意外保险工作：0~18周岁独生子女家庭保险165户，孤儿低保18人，特扶29人，全区信息员48人，全部保费达1.3万元。务实开展计生惠民工作。经往年年审、新增审批，2017年度全区共核定发放独生子女父母奖励金2011人次，发放特扶资金21人，奖励扶助资金1244人，全部打卡发放到位。

【流动人口均等化服务】 2017年，仙海区纳入统计的流动人口总数2583人，其中流入321人、流出2262人。为流动人口提供避孕药具和免费技术服务，简化各项流动人口办证工作流程。免费为500余人次发放避孕药具，办理流动人口各项证件11个。

【特殊家庭关爱】 2017年，全区计生特别扶助家庭15户，21人，共发放16.224万元扶助金。区内公立医疗机构设立计生特殊家庭就医绿色通道、转诊绿色通道，扶助对象就诊凭“计划生育家庭特别扶助制度扶助证”享受免普通门诊挂号费、免一般诊疗费、优先检查、优先取药、优先住院、优先交费等便利服务；建立家庭医生签约服务制度；建立计生特殊家庭免费体检制度。为特扶对象购买100元的计生意外保险，共计2300元。计生特殊家庭成员参加农村居民社会基本养老保险的，每年规定的基本标准部分，由区社发局按照政策规定全额代缴，全年为9人代缴900元；年满60周岁的计生特殊家庭成员，按照城乡“三无”“五保”的政策规定，发放救助资金，全年共发放3.9万元；失能且无固定收入来源的计生特殊家庭成员，以及年满60周岁无固定收入来源的计生特殊家庭成员，根据自愿原则，可按照“三无”“五保”的政策规定，入住区敬老院（绵阳市益康老年护理院）生活，现入住2人，全年社发局全额给付护理费3.04万元；建立节假日、重大疾病、特殊困难走访慰问制度，及时帮助解决困难和问题，全年走访3次，共计慰问金和慰问品共计1.8万元。

【仙海人民医院】 仙海人民医院（游仙区沉抗镇卫生院）是一所综合性一级甲等医院，地处仙海水利风景区，占地面积8792平方米，建筑面积4510平方米。医院创建于1952年，2003年仙海建区，于同年10月正式成立为绵阳市仙海人民医院，实行两块牌子、一套人马，是辖区唯一一所公立医疗服务机构。具体承担着辖区及周边乡镇8万余人的基本医疗服务、急诊急救以及辖区内公共卫生、防疫保健、计划生育服务工作，提供全区重大活动医疗卫生保障工作。2017年，有在职员工70人，卫生专业技术人才占51人，其中，取得副高资格人员2人，中级职称15人，初级职称34人；医生24人，护士18人。实际开放床位86张，开设内、儿、妇产、外、中医等13个业务科室，有先进大型设备二十余台（件），如DR、四维彩超、C臂X光机、电视腹腔镜，500mAX数字胃肠机、全自动生化仪等设备。医院近年来荣获“市先进基层党组织”“工人先锋号”“巾帼示范岗”，多次荣获市、区“先进集体”“文明单位”。

【仙海医院七曲分院】 仙海医院七曲分院位于仙海区七曲村，交通便捷，距离仙海区场镇仅7千米；是一所集医疗、康复、预防、保健等于一体的综合性医疗服务机构，满足七曲村及其周边老百姓就医和健康需求。区财政投资300万元，医院于2015年年初开工，2017年12月正式修建成立。占地面积5300平方米，建筑总面积641.6平方米，现有职工13人，其中，管理人员2人，工勤5人，卫生技术人员8人；本科2人、大专11人；中级以上职称3人。有编制床位10张，设有内、外、妇、儿科，中医，康复理疗、护理站等临床科室，医技科室设有药房、检验室、放射室、B超、心电图室等。医院科室齐全，布局合理，配有全自动生化分析仪、三分类血球分析仪，MDK-9900全数字彩色多普勒超声诊断仪、TD-DRV2100PRO型数字化医用X射线摄影系统，SE—12系列数字式十二道心电图机等先进医疗设备。

【绵阳益康老年护理院】 绵阳益康老年护理院是按绵阳市政府“十二五”医疗卫生规划，经省卫计委审核，依照卫生部颁发的《护理院基本标准（2011版）》，在仙海水利风景区新建的绵阳市第一所老年病护理院。亦是川西北地区首家推行“医养结合”模式服务的老年病专业的二级医疗机构。由绵阳市卫计委核发的“医疗机构执业许可证”，并取得有绵阳市城镇职工及城乡居民医疗保险定点医疗机构资格。绵阳益康老年护理院下设的仙海、小枧两个院区，分别占地81333平方米、15318平方米。均属“5·12”地震灾后重建的八级设防专用养老工程。共有床位

260张，至2017年年底，开放床位110张。该院是由三甲医院退休的医学专家团队，以“社会力量参与公办养老机构建设和运行管理”的非营利性的老年医学服务机构。其技术力量雄厚，卫生专业技术人员中，有高级人员（副主任医师以上）3人，中级人员（主治医师、主管护师）9人，执业医师、药师、护师级11人，执业助理医师、执业护士师35人，护理员（护工）37人，高级营养师2人，二级厨师2人，水电等技工3人。专业技术人员中相当部分是在公立医疗机构工作过三四十年的老同志，均具有严谨的医学科学态度、白衣天使的人道主义品质。科室设置有：维持医疗部、舒缓疗护（临终关怀）部，康复医学部，医技、药学部，养护服务部，营养膳食部。由临床医学专家，医学护理专家，养老护理专家，营养学专家分别主持相应科室业务。其服务功能：主要为长期卧床患者、偏瘫、截瘫患者、晚期姑息治疗患者、“植物人”以及生活不能自理的失能老年人提供病情监护、维持治疗、康复促进、心理慰藉、临终关怀等医学服务。（赵洪英　张美玲　屈　丹）

财政税收·国有资产监管

Fiscal Taxation and Supervision of State–owned Assets

※ 财政管理

Financial Management

※ 国家税务

State Taxation

※ 地方税务

Local Taxation

※ 国有资产管理

Management of State-owned Assets

财政管理

【区级财政收支】 2017年仙海区地方一般公共预算收入实现8504万元，同口径增长9.25%,完成预算的100.04%。其中：税收收入完成5524万元，增长14.58%，非税收入完成2980万元，同比下降18.89%。一般公共预算支出12973万元，同比下降0.08%。政府性基金补助收入1214万元，政府性基金支出1214万元，同比下降15.28%。

【财政转移支付】 2017年仙海区的财力性补助（包括返还性补助和一般性转移支付补助）、专项转移支付补助合计2577万元，其中：返还性补助和一般性转移支付补助合计1086万元（包括均衡性转移支付365万元，固定数额补助281万元，县级基本财力保障机制奖补资金70万元等），专项转移支付资金1491万元。主要用于义务教育发展阶段补助、民政救助救济补助、医疗卫生防治、农村村社道路基础设施建设等支出（只包含公共财政方面）。

【财政支持经济建设】 2017年仙海区继续加大基础设施、产业发展、“三农”投入，全年安排市政基础设施建设资金10348万元；安排企业奖补515万元，鼓励企业扩大生产经营规模和上市挂牌；安排“三农”资金1650万元，鼓励改善农业生产条件和居住环境。

【民生事业财政投入】 2017年仙海区持续加大民生投入，省级十项民生工程及20件民生实事到位资金763万元，占计划的100%，市级民生工程到位资金217万元，占计划的100%，区级民生工程到位资金138万元，占计划的100%。

【地方政府债务管理】 2017年仙海区全面规范政府性债务的举借、使用、偿还，加强全区政府性债务管理。到位地方政府债券2926万元，其中：新增债券2676万元，置换债券250万元。

【盘活财政存量资金】 2017年仙海区清理2016年及其以前年度财政及部门结转结余资金，按要求收回已满两年即2014年及其以前年度结转结余资金1312万元，用于弥补当年预算不足部分。加强财政借垫资金的清理和处置，清理财政借垫款3500余万元，并按要求通过收回财政资金、财政列支、核销等方式全部处置完毕，使财政资金回归国库。

【财政投资项目评审】 2017年仙海区通过政府采购方式确定10家具有工程造价咨询甲级资质的中介机构，对全区的政府投融资建设项目进行预算评审、结算审计、跟踪审计。制定了《仙海区投融资建设项目造价咨询中介机构管理办法》，明确送审资料的完整性以及工程造价咨询机构的抽取方式。完成34个项目的财政评审，对仙海环湖路景观建设项目实施全过程跟踪审计。预算评审审减率27.9%，结算审计审减率15.68%，极大的节约了建设资金。

【内控制度建设】 仙海区2017年积极推动行政事业单位内控制度建设，制定了仙海区内控制度实施方案，建立内控制度建设领导小组和评价小组，制定出台了《仙海区财政票据管理办法（暂行）》《仙海区财政预算管理办法》《绵阳市仙海区财政收入管理办法》《仙海区行政事业单位内部控制制度资料汇编》等相关制度，为提高财政管理水平和资金安全起到了积极作用。

【农村财务】 2017年，全区完成15个村的财务票据结算工作，对不正规的发票坚决不予受理，力求收支合理规范化。对16个村全年的记账凭证进行录入、审核和装订归档，全面核算、反映村集体经济组织经营活动的财务收支，规范村集体经济组织的会计核算。完善三资管理台账，在5月份开始各村进行清产核资，同时建立健全“三资”管理台账，为严把“三资”管理，规定各村每季度定时核对和公开。对社账村管工作进行指导、督查和检查，并对社账收入票据进行核对，促使社账管理统一规范。到村组织召开村组干部培训会，开展“加强财务管理，廉洁履行职责”为主题的专题培训。会上就农村财务管理制度、村级组织财务管理人员职责等问题进行培训，通过开展培训，使村组干部明确职能职责、树立廉洁自律意识。

（罗红梅　蒲　勇）

国家税务

【概况】 绵阳市国家税务局直属分局，主要负责和主管绵阳市科创园区、仙海水利风景区范围内中央税、中央和地方共享税及国家指定的税种的征收管理工作。分局下设办公室、综合业务科、收入核算科、税源管理一科、税源管理二科、税源管理三科、税源管理四科、税源管理五科等8个内设科室。负责辖区内纳税人的中央税、中央与地方共享税的税收征管工作。税源管理三科负责仙海区内纳税人的中央税、中央与地方共享税的税收征管工作。税源管理二科负责仙海区部分企业的税收征管工作。征管范围主要包括增值税、消费税、企业所得税。

【国税收入情况】 2017年，分局共为仙海区组织入库税收6398万元，比2016年同期增加1854万元，同比整长40.78%。其中增值税6130万元（改征增值税2332万元，传统增值税3798万元），企业所得税268万元。

（谢宝树）

地方税务

【概况】 四川省绵阳市地方税务局第三直属税务分局主要负责和主管经开区和仙

海区地方税收及基金附加征管和服务工作。分局内设机构设8科1室。在仙海设置办税服务厅1个，设置管理科室1个(管理三科)。管理三科具体负责仙海地方税收征管，实行1名分管领导，综合税政科、收入核算与财务科、服务征收科、办公室挂联支持三科工作。三分局征管范围主要为两个园区服务，人员经费来源主要由两个园区负责，实行绵阳市地税局和园区双重领导。

2017年，地税局组织入库仙海区地方税收各项收入7864万元，同比增加1702万元，同比增长27.6%；全口径收入7825万元，同比增加1821万元，增长30.3%，完成园区收入任务的97.8%；税收收入7575万元，同比增加1836万元，增长32.0%。

【办税服务模式创新】 2017年，绵阳市地方税务局第三直属税务分局实行“一岗多能、一窗通办”的办税服务模式。推行征管电子档案，凡已存入征管系统的纳税人基础信息，不要求纳税人重复提供。辅导纳税人进行自助办税、网上办税、APP办税等非接触式办税模式，为纳税人提供网上申报、财税库银横向联网、税银一体化等多元化的申报、纳税、缴库方式；辖区内约93%的企业纳税人实行网上申报、财税库银横向联网、税银一体化管理缴税服务。

【实施纳税信用管理】 2017年，绵阳市地方税务局第三直属税务分局按照统一的内容、标准、方法和程序来确定纳税人的纳税信用等级，按照守信激励，失信惩戒，分类管理，动态调整的原则对纳税信用级别实施动态管理，共有正常管户217家，193家参与纳税信用评价，共评审出纳税信用A级企业7家，B级企业72家，C级企业18家，D级企业11家。推进税费改革。落实资源税全面改革政策，做好资源税扩围改革工作，配合住建环保水务等部门共同处理好环保税和水资源税纳税人数据资料清理移交等工作，共接收移交环保纳税人2户，水资源纳税人2户。

（邹　斌）

仙海区2017年纳税大户一览表

序号	企业名称	入库税款
1	绵阳快益点电器服务连锁有限公司	2236
2	绵阳鼎邦商贸有限公司	1916
3	绵阳首开兴泰置业有限公司	1020
4	绵阳展易房地产开发有限公司	553
5	四川佳富美建设有限公司	361
6	绵阳海地达实业有限公司	214

国有资产管理

【概况】 2017年，仙海区首次完成政府资产的清查统计工作。截至2017年底，仙海区政府资产总量为179128万元（不含土地等自然资源）。

【行政事业单位资产】 2017年，仙海区完成行政事业单位资产的清查统计工作。截止2017年底，仙海区行政事业单位占有资产合计10695万元。其中按照单位性质分类，行政单位占有资产为8537万元，占比79.82%，事业单位占有使用资产2158万元，占比20.18%。按照资产类别分类，流动资产8016万元，占比74.95%，固定资产和无形资产合计2679万元，占比25.05%。

【政府经管资产】 2017年，仙海区完成政府经管资产的清查统计工作。截至2017年底，仙海区政府经管资产合计95301万元，其中政府储备物资11万元，占比不足0.01%；公共基础设施82794万元，占比86.89%；其他经管资产12496万元，占比13.11%。

【企业国有权益资产】 2017年，仙海区完成企业国有权益资产的清查统计工作。截止2017年底，仙海区企业国有权益合计70314万元，其中国有独资企业70294万元，占比99.97%；国有控股企业934万元，占比11.04%；国有参股企业20万元，占比0.03%。

【政府受托管理资产】 2017年，仙海区完成政府受托管理资产的清查统计工作。截止2017年底，仙海区政府受托管理资产合计2818万元，为社会保险基金。

（李　林　易　璐）

综合监管与服务

Integrated Supervision and Services

※ 安全生产

Safety in Production

※ 水上交通安全

Water Traffic Safety

※ 市场监管

Market Supervision

※ 食品药品安全监管

Supervision on Food and Drug Safety

※ 工商行政管理

Administration of Industry and Commerce

※ 质量技术监督

Quality and Technology Supervision

※ 专利保护

Patent Protection

安全生产

【概况】 2017年，仙海区安全生产工作坚持“安全第一、预防为主、综合治理”的方针，以实施《中华人民共和国安全生产法》为主线，以强化安全意识、提高安全素质为着眼点，从安全生产基层和基础工作入手，全面落实监督检查、隐患整改、事故处理、宣传教育培训等关键措施。全年年组织开展各类安全生产检查45次，排查整改各类安全隐患73项，安全生产保持平稳好转的趋势，实现全年全区安全生产零事故。针对年初部门机构编制调整，对全区各部门、各村（居）委会安全生产主体责任进行分解，制定《仙海区安全生产监督管理职责》和《年度安全生产目标考核实施细则》，落实安全生产责任制体系建设，落实安全生产目标责任。管委会主任与分管领导、分管领导与部门、部门与所属监管行业，按层级签订“2017年安全生产目标责任书”。积极组织协调相关部门开展“全国安全生产大检查活动”“建筑施工领域安全隐患专项整治活动”；开展危险化学品烟花爆竹、电器火灾、商贸流通领域、建筑施工、旅游和水上交通安全专项整治、石油天然气等重点行业（领域）安全专项整治；在春节、“五一”、国庆和中共十九大前开展安全生产大检查。

【开展安全教育活动】 2017年，区安委办结合“安全生产月”和安全生产“七进”等活动，积极组织全区机关干部职工学习新修改的《中华人民共和国安全生产法》、十八大以来党和国家领导人关于安全生产工作的系列重要论述、批示和指示，党中央、国务院关于安全生产工作的系列重要决策部署、有关安全生产工作的重要规章和规范性文件，聘请专家和市局领导对新安法和安全生产改革发展实施意见进行授课，组织全区防灾，消防和突发事件综合应急演练，并对每一个村（居）进行用电用气安全知识讲座，进一步增强全区机关干部职工的安全意识。开展形式多样的“安全生产月”宣传活动，邀请绵阳电视台和《绵阳日报》等主流媒体对全区旅游安全举措进行宣传报道，向企业和社区群众发放各类安全生产宣传品，组织企业进行落实主体责任宣誓仪式。

【完善隐患排查体系】 2017年，区安办按照《仙海区安全隐患排查治理体系建设实施方案》安排部署，明确各生产经营单位是事故隐患治理和消除的责任主体。各生产经营单位结合本单位的实际情况，开展各类事故隐患的排查，制订整改计划和措施，落实整改责任，限定整改时间做到整改内容、整改标准、整改措施、整改进度和整改责任人“五落实”。全区7家重点企业在国家隐患治理平台上对隐患排查情况按时报表，此项工作走在全市的前列。各部门、各村（居）委会、各生产经营单位对本辖区内存在的安全隐患建立台账，做到心中有数并抓好整改，有效防范安全生产责任事故的发生。

【开展安全生产检查】 2017年，仙海区贯彻落实国务院安全大检查工作，在春节、“五一”、国庆、十九大等重要时期；全国烟花爆竹较大事故和消防、道路交通事故频发期间，组织协调相关部门深入景区、企业、学校和建筑工地等区域，对区内道路交通、建筑施工、非煤矿山、危险化学品、烟花爆竹、地质灾害、旅游设施、消防等重点行业（领域）开展安全生产检查，及时掌握各方面情况，每年一度的仙海龙舟赛期间，区安办统筹协调，督促各部门切实落实安全生产责任，深入细致开展安全隐患大排查，深入一线进行安全检查，做到全面排查、不留死角，有效遏制安全生产事故的发生。

（孙　辉）

水上交通安全

【概况】 2017年，仙海区委托游仙海事处对库区新增18艘船舶进行检验，并将检验合格的船舶进行登记备案，同时将淘汰的18艘旧船清除记录。对丽湾酒店新建码头进行多次现场踏勘、指导，确保码头符合行业标准。开展2017年水上突发安全事件应急救助演练，分别完成船舶碰撞人员落水救助、船舶遇风失控救援、船舶失火、船舶溢油防污等科目。

【水上交通安全生产大检查】 2017年，仙海区根据上级有关要求并结合水域实际情况，重点检查从业人员安全培训和持证上岗情况、应急预案和现场处置方案落实情况、码头渡运设施维护保养等情况，指导涉水企业按相关标准做好切实可行的应急预案，健全完善的应急处置组织体系，督促企业深入开展自查自改，建立安全隐患清单和整改清单。

【安全教育培训及宣传】 2017年6月，仙海区开展“安全生产月”“安全生产宣传咨询日”活动，发放“游客出行安全”“员工安全素质教育”“汛期、暑期避险常识”等各类安全宣传资料2000余份，发放《户外旅行安全手册》《旅游安全知识手册》《消防安全知识读本》等安全知识书籍500余册，悬挂安全生产横幅标语6幅，设置安全知识宣传展台12个，现场接受游客和群众咨询900余人次。开展“水上交通安全知识进校园”活动，现场为同学们讲解水上交通安全的基本常识和急救知识，演示多种救生器具的正确使用方法，发放“水上安全知识”卡片、画册1000余份。

【节日期间景区安全管理】 2017年，全区制定春节、清明、五一、端午、中秋、国庆节日期间旅游行业专项应急预案，明确应急处置指挥体系及职责，开展节前集中检查，针对人员密集场所、相关涉旅企业的敏感部位安全隐患进行重点排查，对存在的问题进行现场或限时跟踪整改直至其完成，严格遵守并落实节假日值班制度，完善巡查记录。

【大型活动期间景区安全管理】 2017年，全区完成“端午龙舟赛”“铁人三项赛”活动现场巡查、水上交通安全监管等工作。制定《仙海区端午龙舟赛水上交通应急预案》《仙海区铁人三项赛水上交通应急预案》，落实应急救援船只和救生员，联合海事处对活动举办水域进行现场勘查，并在活动举办过程中积极巡查。

市场监管

【概况】 2017年，仙海区经投局为维护市场价格秩序，全力做好日常、节假日市场价格监督工作。会同区旅发中心、工商所对辖区内商铺、店面及经营场所明码标价情况进行联合检查，对辖区价格收费的进一步规范起到良好作用。

【价格投诉办理】 2017年，仙海区经投局受理价格投诉2件，均及时处理并回复，办结率100%。针对绵梓路加油站加油价格收费问题，积极与投诉人取得联系，调查取证，妥善处理。接到群众关于场镇仙海小吃餐馆价格举报，及时与举报人进行沟通，核实举报内容，消除双方误解。

【饲料和兽药监管】 2017年，农业服务中心坚持平均每月两次不定期对饲料、添加剂、兽药进行检查，整顿和规范饲料兽药市场秩序，依法查处生产、经营、使用过程中的违法行为，加强对养殖环节禁用药、限用药和休药期规定执行的检查监督。截至年底，监督检查饲料兽药市场24次，出动人员48人次，查处经营过期失效的药品20瓶，没收销毁经营发霉饲料160千克。加强“瘦肉精”残留监控和检测，发放张贴宣传公告40余份，开展2次拉网式“瘦肉精”检测，养殖大户检测猪牛羊44头616个样；屠场检测猪192头577个样，全部为阴性。（陈 思）

食品药品安全监管

【概况】 2013年11月，食品药品管理工作下放至园区，成立仙海区食品药品监督管理局，与社会事业发展局合署办公。食品药品监督以民生为导向，秉承为保障人民食品药品安全的宗旨，坚守食品药品安全底线，牢筑食药安全防线。截至年底，全区有监管对象191户，食品销售经营单位91户，餐饮服务单位45户，学校、幼儿园、职工食堂职工食堂8户，小食品经营单位16户，小作坊1户；医疗机构19家，药品零售单位6户，医疗器械经营单位3家，化妆品经营单位2家。全年新办食品经营许可单位67家（餐饮单位31家、食品销售单位36家），小经营店备案24家（小餐饮3家、小经营店

21家），小作坊备案1家。全区连续五年无一起食品药品安全事件发生；2016年、2017年食品药品政务信息工作连续两年获得市食药监局通报表扬；2017年食品药品节日值守工作获得市食药监局通报表扬；《2017年绵阳市食品安全公众评价调查报告》，仙海区食品安全工作公众评价名列全市第一。

【食品药品安全宣传活动】 2017年，全区在“12331”“3·15”“安全生产月”“食品安全宣传周”“药品安全宣传月”等活动开展集中宣传，为食品药品安全治理工作的开展营造良好的舆论氛围。全年开展集中宣传7次，发放食品药品安全宣传资料3200余份；开展集中培训5次，培训食品信息员、食品从业人员380人次。对《中华人民共和国食品安全法》《四川省食品小作坊、小经营店及摊贩管理条例》安全用药等进行重点宣传。

【食品安全监管】 2017年，全区完成食品药品百日攻坚、红盾春雷、今冬明春、春季开学前检查、方便食品专项检查、节令性专项检查等各类专项检查37次，共计出动检查人员560人次，检查1670户次。移交市食药监局稽查支队食品违法案件线索3件。农村自办群体性宴席指导报备37起，保障了5640人次食品安全。

【重点赛事食品安全保障工作】 2017年，仙海龙舟大赛、“天辅杯”2017绵阳仙海湖铁人三项挑战赛等重大活动在绵阳仙海区举行。经周密部署、提前介入、驻点保障、全力以赴做好大赛期间食品安全保障工作，有效确保仙海区重大食品安全保障活动，无食品安全事件发生，无食品安全投诉举报。

【仙海鱼食品溯源追踪系统】 2015年，仙海区结合生态鱼养殖特色，以仙海区清水渔业公司为试点，在本市率先推出食品溯源云服务平台系统，消费者在购买仙海湖生态鱼或者在餐饮店消费时，可通过读取产品的电子标签、二维码、产品序列号等追踪介质，对产品从种养殖、检测直到消费者购买验证等各环节进行追踪溯源，以确认该产品是否属于仙海区清水渔业公司经营特色的仙海湖生态鱼。这套基于云服务的企业食品溯源系统平台，将日常捕捞鱼的身份信息通过数据库有序管理，在平台上进行整合，建立全程追溯，每件产品从生产到流通实行唯一代码，比起原先的分段追溯，更方便消费者查询，做到信息通融性和百姓易查性。食品溯源云服务平台系统的建立提升了仙海区生态渔业的产业发展，同时还促进了从源头到餐桌的食品安全产业链的有效监管。

【互联网+明厨亮灶】 2017年，社发局依托“智慧仙海”建设，仙海管委会、企业、社会应共同发力，借力“互联网+”，打造“互联网+明厨亮灶”工程。通过网络视频的方式，将仙海区餐厅后厨通过网络全程视频公示，从原料的清洗、切配、烹饪到最后出餐的全部流程公开化、透明化，真正将“后厨”打造成“可视、可感、可知”的“阳光厨房”。截至年底，取得“食品经营许可证”和“餐饮服务许可证”中完成“明厨亮灶”的餐厅有40家，明厨亮灶率达81.6%。

（黄大志　陈　伟）

工商行政管理

【概况】　2015年，仙海工商所成立，以双重管理全所4名工作人员，负责仙海区的市场监管和行政执法，对各类企业、农民专业合作社和个体等市场主体进行登记注册、监督、指导、管理、服务工作。

【工商登记】　2017年，仙海工商所办理注册各类市场主体875户，其中各类企业240户，个体户635户。企业中，公司171户，分公司31户，个人独资企业16户，合伙企业1户，农民专业合作社18户，其他类型3户。

【企业年检】　2017年6月30日，仙海区辖区应年报企业200户，已年报191户，吊销9户，年报率100%；应年报个体561户，已年报561户，年报率100%，应年报农民专业合作社17户，已年报17户，年报率100%。

【市场监管】　2017年，工商所对辖区内景区、场镇和乡村开展检查工作，对辖区食品、户外广告、白酒食用油、农资、钢材、成品油、旅游市场、学校周边等进行专项整治，充分发挥监管职能作用，面上工作不断档，重点工作不落空，取得了明显的效果。营造健康发展的市场秩序，经营者守法经营，各项制度健全、落实到位，针对检查中存在的问题并未造成损失的，责令现场整改或限期整改，维护辖区的整体经营形象。

【打假治劣工作】　2017年，仙海工商所以景区、超市、市场、学校为重点，畅通举报渠道，加强社会监督，发动依靠群众，广泛调动社会力量积极参与监督；充分发挥知识产权维权援助热线“12330”、消费者投诉举报电话“12315”、产品质量投诉举报电话“12365”等相关举报电话的积极作用，提供快速、便捷的举报、投诉、申诉和咨询渠道，及时发现违法犯罪行为线索；聘请社会质量（消费）监督员3名，对仙海区流通领域商品质量进行监督；防微杜渐，建立长效机制，从源头上治理侵犯知识产权和制售假冒伪劣商品的长效机制，严把关口，减少和杜绝侵犯知识产权和制售假冒伪劣商品案件的发生。

【广告监管】　2017年，仙海工商所对辖区药店、超市（副食店）、景区道路、小区、学校周边等进行不定期巡查，均未发现违法违规广告。把专项整治宣传工作贯穿到各个环节，增强经营者守法和共同维护美丽仙海的自律意识，增强广大消费者维护自身合法权益的意识，营造全社会共同参与的良好氛围。

【工商服务规范化建设】 2017年，仙海工商所以实现设施便利化、流程便利化、制度便利化、防控便利化、管理便利化“五化”为目标：统一窗口标准设置，完善等候区、自助服务区功能，方便办事群众，打造便民工商；严格按照操作流程办理各项业务，提高办事效率，打造效能工商；标准化服务，打造阳光工商；建设和完善首办负责制、一次告知制、预约服务制等服务制度，建立窗口人员轮岗和长效管理制度，打造法治工商；梳理廉政风险点，落实流程控制，防止违规操作，打造廉洁工商；强化制度管理，建立完善窗口人员的有效奖惩制度，制定绩效考核指标，以典型示范带动窗口标准化建设，打造自律工商。

【工商行政执法】 2017年，仙海工商所相继开展“辖区环保督查工作”“散乱污企业证照专项检查工作”“成品油市场专项检查”“游泳池专项检查”“无照经营专项整治检查”“综合市场环境污染整治”“打击传销专项行动”“旅游市场专项整治行动”“再生利用行业专项执法检查”“开展钢材市场专项整治”“玻璃市场专项检查”“地条钢专项整治”等专项检查，出动执法人员92人次，检查企业25户，个体户245户，责令整改通知书4份；开展网络监管工作，定期开展网络巡查和完成指定监管任务；开展市场主体清查工作，对仙海场镇所有营业个体户开展逐户摸底清查，共计245户。

【消费维权】 2017年，仙海工商所做好消费维权工作，持续加强投诉调解工作，全年受理各类消费投诉咨询10件，成功调解4件。加强消费者权益保护法的宣传工作，利用“3·15”国际消费者权益保护日和日常工作、巡查等走进辖区社区、企业进行新《中华人民共和国消费者权益保护法》宣传普法工作，发放宣传单400余份，活动现场咨询60余人次。

【商标保护】 2017年，仙海工商所强化商标培育和保护，以打造“三名”商标为目标培育发展高科技产品商标，促进科技产业发展。至年底，仙海区暂无“三名”商标。推进商标战略进园区工作，规范商标战略进园区指导服务工作站（点）模式。在仙海工商所建立商标服务指导站，完善工作制度，安排专人做好企业商标指导服务，开展即时服务。加大对商标专用权的保护力度，完善商标监管长效机制建设。通过电视、网络等媒体，广造宣传舆论声势，促进抵制侵权假冒商品舆论环境的形成，营造打击侵权仿冒商品的良好氛围。以集贸市场、超市等商品集散地作为重点巡查监管区域，以酒类、日用百货、

服装等作为重点监管商品，严查商标侵权违法行为。（邹 颖）

质量技术监督

【概况】 2015年4月，市质量技术监督局将质检职能下划至仙海区，通过拉网式的排查，确定监管对象，对重点监管的特种设备设立台账。至2017年年底，仙海区特种设备有压力容器2台、气瓶（芯片气瓶）71个、电梯21台、场（厂）内专用机动车辆35台（按照党工委管委会会议纪要要求对3家公司经营的电动观光车注册登记），逐一建立台账进行日常监管，确保不发生安全事故。

【培训宣传】 2017年，区级相关部门联合联动、主动服务，以“科技下乡”“质量月”“3·15”“安全月”“中国旅游日”“世界标准日”等活动，各企事业单位的LE显示屏等全民质量宣传活动为载体，开展全民质量宣传教育，强化全民质量意识，营造“人人建设质量，人人享受质量”的良好氛围。邀请市质监局特种设备监管部门领导和液化气充装站专家，通过理论讲解和现场演示，发放《液化石油气钢瓶安全常识》宣传画报等方式专题开展安全培训，进一步强化服务对象的安全意识；邀请市局质量管理科及标准化科相关专家到仙海区对辖区涉及质量安全管理和标准化工作的企业管理人员暨从业人员开展系统专业化培训。

【隐患排查】 2017年，仙海区邀请市质监局相关领导和专家到区对辖区内的电梯、锅炉、液化气钢瓶、计量器具等进行全面排查。对1家存在安全隐患的电梯使用单位（仙海区人民医院）下发“特种设备安全监察指令书”及整改通知书要求限期整改，由于该单位未进行安全隐患整改报市特种设备稽查大队进行处罚；对1家（仙海区中心小学）“三无”电梯使用单位（由于施工单位资料移交原因，资料缺失），要求及时查找资料，补办相关手续，书面告知使用单位在未取得合法许可之前不能私自使用，由于该单位设备的相关资料无法提供，经管委会与学校研究最终结合学校实际，更换设备；对2家餐饮经营单位的2个不合格气瓶依法进行扣押，对4家餐饮经营单位的5个存在安全隐患的气瓶当场联系充装站进行更换，2016年6月至2017年年底，辖区餐饮企业的气瓶全部使用芯片智能气瓶。每年定期开展辖区的计量器具年审工作，加强日常巡查，不定期对辖区的加油站计量器具监督检查。

【加强标准化示范区建设】 2015年，仙海区成功申报一家四川省水果标准化生产示范区项目——绵阳市仙海水利风景区萄源仙谷水果生产示范区。该项目位于仙海风景区桃花村、铜瓦村，规划面积约3516亩，已发展规模化绿色葡萄、桃子、枇杷、南方东枣等水果种植1285亩，是高品质标准化种植基地。通过实施统一技术、统一用药、统一标准、统一生产的“四统一”要求，2016年带动形成614亩的葡萄、桃子、枇杷产业带，辐射带动124余户种植户致富增收。2017年，绵阳萄园农业科技有限公司有员工160人，技术员60人。（吴玉坤）

专利保护

【概况】 2017年，仙海区共招引、培育和发展28家科技型中小企业，其中规模以上企业2家。2017年，新增5家科技型中小企业。从产业技术领域来看，涉及农业科技11家、生物及新医药技术类1家、先进制造类1家、电子信息类5家、新能源及节能类3家、高新技术服务类5家、资源与环境类2家；从企业注册资金来看，注册资金在100万元（不含100万元）以下的有6家，注册资金在100万元以上、1000万元以下的有12家，注册资金在1000万元及以上的有10家。全年专利申请量2件，专利授权量2件。多数科技型中小企业实现当年注册、当年认定、当年研发、当年投产，争取省级科技计划应用研究补助资金5万元，科技型中小企业申报成功区级补助资金5万元，均及时发放到位。（鲜艳春）

城乡建设管理·生态环境保护

Urban and Rural Construction Management and Ecological Environment Protection

概　述

【概况】 2017年，区内核心区环湖道路网已基本完善，已建成8.3千米自行车骑游专用道，17.2千米环湖公路、7.3千米亲水栈道。支线道路已建成4条合计9.3千米；在建2条1.9千米；拟建3条合计10千米。

【城乡供水】 2017年，全区内主要供水单位是四川显兴实业集团有限公司投资建设的显兴自来水有限公司，水厂总体设计供水能力20000立方米/日。至年底，一期已建成，建设供水主管网约24千米，供水能力10000立方米/日。为集中向仙海农村地区供水，新建二期供水主管网约45千米。

【城乡供电】 2017年，全区内有35千伏变电站一座，主变16300千伏安容量；10千伏线路3条，其中：10千伏治水西线、10千伏治水西线主供环库库区；10千伏沉抗线主供仙海场镇及婚庆广场片区，完全能够满足仙海片区电力需求。正在建设的沉水西二线、沉水东二线，进一步提升环湖库区供电保障能力。

【城乡供气】 2017年，全区内拥有环湖路旁燃气井场魏1井，同时绵阳地区燃气高压管道梓绵线和国家燃气高压干管中德线从区域内穿过，且有下载阀室，可以保障仙海目前和长远用气需求。绵阳燃气集团从2000年起在我区从事燃气经营以来，完全满足居民生活、公商、学校医院、宾馆酒店等用气需求。供气管网布及仙海环湖、场镇，以及周边10个村社，有高中压干管60余千米，居民用户7000余户。场站日供气能力可达3万立方米/日，根据需要还可以进行扩容改造建设。

【城乡污水处理】 2017年，全区内有污水处理厂3座，主要承担污水处理的沉抗污水处理厂建设污水管13.6千米；至年底，日处理能力为3000吨/日。

（龚大国）

市政设施管理

【概况】 仙海区市政设施管理主要涉及公厕、垃圾桶、路名牌、路灯、污水管道、雨污水井盖、环湖道路标识标牌等维护工作，以及公共区域环境卫生清扫监督和绿化养护管理工作。

【市政设施维护管理】 2017年，全区通过对市政设施的日常巡查和监督检查，各类设施维护及时，使用正常安全。对公厕进行日常检查维修；对场镇、景区垃圾桶更换60余个，对10处污水管道破裂堵塞进行清理、疏通、恢复；对40余套雨污水井盖井座进行更换；对因特大暴雨造成的道路、沟渠、垃圾桶、路灯、雨污水井盖井圈等损坏，进行及时清理、修复；对景区路灯维修9次，更换130余盏；对环湖道路标识标牌进行完善；对自行车专用道限宽隔离装置增加30余个；对景区及场镇市政水电、公共设施维修维护260余次；对燕子村部分廉租房水电气进行安装维修。

【环境卫生管理】 2017年，环境卫生管理通过日常巡查、监督检查、督查整改、考核通报等措施，公共区域环境卫生较好改善。对保洁公司进行监管，安排专人每天对景区及场镇的清扫保洁情况、垃圾清理情况、保洁员人员到位情况进行检查，对场镇、广场商铺的“门前五包”落实情况进行检查，安排执法队员定期巡查，发现问题及时整改，对场镇街道、农贸市场等重点部位，对生活垃圾、污水废水进行清理整治，消除卫生死角，对爱护环境进行宣传，动员群众广泛参与，并对环境卫生问题进行监督举报，建立“环境卫生管理”微信群，利用新媒体方式宣传环卫知识，解疑答惑，对环境卫生问题进行及时反馈、处理、回复。

【绿化养护管理】 2017年，全区绿化养护管理主要任务是景区绿化和苗圃的养护管理工作，将自行车专用道和亲水栈道区域纳入日常养护范围。对公租房二期室外绿化工程和海地达道路护坡进行绿化，种植乔木112株，播撒混播草约16800㎡。3月中旬，对亲水栈道孔雀岛补植木芙蓉65株，补植地被鸢尾约260平方。4月中旬，启动环湖路景观改造，累计移植乔木约1960株。每月对徐家桥100亩苗圃进行养护。3月–11月对黄金村污水处理厂2000株乔木进行养护2次。国庆前夕对景区主入口摆放孔雀草32万盆，并进行日常养护。

【灾害应急处置】 2017年7月16日，因特大暴雨造成道路、沟渠、垃圾桶、路灯、树木、雨污水井盖井圈等损坏，对环湖景观建设项目、迎宾广场、婚庆广场、徐家桥安置小区、自行车专用道、污水管网、海地达道路、亲水栈道一二期等建设项目进行损害排查统计，应急处置损坏路灯杆2个、损坏广告牌3个、山体滑坡3处，清理倾倒、断折乔木70余株，重新栽植乔木40余株，清理泥土积水路面约200余米，疏淘堵塞污水井5口。

（张 健）

城管执法

【概况】 2009年6月8日，仙海区管委会组建综合执法大队；2010年12月5日，成立仙海区城市管理办公室；2013年6月6日，成立绵阳市城市管理行政执法局仙海区分局（绵阳市城市管理行政执法支队九大队），划入仙海区整治违法建设工作办公室；2015年，划入城乡环境综合治理工作办公室。2017年，仙海区城管分局共有人员24名，执法队员17名，分设3个执法中队，分别负责场镇、景区以及环湖路等区域，城市管理执法区域20平方公里。

【市容秩序整治】 2017年度，仙海区城管分局开展市容秩序专项整治行动，共处理商家跨门经营行为207起，处理游商占道经营行为929起，处理违规设置广告牌行为159起，处理沿街叫卖112起，劝导烧烤、野炊游客110人。并在今年举办的“健康活力大赛”、“端午旅游文化节”“铁人三项比赛”以及A级旅游景区检查、生态旅游示范区创建、文明城市迎检和五一、端午、中秋、国庆等重要活动、重大节日、重点时段期间，由部门领导带队开展节前、节中专项治理活动28次，在景区广场设置城管咨询服务点，开展文明旅游宣传，现场解答游客咨询500余人次。

【城市管理普法】 2017年，仙海区城管分局开展“城管进社区”法制宣传、“3·15”法制宣传、世界环境日、安全生产月、防灾减灾日、“12·4”全国法制宣传日等宣传活动，共发放《绵阳市城市市容和环境卫生管理条例》《四川省城乡环境综合治理条例》《整治违法建设，共建美丽家园宣传单》《环境保护法》《大气污染防治法》《四川省灰霾污染防治办法》《焚烧秸秆，让蓝天常在》《致非机动车驾驶人的一封信》《道路交通安全知识摘录》以及建设文明美丽和谐绵阳《倡议书》等宣传资料2000余份，解答群众咨询850余人次。

【共享单车整治】 2017年4月6日，仙海区城管分局对四家共享单车公司（永安、摩拜、ofo、熊猫）进行约谈，研究共享单车乱停乱放治理措施。2017年4月7日，联合景区中心设置了温馨提示，谢绝共享单车进入景区。2017年4月8日，开展共享单车乱停乱放专项整治，组织执法队员对共享单车乱停乱放行为进行劝导，对游客租赁共享单车进入景区无序骑游进行劝导。全年共清理乱停乱放共享单车880余辆。

【数字城管工作】 2017年，仙海区城管分局开展数字城管平台案件以及网络舆情投诉受理工作，安排专人负责进行监控，及时处理解决群众反应的问题。共处理数字中心派单案件2宗，处理市长热线群众投诉案件5件，信访受理率100%，回复处理完成率100%。

【城管队伍建设】 2017年1月19日，仙海区城管分局制定《城管执法队伍“强基础、转作风、树形象”专项行动实施方案》，明确“政治坚定、作风优良、纪律严明、廉洁务实”作为城市管理执法队伍的目标，3月开展岗位大练兵，组织学习《绵阳市城市市容和环境卫生管理条例》2次、培训《法律文书汇编》1次，业务经验交流3次、案例分析3次、现场实践3次，全体队员熟悉了执法依据、执法程序、行为规范；6月开展作风大整顿，结合“纪律教育学习月”活动，对执法队伍进行作风整顿，督查检查26次，整改问题12起，全体队员树立了文明意识、规范意识、服务意识；8月制定《绵阳市城市管理行政执法支队仙海区大队职责分工》，细化管控区域和人员职责，全体队员增强了岗位责任感；8月–10月开展常态化便民服务，制定《仙海区城管分局志愿服务活动计划表》《仙海区城管分局环保志愿服务安排表》，组织城管队员69人次，开展各类服务活动13次，并在景区广场设立咨询服务点，倡导用服务手段解决问题，变被动管理为主动服务，提高了群众满意度。（李　浩）

重点项目建设和拆迁安置

【概况】 2017年，征地拆迁安置办公室按照《绵阳市人民政府关于印发〈绵阳市辖区征地拆迁安置实施办法〉的通知》（绵府发〔2016〕23号）等政策文件规定开展征地安置工作，完成沉抗大道铜瓦支线项目、环湖路景观提升项目、G108绵阳过境线仙海段（一、二工区）工程项目、黄金村片区东辰教育产业园项目，黄金村安置小区等一大批项目的征地拆迁安置工作。拆迁工作涉及6村23个社，拆迁面积达4700余亩，已拆迁房屋289户、已安置人口933人。

【环湖路景观提升项目】 环湖路景观提升项目，指对环围库公路和土花路（23千米）绿化品质、效果进行提升。2017年对项目用地进行拆迁，共拆迁围库路、土花路23千米；拆迁景区企业11家，绿化面积350亩。发放青苗、附着物、构筑物补偿费200余万元，该项目岭南园林正全力推进。

【沉抗大道铜瓦支线项目】 铜瓦支线项目是国道108的支线，连接A支线和萄园仙谷。2017年全面完成项目用地（105亩）上房屋、附着物、坟墓的拆迁工作，共拆迁房屋9户（铜瓦一社8户、桃花一社1户），拆迁人口19人拆迁房屋及附着物共用资金500万元，迁移坟墓96座。支付补偿资费40余万元；完成照明线路、天然气管线、弱电线路的迁改，支付补偿费20万余元；建设弃土场一处（20亩），支付土地租金及附着物补偿费20万元。该项目绵阳科发集团正在加快实施，预计2018年竣工并投入使用。

【国道108线绵阳城区过境（仙海段）建设工程项目】 国道108线绵阳城区过境线是国家重点工程，是国道108线绵阳城区过境新建线路，是绵阳治堵的有效方式。涉及仙海铜瓦、桃花、八角庙、天生桥、石河堰、七曲、月台、抗香8个村。仙海段2017年10月实现一、二工区全面开工，一、二工区拆迁铜瓦村、桃花村、八家庙村、天生桥村房屋47户、安置181人、迁移坟墓358座、迁改（220千伏、110千伏）高压线路和照明线路7处、建设弃土场2处。共投入资金2600万元，该工程绵阳交发集团正全力施工，计划2018年实现天生桥、石河堰、七曲村开工建设。

【黄金村安置小区项目】 黄金村安置小区是为安置黄金村全体拆迁户建设的惠民项目，涉及黄金村2、3社占地约2.67公顷。2017年年底，启动项目用地的房屋拆迁工作，已拆迁房屋48户、安置拆迁人口137人，其他附属设施拆迁根据工程施工进度逐步推进，该项目计划2018年开工建设。

【黄金村东辰教育产业项目拆迁】 黄金村东辰教育产业园项目占地面积200公顷，需整体拆迁5、6、7、8、9、10社，拆迁工作计划2017年、2018年两年完成，2017年已拆迁185户，安置596人。

【屠宰场至燕子村污水处理厂管网建设项目】 仙海屠宰场至燕子村污水处理厂管网建设是仙海区环保建设重点项目，2017年协调土地2万平方米用于工程建设，该工程施工方在绵阳志鹏农业的大力支持下顺利推进。管委会投入资金150万元用于工程建设，该工程已按计划竣工并投入使用。

【屠宰厂至燕子村污水处理厂沿线污水管网工程】 项目污水管网总长约1.12千米，其中DN500钢筋砼承插管约890米，DN600钢筋砼承插管约230米。项目总投资约295.45万元，于2016年11月开工，2017年1月竣工。建设单位为绵阳仙海投资有限公司、施工单位四川佳富美建设有限公司、监理单位四川三正建设监理有限公司、设计单位四川东升工程设计有限责任公司、勘察单位四川鼎盛地矿岩土工程勘察有限公司。（冯维喜　王明应）

城乡消防安全

【概况】 2017年，仙海区贯彻落实《中华人民共和国消防法》《中华人民共和国突发事件应对法》《绵阳市人民政府突发事件总体应急预案》等各项部署。加强组织领导，建立健全消防安全管理制度，完善消防安全应急预案体系，积极做好各项监督检查和防范应对工作。强化火灾和突发事件的预防工作，强化信息报送，建立消防安全隐患排查责任制，定期开展全区消防安全大检查。层层落实责任制，坚持以旅游发展为中心，牢牢把握正确导向，服务大局。全年按照制定的消防安全工作要点，在每一个环节认真抓落实。做到上下贯通、左右衔接、联动处置。与区安办、旅游发展中心、农业中心、公安分局等部门加强信息共享。消防安全事件信息报送及时、规范，全年辖区内未发生消防安全重特大事故。

【警民共建活动】 2017年，警民共建消防安全旅游活动逐步推广。重点在旅游沿线和重要景点建成安全可靠的“天网雪亮工程”，基本实现景区全覆盖，实行动态监管、维护秩序，及时处理突发事件。区公安分局参与共建文明旅游活动的集中时间主要在每年的春节、“五一”“十一”黄金周和市政府、区管委会组织的各种重大节庆活动，如端午文化旅游节、龙舟赛、铁人三项赛、徒步赛等。在景区内设立警民共建安全文明旅游办公室（景区警务室），统一组织协调开展警民共建安全文明旅游活动，及时处理突发事件。旅游设施安全措施到位，旅游区治安状况良好，消防器材、设施完好。全年无重大游客伤亡事故和刑事治安案件发生；旅游区基础设施配套完善，经营服务规范化，有效防止宰客、欺客、骗客行为，全年无重大服务质量投诉；旅游区卫生管理工作到位，具备一定医疗急救条件，环境卫生、饮食卫生符合行业标准，无游客食物中毒现象发生，游客满意率在90%以上；有效地提高仙海旅游知名度和信誉度。为了保持良好的旅游秩序，在旅游高峰期增加警力，加强巡逻执勤。规范景区停车场、码头、天街旅游秩序，及时处置游客群体性事件，建立规范有序的旅游秩序。

【消防知识宣传】 2017年，仙海区消防安全工作以创建“平安仙海”为主线，印制《消防安全实用手册》《消防知识培训读本》等1万余册，制作宣传展板20余张，悬挂宣传横幅40余条，发放宣传资料，宣传手册1.8万余份。同时，利用“6·15”安全生产咨询日、“119”全国消防日等开展防火救援宣讲宣传10余场次。提高群众的防火意识和自救互救能力。4月，组织水上突发事件应急救助演练；9月在仙海区中心学校邀请游仙区消防大队、绵阳政安消防培训中心，组织师生开展消防应急逃生救援演练；8月至10月在辖区企事业单位和村（社区）开展消防安全知识培训21场次，参加培训的村（社区）干部、群众，学校师生和企业职工达2000余人。全年召开企事业单位、重点经营单位（加油站）寺庙等主要负责人参加消防安全工作会议3次，分析全区消防安全形势，安排部署消防安全工作。同时，提高旅游企业负责人和干部群众依法履职责任担当。

【防火安全监督】 2017年4月，消防人员在检查绵梓加油站发现自查记录管理不规范，未建立完善的消防安全管理制度和应急处置预案，灭火器材不达标等情况。要求限期整改，5月底复查已全部整改完成。为规范灭火器材检查记录，6月统一制定了灭火器检查表，并发放到各相关单位。7月，制定了消防安全专项整治方案。5~12月，重点检查学校、医院、旅游企业、人员密集场所消防安全自查、制度建立、专项整治情况。区党群工作部安排专人负责，采取了每月定期检查、每季度联合多部门大检查和单位自查相结合的方式进行。相关单位、场所做到每月有检查、有记录，发现隐患及时整改处理。全面排查并要求各旅游企业防火要有专人抓、专人管、专人落实，每日开展防火巡查并建立巡查记录；定期组织消防安全培训和防火演练；建立防火档案、确定防火重点部位。人员密集场所要明确落实组织疏散人员。全年检查共16次，出动检查人员63人次，发现消防违法行为和火灾隐患21处。同时也加强宗教活动场所防火监督检查力度。重点排查祭祀用品和用电、用气安全；两处寺庙的疏散通道及安全出口均保持畅通，部分灭火器材存在已过期或压力值不足，已于2017年年底全部更换整改完成。各村的日常防火监督工作，由村四职干部和各小组组长负责加强监管。

【燕子村四社山林火灾处置】 2017年1月27日，燕子村四社发生山林火灾。火灾发生后，该村村干部立即组织周围群众及时赶赴现场进行自救，同时向区管委会值班室报告。接报后区农业中心相关工作人员和公安分局迅速组织警力赶赴火灾现场实施救援。经过1小时后，火势基本得到控制，所有明火、暗火全部被扑灭。随后，农业中心介入调查火灾原因，因附近村民祭祖上坟所引发的山林火灾。

【仙海鸽王鱼庄火灾处置】 2017年12月12日11时许，仙海一鱼庄后厨油锅起火，沉抗派出所接警后，值班民警立即组织在所人员，携带灭火器材迅速赶往现场。通过使用消防面具、消防沙及灭火器等消防器材多次往返室内灭火，最终将火势控制。

（漆远陈）

户籍人口管理

【概况】 2017年，全区总人口22958人，总户数7975户。其中男性人口11456人，女性人口11502人，非农业人口12327人，农业人口10631人，暂住人口1026人，出生人口271人。

【户籍制度改革的实施意见出台】 2017年6月15日，仙海区管委会贯彻落实上级部门要求，结合辖区实际情况，出台《绵阳市仙海水利风景区管理委员会关于推进户籍制度改革的实施意见（试行）》（绵仙管委会发〔2017〕1号），主动适应经济社会发展需要，围绕实施转移农业人口市民化这一目标，积极发挥职能作用，以进一步放宽城镇户口迁移限制为突破口，密切结合全区户籍管理工作实际，持续深化户籍制度改革，加快城镇发展步伐，取得良好社会效果。全面放宽落户限制，打造快捷便利为民服务的工作机制。在仙海有合法稳定住所的人员，按照户籍管理规程，在手续齐全的条件下，可在本辖区申请登记户口。全面鼓励支持城市规划区失地农民入户城镇，促进一元化户籍管理机制。为了加速仙海的社会经济能力发展，根据区管委会出台的文件要求，在各部门的配合下，对辖区沉香社区建设后613名失地农民的户口全部办理了“农转非”业务；全面推行居住证登记申领，建立流动人口居住证管理制度。按照《居住证管理条例》文件下发实施，分局积极响应，针对在仙海登记居住半年以上，符合合法稳定就业、合法稳定住所、连续就读条件之一的人群，建立了流动人口管理制度，可在辖区实际居住地申领居住证。全年仙海区严格落实放宽户口迁移政策，规范户口迁移及管理，进一步加强流动人口管理，对流入居住人员468人全面核实登记；坚持做好户籍信息管理，全年办理居民身份证1300个，为近506名群众更换户口簿，办理死亡注销442条，办理新生儿入户270人，迁入户口89人、迁出户口66人。（漆小琬）

生态环境保护

【概况】 2017年6月30日，仙海区城管分局制定《环境保护整治工作方案》，成立仙海区城管分局环境保护工作领导小组，明确主要任务和责任分工，狠抓道路扬尘、建筑垃圾违规处置运输、社会生活噪音、餐饮油烟以及大气污染防治等环保工作，整治各类环境问题281起，实现了环境污染有效遏制的目标。

【道路扬尘治理】 2017年6月1日，仙海区城管分局制定《关于开展扬尘治理专项整治的实施方案》《关于道路清扫降尘专项整改方案》，组织开展道路扬尘治理巡查163次，设置固定检查点1个，纠正车辆覆盖不严89起，处理运输车辆“抛、洒、滴、漏”现象56起，处理路面污染现象93起，与建筑工地责任单位签订《扬尘污染治理承诺书》5份，发放宣传资料1000余份。

【建筑垃圾治理】 2017年6月1日至8月31日，仙海区城管分局开展建筑垃圾违规处置运输专项整治，建立《建筑垃圾违规处置运输问题统计表》《建筑垃圾运输车辆密闭不严统计台账》《在建施工工地》台账，开展专项巡查76次，设置固定检查点1个，累计检查车辆317辆次，处理乱倒垃圾现象22起，发放宣传资料1000余份，约谈工地负责人29次。

【社会生活噪音治理】 2017年6月1日，仙海区城管分局制定《社会生活噪音污染防治工作方案》，建立《涉及社会噪音商家台账》，处理各类噪音扰民问题3起，发放宣传资料1000余份。

【餐饮油烟治理】 2017年7月4日，仙海区城管分局制定《餐饮服务业油烟污染专项整治方案》，建立《餐饮油烟污染摸底排查登记表》，排查餐饮商家、食堂41家，发放整改通知书18份，督促整改完成安装油烟净化器12家。

【大气污染防治】 2017年6月30日，仙海区城管分局制定《大气污染防治工作方案》，建立大气污染防治常态化巡查机制，开展大气污染防治检查、督查130次，对农村生活垃圾、露天焚烧、露天烧烤、道路扬尘污染、油烟污染等现象进行了整治，发现和处理各类问题42起。

【农村生活垃圾治理】 2017年，仙海区治理办与各部门和村（社区）签订城乡环境综合治理目标责任书，明确责任。各村（居）成立农村生活垃圾治理工作领导小组，对全村（社区）生活垃圾治理负责。按照保证数量、方便实用、满足需要的原则，高标准进行设施配套，全域覆盖，已建成垃圾房107个，垃圾中转站1个，并在2017年11月–12月，对辖区各村（居）垃圾房使用情况进行了排查统计，垃圾收集转运覆盖率达到100%。指导各村（居）制定保洁员制度，建立农村生活垃圾治理常态化工作机制，对农村生活垃圾处理进行规范，农村生活垃圾无害化处理率达100%。

【“五乱”治理】 2017年，仙海区城管分局开展“城管进社区”志愿服务和文明劝导活动，组织文明劝导员对践踏花草破坏绿化、随处张贴、涂鸦、随意乱堆乱放、乱牵乱挂等不文明行为进行劝导40余次，组织流动宣传车在场镇、农村道路、居民小区进行宣传20余次，共计清理小广告270起，处理乱堆乱放137起，处理乱牵乱挂68起，处理沿街晾晒53起。

【违法建设整治】 2017年，仙海区违法建设得到有效遏制，开展违法建设专项巡查80余次，拆除违法建设5宗，共计510平方米，发放违法建设相关宣传资料4000余份，悬挂控违拆违宣传横幅37条，督促并指导辖区各村（居）、企业设置违法建设法制宣传栏22个。

（李　浩）

社会事业
Social Undertakings

※ 民生工程

People´s Livelihood Project

※ 社会保险

Social Insurance

※ 社会保障

Social Security

※ 就业服务

Employment Service

※ 老龄事业

The Cause of Ageing

※ 残疾人事业

Career for the Disabled

民生工程

【概况】 2017年，仙海区负责实施的省级民生工程项目共8大类33项，分别为就业促进、扶贫解困、教育助学、社会保障、医疗卫生、民生基础设施、生态环境、文化体育，以及20件民生大事共5项。已全面完成。其中：省级民生工程完成率达到110%以上的12项，分别是：城镇新增就业（完成率228%）、城镇失业人员再就业（完成率200%）、就业困难人员就业（完成率760%）、城镇登记失业率低于4%，实际仅有3.03%（完成率124.3%）、下岗失业人员再就业（完成率120%）、法律援助（完成率133%）、其他法律援助事项（完成率133%）、对贫困白内障患者实施复明手术（完成率200%）、资助家庭困难职工子女上学（完成率212.5%）、为重度残疾人发放护理补贴（完成率138%）、开放体育场馆体育锻炼（完成率125%）、加大重大传染病和地方病防治（完成率110%）。计划投入财政资金0.075亿元，已到位0.074亿元，达到计划的98.67%。其中，上级补助0.061亿元，达到计划的97.90%；本级投入0.013亿元，达到计划的101.62%。

【市级民生工程】 2017年，仙海区负责实施的市级民生项目共7大类11小项，已全面完成。其中：完成率达到110%以上的5项，分别是：城乡特殊困难群众应急救助（完成率133%）、农村义务教育学校学生免费午餐（完成率118%）、金秋助学（完成率245%）、食品、药品、化妆品快速检测（完成率120%）、开展校园“三大球”县级以上联赛（完成率120%）。计划投入财政资金0.02亿元，全部为本级资金，至年底已全部拨付到位。

【就业促进工程】 2017年，全区城镇新增就业160人，完成364人，完成率228%；城镇失业人员再就业50人，完成100人，完成率200%；就业困难人员再就业10人，完成76人，完成率760%；城镇登记失业率4%以内，实际城镇登记失业率3.03%，低于目标0.97%，完成任务；青年劳动力培训100人，完成100人，完成率100%；促进高校毕业生成功创业2人；城乡残疾人居家灵活就业34人，已完成34人（完成率100%）。扶持农村贫困残疾人发展生产10人，已完成10人（完成率100%）。

【扶贫解困工程】 2017年，全区法律援助400人次，完成531人次，完成率133%；其他法律援助事项（件）400件，完成531件，完成率133%。为重度残疾人发放护理补贴143名，已完成214名（完成率149%）。按要求为城乡困难群众提供最低生活保障，向持有第二代“残疾人证”的低保对象发放困难残疾人生活补贴（70元/人·月），共发放17.9万万元，全面实现低保线和贫困线“两线合一”。

城乡救助范围内住院自付费用救助70%，仙海区达75%（完成率107%）。对贫困白内障患者实施复明手术5例，已完成10例（完成率200%）。减免非民族地区家庭经济困难在园幼儿保教费50名，已完成50名（完成率100%）。

【义务教育工程】 2017年，仙海区对义务教育阶段学生全部免除学杂费、免费提供教科书和作业本1000名，已完成1070名（完成率107%）。对家庭经济困难寄宿学生发放生活补助300人，已完成300人（完成率100%）。资助业余训练贫困学生运动员2人，已完成2人（完成率100%）。“三区”人才支持计划教师专项计划2人，已完成2名（完成率100%）。

（陈相竹　王旭丽　罗　菲）

社会保险

【概况】 2017年，仙海区坚持以扩面征缴、基金管理、社保服务为重点，继续全面实施社会保险“一补、三降、四提高”政策。全区社会保险累计参保15219人，征缴社会保险费7148.89万元。领取养老保险待遇的退休人员4989人（其中机关事业单位领取养老保险待遇的退休人员有58人、企业职工领取养老保险待遇的退休人员有949人、城乡居民领取养老保险待遇的退休人员有3983人），全年支付退休人员养老保险待遇1899.08万元。

【企业职工养老保险】 2017年，全区企业职工养老保险累计参保3214人（含失地农民），征缴养老保险费共计6026.36万元。全区领取保险待遇的企业退休人员共计9498人，按时足额发放企业退休人员养老金1198.98万元，办理领取养老保险待遇资格认证961人（其中代管市级退休人员12人，异地认证28人，区本级退休人员921人），认证率为100%。办理养老保险关系转移57人（其中转入52人，转出5人）。

【城乡居民养老保险】 2017年，仙海区参加城乡居民基本养老保险11700人，缴费人数6089人,征缴城乡居民养老保险费174.32万元；领取城乡居民基本养老保险待遇3983人，按时足额发放城乡居民社会养老保险养老金409.34万元。办理城乡居民社会养老保险待遇领取资格认证3983人，认证率为100%。

【机关事业单位养老保险】 至2017年底，全区共有215人参加机关事业单位养老保险,共征缴保险费397.04万元、职业年金171.41万元，按时足额发放机关事业单位养老保险待遇290.75万元。

【养老保险待遇调整】 至2017年底，仙海区区本级退休并享受养老保险待遇调整政策人员共计971人，其中：企业退休人员921人，人均每月增加基础养老金85.5元；机关事业单位退休人员50人，人均每月增加基础养老金 192.3 元。

【基本医疗保险】 2017 年，全区基本医疗保险参保 1900 人，其中城镇职工医疗保险参保 1000 人、城镇居民基本医疗保险参保 900 人，征缴医疗保险费 315.76 万元，其中：城镇职工医疗保险征集 296.13 万元，城镇居民医疗保险征集 19.63 万元。办理城镇职工医疗保险关系转移 39 人（转入 37 人、转出 2 人）。

【医疗大病补充保险】 2017 年，全区城镇职工大病补充医疗保险参保 1000 人，征缴城镇职工大病补充医疗保险费 12.01 万元。城镇居民大病补充医疗保险参保 923 人。

【失业保险】 至 2017 年底，全区失业保险参保 482 人，征缴失业保险费 21.41 万元，发放失业保险金 6 人，2.31 万元，为失业人员缴纳基本医疗保险费共计 0.91 万元；向符合政策规定条件的 11 家企业发放失业保险稳定岗位补贴 2.64 万元,普惠职工 117 人。

【工伤保险】 2017 年，仙海区工伤保险参保 530 人，征缴工伤保险费 10.43 万元；支付工伤保险费 2 人次 4.85 万元，其中支付工伤医疗费用报销 2 人次 4.85 万元。

【生育保险】 2017 年，仙海区生育保险参保 530 人，征缴生育保险费 12.28 万元；支付生育保险费 11 人次 9.55 万元，其中支付生育医疗费 3.41 万元，支付生育津贴 6.14 万元。 （宋 瑶）

社会保障

【概况】 2017 年，全区城乡低保的受理、审核、审批、民主评议、入户调查、公示、发放等工作流程进一步规范。低保救助金实现社会化发放，直接发放到每一位救助对象手中。全年共有 61 户 89 人享受城市低保，每月发放低保金 2.3 万余元，共发放城市低保金 27 万余元；共有 357 户 373 人享受农村低保，每月发放低保金 4.8 万余元，全年发放农村低保资金 58 万余元。

【城乡医疗救助】 2017 年，仙海区按照省、市相关文件精神，加大医疗救助力度，合理界定救助范围，着力提高救助水平。全年为城乡低保、特困供养对象等群众共有 680 人（新农合补助每人 150 元）发放医疗救助，全年累计发放临时救助资金 90 余万元。

【特困人员供养和临时救助】 2017 年，全区农村特困供养对象工作达到应保尽保，全区共有 93 人享受特困人员补助，共中分散供养 73 人，全年发放补助金 30 余万元，集中供养特困人员 20 人，补助资金 38 万余元。根据个人申请和村社证明，区社发局调查核实，全年共解决临时性困难家庭 80 余户，发放资金 3 万余元；

发放特殊困难救助18人，发放资金3.9万余元。

【养老服务机构】 2017年，仙海建成并投入使用一所私营养老机构——绵阳益康老年护理院。按绵阳市政府“十二五”医疗卫生规划，经市卫生主管部门批准，省卫生厅审核，依照卫生部颁发的《护理院基本标准（2011版）》新建的第一所医疗机构和养老机构融为一体的非营利性老年医学专业机构。是川西北地区首家推行“医养结合”模式的老年医学护理院。经绵阳市卫计委核发的“医疗机构执业许可证”，并取得绵阳市医疗保险定点医疗机构资格和绵阳市新农合定点医疗机构资格。绵阳益康老年护理院下设的仙海、小枧两个院区，均属“5·12”地震灾后重建八级设防专用养老工程，占地13公顷，共有床位260张，是由三甲医院退休的医学专家团队，以“社会力量参与公办养老机构建设和运行管理”的非营利性的老年医学服务机构。在绵阳市首创“医养结合”模式，每天24小时提供生活照料及医疗服务。

【劳动监察与关系调解】 2017年，全区立足提高企事业单位依法用工和群众依法维权的意识，全年组织开展《中华人民共和国社会保险法》《中华人民共和国劳动合同法》《中华人民共和国工伤保险条例》等劳动保障政策法规集中宣传活动4次，政务专栏宣传4期，印发宣传资料2000份，接受群众咨询180余人次；坚持监督与预防并举，全年组织开展清理规范劳动市场秩序、《中华人民共和国劳动合同法》执行情况、农民工工资支付情况等专项检查6次，检查各类用人单位20余户，涉及劳动者1200余人，查处未支付劳动者工资违法案件5件。加强依法调处力度，全年协调处理突发性事件13起，受理投诉案件4起，结案数4起，结案率100%，及时为农民工讨回工资157.9万元，有效维护劳动者的合法权益。

【社会救助】 2017年，仙海区有1个公建民营（医养结合）的绵阳益康老年护理院，有2个日间照料中心，分别是七曲日间照料中心和益康日间照料中心。全年为400名60岁以上困难家庭失能老人和80周岁以上老人提供居家养老服务。全区有61户89人享受城市低保，每月发放低保金2.3万余元，全年共发放城市低保金27万余元；共有357户373人享受农村低保，每月发放低保金4.8万余元，全年发放农村低保资金58万余元。农村特困供养对象工作达到了应保尽保，全区共有93人享受特困人员补助，其中分散供养73人，全年发放补助金30余万元，集中供养特困人员20人，补助资金38万余元。有分散供养孤儿2人，按照要求及时足额将补助资金发放到位，全年发放资金1.9万余元。发放重度残疾人护理补贴及生活补贴全年累计发放5000余人次，发放资金36万余元。2017年共解决临时性困难家庭80余户，发放资金3万余元；发放特殊困难救助18人，发放资金3.9万余元。2017年城乡低保、特困供养对象等群众共有680人（含新农合补助每人150元）享受医疗救助，全年累计发放补助资金90余万元。

【优抚安置】 2017年，仙海区各类优抚对象226人，发放优抚资金110余万元。退役士兵接收7人，其中自主就业6人，安置转业士官1人，共发放资金21万余元。发放义务兵优待金24人33万余元。

（陆建华）

就业服务

【概况】 2017年，仙海区围绕民生为本、就业优先为主线，以问题为导向，着力稳就业、促创业、保民生、解难题，以促进失地农民、高校毕业生、军队退役人员等重点群体就业创业为重点，以“技能、就业扶持，援企稳岗，用工监管”为保障，确保就业工作落到实处，增强群众的满意度和幸福感。2017年，全区城镇新增就业364人，下岗失业人员实现再就业100人，援助困难对象就业76人，促进高校毕业生成功创业2人。农村劳动力实名登记入库1.0036万人，就业登记2105人，城镇登记失业率3.03%，低于全市4%的控制目标。

【就业促进】 2017年，仙海区按照“重服务、强技能、搭平台、抓帮扶”的工作思路，积极组织开展各种形式的就业创业促进活动。全年印发宣传资料5万余份、宣传手册5000余册。组织150余家用工企业参加“仙海区2017‘春风送岗位·四项承诺’”金秋招聘月、就业援助月等现场招聘会，提供就业岗位1500余个，经过现场面试，初步达成就业意向有2500余人。全年开发社会治安协管员、网格员、公共卫生保洁员、园林绿化、巡河员等40多个公益性岗位。落实积极的就业扶持政策，全年发放就业援助人员岗位补贴29.4万元，社保补贴15.4万元，为41名灵活就业人员发放社保补贴8.2万元，为2名大学生发放创业补贴2万元。全年开展SYB创业培训3期，培训人员68人；组织举办各类职业技能培训班4次，培训各类劳动力114人，其中青年劳动者技能培训100人。

（罗 菲）

老龄事业

【概况】 2017年，仙海区投入50余万元，新建老年健身活动场地2处、健身路径2条、老人日间照料中心1个。各村（居）在原有基础上，新建、改建、扩建老年活动场所、阵地15处，让老年人有活动场地、活动器具；实施老人“六必访”项目，组织开展对困难老人，弱势群体，优抚对象，70周岁以上老党员，80岁以上老年人每年1次以上慰问；百岁老人及特困老人一年2次以上慰问活动；落实高龄补贴政策。按照政府政策规定，及时足额发放高龄补贴。其中，80~89岁发放标准为每人每月50元，90~99岁每人每月100元，100岁以上每人每月400元。坚持实行每月打卡发放，全年发放资金35.7万元；全区有93名特困老人，其中20人由政府购买服务，在益康护理院集中供养。

【"一门受理、协同办理"机制建立】 2017年，仙海区便民服务中心设立统一的救助申请受理窗口，方便帮助困难老年人，解决他们的实际困难和具体问题。全年解决150余人次6万余元；为400名80周岁以上老年人提供居家养老服务，给每位老人免费提供手机一部，每月提供10元话费，方便老人与协会联系，并定期开展上门服务和重大节日开展走访慰问等活动。

【开展老年文体活动】 2017年，仙海区坚持开展广场舞活动，全区现有文艺队10余个，广场舞队伍15支。全年组织老年文体爱好者参加各类演出50余场。成立老年人志愿组织5个，组织身体好的老年人到景区和场镇，参加文明劝导、生态环保等志愿服务活动共30余次400余人/次。

【老年信访接待和敬老月慰问】 2017年，仙海区实行信访来访登记制度，全年处理老年人来信、来访、来电话30余人（件）次，解决各项矛盾30余（件）次，处理率达96%以上。组织辖区17个村社区广泛开展"敬老月"为老年人送温暖慰问活动，通过开茶话会、座谈会和领导干部走访等形式慰问辖区老人。（吴　勇）

残疾人事业

【概况】 2017年，仙海区持有二代证残疾人562人，其中一级残疾100人、二级残疾102人、三级残疾91人、四级残疾169人。全区有一、二级重度残疾人202名，重度残疾人护理补贴全部按月发放，投入资金15.7余万元；3名符合条件的下肢残疾人按每人每年365元的标准发放机动轮椅车燃油补贴费1095元；为贫困残疾人适配亟须的基本辅助器具助听器一副1人，轮椅一副1人；救助2名0~6岁贫困家庭脑瘫儿童康复训练；居家灵活就业按配套资金每人500元进行发放直补补贴2000元4人；残疾人就业（创业）直补专项补助按配套资金5000元进行发放2人。

【残疾人民生工程】 2017年，仙海区帮助农村贫困残疾人扶贫解困10人，通过物资扶持每人发放鸡苗15只养殖，发放扶贫资金每人200元。落实资金5000元。全区开展春风送岗位活动，组织福利企业在区、村举办残疾人就业招聘会，对全区有就业意愿的残疾人进行职业技能培训，完成城乡残疾人居家灵活就业 34 人。落实资金 2500 元。

【残疾人社会保障】 2017 年，全区残疾人最低生活保障 206 人；特困人员供养 2 人；医疗救助 8 人；困难残疾人生活补助 104 人；职工社会医疗保险 19 人；城乡医保（新农合医疗保险）562 人。全年全区完成实施贫困白内障患免费复明手术 6 例、脑瘫儿童康复训练 2 例。

（吴　勇）

社区·村

Community and Village

※ 海棠社区

Haitang Community

※ 沉香社区

Chenxiang Community

※ 八角庙村

Bajiaomiao Village

※ 月台村

Yuetai Village

※ 桃花村

Taohua Village

※ 黄金村

Golden Village

※ 天生桥村

Tianshengqiao Village

※ 铜瓦村

Tongwa Village

※ 长河堰村

Changheyan Village

※ 徐家桥村

Xujiaqiao Village

※ 抗香村

Kangxiang Village

※ 蔡家桥村

Caijiaqiao Village

※ 石河堰村

Shiheyan Village

※ 七曲村

Qiqu Village

※ 锦屏村

Jinping Village

※ 石桥村

Shiqiao Village

※ 燕子村

Yanzi Village

海棠社区

【概况】 沉抗镇海棠社区居民委员会2000年成立。位于绵阳市仙海水利风景区沉抗镇仙海路35号，距绵阳城区13千米，社区东至沉抗水库，南至燕子村，西至长河堰村，北至沉香村，面积0.9平方千米，10条街道，1个小区，总人口977户，2696人，4个居民小组，个体商户269户、商铺876间，居民住宅房986套，社区范围内驻行政、企事业单位13个，5处广场、湿地面积6600余平方米。海棠社区是一个于1996年因沉抗水库建设移民搬迁及失地农民构成和仙海不断发展形成的新型社区，水、电、气、路、网络等基础设施完善，22路、24路公交车直达和过境社区。曾获国家地震局颁发“国家地震安全示范社区” 奖项1个，四川省体育局颁发“四川省全民健身活动先进单位”和四川省地震局颁发“四川省防震减灾示范社区”奖项2个。

【海棠社区第十届党支部委员会、居民委员会换届选举】 2017年1月9日，海棠社区第十届党支部委员会进行换届选举。仙海区党群工作部安排挂职社区第一书记骆国强主持换届选举工作，选举产生党支部书记：舒顺金；党支部委员：马昌文、杨清。2017年1月11日，社区开始第十届居民委员会换届选举工作，依据法律程序，进行推选居民选举委员会，建立了以舒顺金为组长，何林为副组长，张龙、张世堂、龙运菊为成员的换届选举领导小组，先后进行了宣传教育、有选举权的居民登记、提名、预选确定正式候选人等阶段。2月22日，召开选举大会，采取无计名方式，选民直选居委会成员。选出社区第十届居民委员会主任马昌文，委员杨清、敬全广、吕国华、蒲莉娟。居民小组长、居民代表、居务监督委员会的换届从2月27日开始。居委会对下辖4个居民小组、单位的居民代表、居民小组长开展换届推选工作。采取无计名方式，直选出居民小组组长4名，居民代表22名；直选出学校居民代表3名、医院居民代表1名、信用社居民代表1名、派出所居民代表1名、政府居民代表1名，居民小组和单位推选居民代表29名。通过居民代表大会，采取无计名方式，直选出居务监督委员会主任1名，委员2名。3月4日选举工作结束。

【社区综合建设】 2017年，社区健全社区妇联、工会、居委会人民调解委员会、居委会治安保卫委员会、社区劳动就业和社会保障服务站、老年协会分会等职能机构，完善和充实社区教育学习中心、市民学校、法治道德讲堂、家长学校、未成年人辅导站，建立电子图书阅览室、妇女儿童之家，形成组织完善的社区运行机制，使服务居民无盲区。在基层群众自治和社区治理方面，制定社区居民会议制度、社区居民议事制度、社区居委会工作职责、居委会主任职责、居委会委员职责、居委会工作报告制度、居务财务公开制度等规章制度；坚持依法治理，发挥法治在社区治理和社会管理中的重要作用并与单位和住户签订各类目标责任书，推进居民自治和社区治理各项工作。

【《居规民约十不准》出台】 2017年，海棠社区“两委”结合法治绵阳、法治仙海建设和社区实际，根据《中华人民共和国城市居民委员会组织法》第十五条制定《居规民约十不准》。6月15日，“两委”会审议通过。8月16日，居民代表大会审议通过。8月16日，海棠社区《居民公约、居民守则、居民行为十不准》出台。居规民约十不准的内容是：一不准随地吐痰、二不准乱扔垃圾、三不准乱堆乱倒、四不准乱搭乱建、五不准乱贴乱画、六不准粗言脏语、七不准乱停车辆、八不准乱摆摊点、九不准损坏公物、十不准破坏绿化。

【社区便民服务】 2017年，社区推出便民利民的延时、假日、预约、代理“五项”服务和跟踪问效服务举措。建立完善“无偿+低偿”的志愿服务机制。建立生病住院必访、老年人家庭有突发事件必访、生活困难家庭必访、家有丧亡事件必访、重症大病必访、权益受损必访的“六必访”服务机制。开展邻里守望结对子服务活动，注重邻里服务互助，针对不同群体提供“社会互助”“邻里守望”等基础服务和个性化服务。开展夏送凉爽冬送暖专项服务活动，为老年人、残疾人、优抚对象提供社会服务，走访上门服务，走访慰问高龄、残疾、重病、空巢、留守儿童40余人次。

【海棠社区志愿服务站】 2011年1月成立，社区组织成立社区书记为组长，区联系社区领导为副组长，社区各志愿者服务队队长、辖区各单位负责人为成员的志愿服务工作领导小组，全面负责社区各项志愿服务工作开展。配备站长、副站长，设置办公室主任岗，由一名副站长兼任办公室主任处理日常事务。志愿服务站下设守望平安、爱心驿站、生态环保、小善大爱、诚信建设、生态环保、法治建设、白衣天使8个志愿服务分队,现注册志愿者116人。2017年，服务站结合社区实际，按照“小型化、专业化、品牌化”的原则，按需求设置家政服务、文体活动、心里疏导、医疗保健、法律服务等志愿服务项目。以学雷锋树新风、关爱空巢老人、关爱留守儿童、我们的节日等活动为载体，开展扶弱济困、关爱未成年人、交通安全、商业诚信、医疗保健知识讲座、环境整治、法制宣传、文化体育、走基层送温暖、党员结对帮扶等100余次志愿服务活动。

【社区教育学习中心】 2015年5月15日，在市教体局、市社区大学、仙海区管委会的支持下，社区教育学习中心挂牌成立。主要功能是整合各类社会公共教育力量，构建灵活、开放的居民终身教育体系，创造人人皆学、时时能学、处处可学的良好社会环境，促进居民终身学习。主要作用是积极培育和践行社会主义核心价值观，以社会主义核心价值体系引领社会思潮，最大限度地在居民中形成思想共识。为辖区居民构建灵活、开放的教育形式，创造时时能学，处处可学的环境条件。2017年，开展舞蹈教育学习班、书画、摄影教育学习班、益康护理教育学习班、太极教学班，开展教育学习和成果展示。举办闹元宵、三八节、感恩母亲节、欢度国庆浓情中秋、九九佳节敬老情等系列群众文体活动；开展摄影作品、书法作品征集选送活动。

【"精彩人生　女性终身学习"暨巾帼文明健身培训】　2017年10月20日，仙海区妇联、社区教育学习中心主办的"精彩人生女性终身学习"暨巾帼文明健身培训在海棠社区举行。培训邀请绵阳社区大学的周静蓉老师、助教谢芙蓉和林红为之授课。仙海区15个村和2个社区的200余名文艺骨干及志愿者参加培训。

（舒顺金）

沉香社区

【概况】　沉香社区是沉抗镇所辖的两个社区之一，2003年成立仙海区后，游仙区新桥镇东华村分割为两个村——东华村、沉香村，东华村属新桥镇，沉香村属沉抗镇。2016年，沉香村民委员会改为沉香社区居民委员会。社区位于仙海区沉抗镇以北，东接锦屏村、南邻长河堰村，西靠新桥镇铜铃村、北邻新桥镇东华村，辖区面积2.05平方千米。2010—2013年，在仙海区建设总体规划下，统征统转3个农业合作社，统转人口639人，231户。截至2017年年底，社区辖4个居民小组，339户，总人口1056人。全社区居民人均可支配收入15000元，比2016年增加840元，同比增长7%。2017年，社区获仙海区"文明社区"称号。

【社区基层组织建设】　社区基层组织完善，有社区党支部和社区居民委员会。2017年，沉香社区党支部设4个党小组，有党员48名（男性党员37名、女性党员11名），大专以上党员3人。2017年，制定《沉香社区干部管理规定》，建立《党员信息库》，对党员进行有效的管理。1月9日，沉香社区党支部进行第十届支部委员会换届选举，选举产生党支部书记：梁小兵，支委会委员：彭超、赵凤英。

2017年，社区制定《居规民约》《居民公约》《社区公章使用管理规定》《社区居民小组长考核办法》。建立《社区人口信息库》《社区退休人员信息库》《退伍军人信息库》《社区驾驶员、机动车信息库》。成立社区防汛抗洪应急分队，社区联防队。3月21日，居委会召开社区居民大会，进行社区第十届换届选举，选举产生沉香社区主任：彭超，委员：赵建、赵凤英、赵树林、赵金容。

【社区便民服务】 2017年，社区现有低保户4户，“五保户”2人，带病回乡退伍军人2人，参战、参试人员2人，60岁以上农村籍士兵1人，办理残疾证人员17名（一、二级10人），办理购买2018年度城乡医疗保险人员897人，认证退休人员240人。办理生育服务证17个，流动人口婚育证8个。针对辖区内的4户低保家庭，一方面社区节假日慰问，另一方面，社区工作人员定期走访，了解他们的实际困难和需求。社区现有残疾人27人，有残疾证的17人，其中一级3人、二级10人、三级及以上4人。针对残疾人服务，社区工作人员帮助符合条件的10人办理低保救助和护理补贴，解决残疾人家庭基本生活，并向他们宣传相关的法规和优惠政策。社区退休人员240人，女性156人，80~90岁老人15人，90岁以上老人3人：何桂英，93岁；张桂芳，94岁；赵仁福，92岁，按规发放高龄老人补贴。社区利用资源建立图书室，拥有各类书籍1000余册，设置活动室，乒乓球台，健身器材。2017年上半年组织65岁老年人，糖尿病、高血压患者到仙海医院体检。2017年下半年对当年上半年未能到医院体检的人员组织进行复检和随诊。

【志愿服务活动】 2017年，社区成立一支50多人的志愿者队伍，定期为社区居民开展无偿服务。开展环境保护、清理白

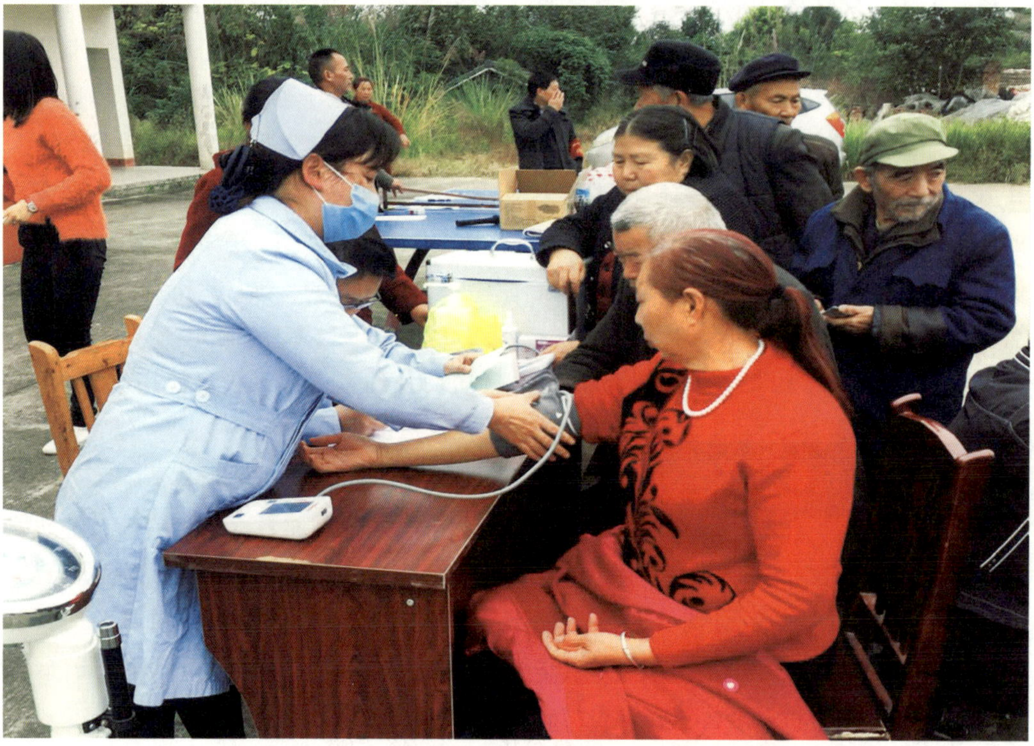

社区医务工作人员为老年人进行体检

社区舞蹈队为居民表演节目

色垃圾、打扫环境卫生活动5次，法律法规宣传10次。社区成立舞蹈队、腰鼓队两支业余文化活动队伍，每逢节假日、纪念日，结合全社区情况和当前形势自编自演文艺节目，为居民演出。3月28日，舞蹈队参加游仙区桃花节广场舞大赛获优秀奖。

【“家·温暖”新春联欢活动】 2017年1月28日，社区“两委”主办以“家·温暖”为主题举办新春联欢活动。社区邀请演出公司与辖区居民一起表演文艺节目，节目形式包括独唱、舞蹈、杂技、小品，居民通过自编自演，活跃基层文化。社区居民约350人参加此次活动。

【“您陪我成长　我陪您变老”敬老爱老活动】 2017年10月28日，沉香社区党支部、社区居委会组织，以“您陪我成长　我陪您变老”为主题敬老爱老系列活动在社区广场举行。活动期间，为全社区的老年人进行免费健康体检，举行文艺节目表演，组织社区老年人乘坐游船游览仙海湖，社区147名老年人参加活动。

八角庙村

【概况】　八角庙村位于仙海区东部，属于浅丘陵地形地貌，因村内有座八角形的寺庙而得名。有村民小组8个，总户数313户，居住人口1023人（80岁及以上人口有26人）；全村总面积约300公顷，有耕地面积116公顷（其中有地67.8公顷、水田48.2公顷），山林152.4公顷；全村主要农作物有小麦、水稻、玉米，小麦251吨，水稻342吨，玉米176吨；主要经济作物是蚕桑，创产值98万元。2017年，全村粮食产量789吨。辖区内有绵阳市绿博花都及奥亿森有限公司。截至年底，全村集体收入1636.8万元，同比增长0.013%；居民人均可支配收入16000元，比2016年增2046元，同比增长0.013%；八角庙村被仙海区评为“四好村”。

【村“两委”机构建设】　八角庙村“两委”组织健全，设有中共八角庙村支部委员会，有党小组7个；八角庙村村民委员会，辖8个村民小组。2017年，党支部有党员49名，其中男性党员44名、女性党员5名，在册党员大专文化程度以上党员人数占30%，退休党员人数占40%，流动党员人数占25%。培训入党积极分子1人，纳入入党积极分子培养对象1人，建立村后备干部人才库，纳入村后备干部管理3人。

八角村优质水稻产业

2016 年 12 月 29 日，村党支部召开党员大会，进行中共八角庙村第十届支部委员会换届选举，选举产生党支部书记 1 名（唐育军），支委 2 名（朱成富、雷天兵）。

2017 年 2 月 22 日，村委会召开村民大会，进行村委会第十届居民委员会换届选举，选举产生八角庙村村主任 1 名（朱成富），委员 2 名（雷宇、常述清）。

【社会事业保障服务】 2017 年，村委会有残疾人 24 人，一、二级残疾人 10 人，高龄老人 26 人，优抚人员 3 名，“五保户”4 人，低保户人员 4 名，组织开展温暖万家行活动及残疾人康复知识讲座。参加城乡居民医疗保险 868 余人，居民养老保险540 人。截至年底，全村在读学生 61 人，其中适龄儿童入学 54 人，入学率 100%，建有村医疗卫生服务中心 1 家，医务人员 1 名，为全村群众提供医疗就诊 2000 余人次；村“农家书屋”藏书 1002 册。

【村志愿服务】 2017 年，村委会弘扬“奉献、友爱、互助、进步”的志愿者精神，新组建八角庙健身舞蹈队、防溺水救援队 2 支志愿服务队伍；开展对不文明行为进行劝导及制止、清理白色垃圾和烟头等清理家园活动，全年开展保护环境志愿服务活动 18 次，参与人数达 56 人。结合村委会实际，全年为辖区空巢老人、残疾人、困难群众等居民开展疾病预防等健康知识讲座 4 次，心理咨询 4 次；开展普法教育活动，关爱未成人教育 4 次。

【村民服务信息平台建设】 2017 年，村“两委”针对辖区面积大、分散广、流动性大的情况，建立村、社管理台账，利用“互联网+”思维理念，建立 2 个微信服务群，方便对村民的服务、管理。利用 QQ、微信、公众平台建立相应宣传联系平台 9 个（八角庙村党支部正能量群、社长群、8 个村民小组微信群），涉及关注加入人数 500 余人次，做到随时更新，充分发挥互联网、微信、QQ、网格员等多信息平台，合理利用网格，基本实现村“7×24 小时服务模式”，让村支“两委”人员做到全方面、全时段地服务群众。

【开展“家风家训”进家庭活动】 2017 年，村委会围绕精神文明建设，宣传并践行社会主义核心价值观，通过墙报、宣传栏、公开栏等形式，让家风家训走进每个村民小组、走进每个农户家开展宣传活动共计 25 次。在春节、元宵节、端午节、中秋节、重阳节等中华民族传统节日期间，开展“我们的节日”系列宣传教育和庆祝活动共计 7 次。在八角庙六社建设村“家风家训”文化长廊，“家风家训”文化长廊的主要内容有：人际交往、制作手工品。

绿博花都

【绵阳市绿博花都项目】 2012年，该项目开始建设，项目由绿博有限公司投资，总投资5000万元，项目设在八角庙村五社和桃花村二、三社，占地面积约200公顷，项目的特色以种植、观光为主，主要经营水果、花卉、经济林木。 （雷 宇）

月台村

【概况】 月台村村名由来是因唐皇玄宗李隆基在位时出巡路过一无名庵堂歇脚饮茶，抬头见明月当空照影石台，遂为庵堂赐名为月台庵，随后庵堂所在的村子就以月台村为名并世代相传沿用至今。月台村位仙海西南方8千米处，村民委员会位于月台村九组57号，全村有11个村民小组，618户，总人口1801人。2017年，月台村新型农村合作医疗参保人数1538人，最低生活保障17人，“五保”供养8人。辖区面积878.69公顷（13180.35千米），其中有田面积67.56公顷，地面积69.19公顷，山林面积225.46公顷。有小（二）型五八水库一处，河道6000余米，塘库堰12座。全村宅基地面积5.4万平方米。全村11个村民小组均通天然气、自来水、宽带互联网并进行电网改造。84路公交车过境本村，全村主要以水果、蔬菜种植为主，有水果种植专业合作社2个、家庭农场1个、农家乐1个。2017年月台村村民人均可支配收入0.15万元。从2003年仙海建区以来，获市级奖项1个、区级奖项22个。2017年6月14日，月台村村委会荣获2016年度绵阳市无偿献血工作先进单位；6月，由中共绵阳市仙海水利风景区工作委员会授予月台村党支部先进党支部称号；6月，月台村二组党员李琴被中共绵阳市仙海水利风景区工作委员会评选为优秀共产党员。

【村基层组织建设】 月台村基层组织健全，有党支部和村委会。村党支部有7个党小组，党员67人，其中男性党员51人、女性党员16人，预备党员1人，2016年12月召开党员大会选举产生第十届支部委员会，选举支部书记1人（冯欢），委员2名（廖一龙、黎斌）。2017年2月22日，召开选举大会，选出村第十届村民委员会主任1名（宋华友），副主任1名（何娅），委员2名（杨雪、李琴）。2月25日开始。直选出村民小组组长11名，村民代表31名（11名妇女小组长）。直选出村务监督委员会主任1名，委员2名。全村健全村妇联、工会、村人民调解委员会、村劳动就业和社会保障服务站、老年协会分会等职能机构，完善和充实村教育学习中心、农民夜校、法治道德讲堂，建立阳光书屋、妇女儿童之家、村级医务室，形成组织完善的村运行机制。

【《月台村村规民约》出台】 2017年，村“两委”结合本村实际情况，制定《月台村村规民约》（以下简称《村规民约》）。2017年3月8日，《村规民约》正式实施。《村规民约》共1章13条，主要内容如下：为了加强村民自治，树立形成良好的村风，民风，经村民代表会议讨论通过，制定本村规民约。

一、全体村民均有保护耕地的义务。村内任何组织和个人使用土地都应服从全村的统一规划和调整，不得侵占或者以其他形式非法转让土地、改变土地使用性质。

二、村民建房必须服从统一规划，并按照规定程序申报，在区城建局领取“建房许可证”后，按批准的地点和面积施工建房。

大棚葡萄

三、本村在评定“困难群众”时，坚持各组初评，报村委会，并通过村民代表大会审议后，报区社发局审核。

四、全面推广二孩政策，实行优生优育。村民不得非法生育、非法抱养；不得歧视、虐待女婴及其生母和不育的妇女；同时确保学龄儿童和青少年依法接受九年制义务教育；父母对未成年子女必须依法履行抚养义务，成年子女及其配偶，对父母必须依法履行赡养义务；要尊老爱幼，维护老人、妇女、儿童在社会和家庭生活中的合法权益，禁止虐待、遗弃、伤害等行为。村民发生赡养纠纷时，由村调解委员会进行调解，调解不成的，村民委员会支持被赡养人依法向人民法院提起诉讼。

五、本村任何单位和个人严禁寻衅滋事，扰乱社会治安；不得非法侵占他人及公共财产；严禁乱砍滥伐；严禁乱堆乱放及禁烧秸秆；严禁传播黄、赌、毒；严禁参与邪教组织和利用非法组织活动造谣惑众，骗取财物；情节严重的，提请司法机关依法处理。

六、凡符合服兵役条件的本村村民，都有服兵役的义务，应积极主动参加兵役登记、体检和应征。

七、严格执行信访条例，不得违法违规上访。

八、提倡勤俭节约，反对婚嫁、丧葬大操大办。

九、全体村民要学法、守法，学会用法律武器保护自己同时也保护他人，要积极学习技能知识，自力更生勤劳致富，参与建设新农村，传播社会正能量，使我村的文明村风、村貌、经济更上一个新台阶。

十、违反本村规民约的，除触犯法律由有关部门依法处理外，村民委员会可作出如下处理：

1. 予以批评教育；

2. 责令其恢复原状或作价赔偿；

3. 取消享受或者暂缓享受村里的各种优惠待遇；

4. 执行差的户、以会议、公示栏、广播、自媒体等形式予以公示通报，每季度评选一次。

十一、凡被依法处罚或违反本村规民约的农户，在本年度不评先进、文明户、五好家庭户、遵纪守法户。外来人员在本村居住的参照执行本村规民约。

十二、本村规民约有与国家法律、法规、政策相抵触的，按国家规定执行。

十三、本村规民约自村民代表会议讨论通过之日（2017 年 3 月 8 日）起施行。

【基础设施建设】 月台村自 2003 年开始组织动员全村群众，通过施行村民自愿投资投劳，向上级争取资金与农业招商引资项目支持建设等相结合的办法，推进本村改路、改水、改电、改气建设，完善通信等配套设施。2007 年 7 月，由本村村民赵云强捐资 20 万元修建村民委员会办公楼 1 栋，三层 360 平方米，内含村级医务室、图书文化室、果协办公室、村幼儿园，新建文化广场 300 平方米。2003 年硬化村道公路 3.6 千米，2014 年，硬化 4 组、5 组、9 组、2 组组道公路 6.3 千米，硬化渠系 0.56 千米。2015 年，硬化 1 社、8 组、10 组、11 组组道公路 3.781 千米，硬化渠系 2.7 千米，精修塘堰 2 口。2016 年硬化道路 7.437 千米，硬化渠系 4.56 千米，精修塘堰 4 口。2017 年精修蓄水池 10 口，硬化道路 1.118 千米，精修塘堰 2 口。

【便民和志愿者服务】 2017 年，月台村规范建立民生、困难群众、稳定三本台账。推出便民利民的延时、假日、预约、代办“五项”服务和跟踪问效服务举措。建立无偿志愿服务机制，建立有困难需求必到、有突发事件必到、有矛盾纠纷必到；党员家庭必访、困难家庭必访、空巢老人及留守儿童家庭必访、重症大病必访、产业大户必访的“三必到、五必访”服务机制。开展夏送凉爽冬送暖专项服务活动，为老年人、残疾人、优抚对象提供社会服务，走访上门服务，走访慰问高龄、残疾、重病、空巢、留守儿童 73 人次。成立以村书记为组长、村主任为副组长的 19 人志愿者服务队伍。志愿服务工作按需求设置文体活动、心理疏导、医疗保健、法律服务等志愿服务项目，以“学雷锋树新风”“关爱空巢老人”“关爱留守儿童”“我们的节日”等活动为载体。开展扶弱济困、关爱未成年人、关爱空巢老人留守儿童、交通安全、医疗保健知识讲座、水果种植技术讲座、环境整治、法治宣传、文化体育、走基层送温暖、党员结对帮扶等 60 余次志愿服务活动。

【水果种植】 月台村以水果种植为本村产业，主要种植有葡萄 26.67 公顷，主要

农业技术培训

品种以巨峰、夏黑为主；桃子 40 公顷，主要品种以早甜露、五月脆、白花桃、皮球桃为主；春见 0.8 公顷；枇杷 0.67 公顷；大棚种植早熟葡萄 1.3 公顷、火龙果 0.13 公顷。拥有独立包装和独立商标“鲜果汇佳园”，2017 年 6 月，注册微信公众号“月台鲜果”。截至年底，全村水果产量 3600 吨，实现销售收入 1440 万元。

【月台村水果种植专业合作社】 2014 年成立，注册资金 10 万元，法人宋华友，合作社以种植葡萄、桃子等水果为主，大棚种植水果面积 12 亩。2017 年，合作社水果产量 36 吨，实现销售收入 18 万元，带动 8 户群众脱贫致富。

【紫峰冠水果种植专业合作社】 2016 年成立，注册资金 50 万元，法人田光超，合作社以种植葡萄、桃子等水果为主，水果面积有 7.27 公顷。2017 年，合作社水果产量 327 吨，实现销售收入 163.5 万元，带动 74 户群众脱贫致富。（黄　椿）

桃花村

【概况】 桃花村位于仙海以东，相传丰收水库内有一株金桃树，故取名桃花村。东接魏城镇的秀山村、南邻沉抗镇八家庙村、西靠仙海湖、北接沉抗镇铜瓦村。全村辖 7 个村民小组，面积 4.2 平方千米，总户数 313 户，居住人口 1081 人；有耕地 67.8 公顷（其中旱地 31.33 公顷、水田 36.47 公顷），山林 113.47 公顷；全村以种桑养蚕、进城务工为主。村内有绵阳市萄园科技农业有限公司（又名萄源仙谷），园内常年开设自助厨房、采摘区、冲浪池等 10 多种游乐设施项目，种植有桃子、葡萄、火龙果、枇杷等水果，葡萄有 15

萄源仙谷项目大门

葡萄采摘

个品种；村内还有桃花仙居、先来后到、何氏农庄3家农家乐；全村村民主要经济收入以就近务工和蚕桑产业。2017年，全村总产值173万元，同比增长12%；农民人均可支配收入1.6万元，比2016年增加1100元，同比增长11%。

【村基层组织建设】 桃花村基层组织健全，有村党支部和村民委员会。2017年，桃花村有党小组5个，党支部有党员28名，其中男性党员21名、女性党员7名，在册党员大专文化程度以上党员人数占30%，退休党员人数占40%，流动党员人数占28%。培训入党积极分子6人次，纳入入党积极分子培养对象2人，建立村后备干部人才库，纳入村后备干部管理3人。2016年12月29日，村党支部在村会议室召开党员大会，进行中共桃花村第十届支部委员会换届选举，选举产生党支部书记1名（刘刚），支委委员2名（贾明友、黄文东）。2017年2月22日，村委会召开村民大会，进行村委会第十届村民委员会换届选举，选举产生村主任1名（贾明友），委员2名（邓德良、雷兰华）。成立有村妇联执委会、人民调解委员会和监督委员会等组织。

【社会事业保障服务】 2017年，村委会有残疾人23人（系统21人、系统外2人），优抚人员16名，一、二级残疾人10人，高龄老人27人，低保户人员7名，组织开展温暖万家行活动及残疾人康复知识讲座。参加城乡居民医疗保险920余人，居民养老保险670余人。

【村志愿服务】 2017年，村委会新组建志愿服务队伍2支（桃花快乐舞蹈队、防溺水救援队伍）；开展清理家园活动（进社铲除牛皮癣广告、对不文明行为进行劝导及制止、清理白色垃圾和烟头等），全年开展保护环境志愿服务活动20次，参与人数42人。结合村委会实际，全年为辖区空巢老人、残疾人、困难群众等居民开展疾病预防等健康知识讲座5次，心理咨询5次；开展普法教育活动，关爱未成人教育5次。

【绵阳市萄园科技农业有限公司】 公司成立于2014年11月，注册资金1000万元，2014年11月正式开业，占地面积35公顷，位于桃花村辖区中段，主要经营水果、餐饮行业；水果有：葡萄、香瓜、火龙果、枇杷等十多种品种；园内建有冲浪池、亲子厨房、自主采摘区等多种游乐设施；2017年营业额1688万元，利润218万元，带动当地村民220人就业。

【桃花仙居农家乐】 该农家乐成立于2015年，注册资金1万元，占地面积1公顷，位于桃花村二社，主要经营餐饮行业。2017年营业收入12万元，利润5万元，带动本社6人就业。

【先来后到农家乐】 该农家乐成立于2016年，注册资金1万元，位于桃花村七社，主要经营餐饮行业，主打仙海鱼。2017年营业收入10万元，利润4万元，带动本社4人就业。

【何氏农庄农家乐】 该农家乐成立于2015年，注册资金1万元，主要经营餐饮行业。2017年营业额14万元，利润6万元，带动本社5人就业。 （雷兰华）

黄金村

【概况】 黄金村位于绵阳市仙海区沉抗镇西北角，山地与平原相容，典型的丘陵地带，临接魏城镇和新桥镇，国道108线、中环路、仙海二环路均从村内通过，辖区面积约400余公顷。2002年，黄金村从游仙区新桥镇瓦子乡划归仙海区沉抗镇，全村辖区内有10个村民小组，有564户，人口1820人。辖区内有企事业单位3个（黄金村污水处理厂、显兴自来水厂、石油气站），古迹1座——观音禅寺。全村耕地面积171.73公顷，山林面积100公顷，人均耕地约1000平方米，主要经济收入以种植水稻、油菜、小麦、玉米等作物为主，养蚕和养殖家禽。全村村民收入主要来源于主要农作物和经济作物，占总收入的35%；养蚕和养殖家禽，占总收入的10%；外出劳务输出，占总收入的55%。2017年，黄金村8个社土地被全面征用，统一购买失地农民养老保险975人，同时被转为城镇户口。截至年底，黄金村人均可支配收入17940元，年收入同比增长9.5%。

【村“两委”机构建设】 黄金村有基层组织2个（中共黄金村党支部和黄金村村民委员会）。2017年，黄金村支部有党员53名，其中男性党员47名、女性党员6名，新转入党员2民，流动党员2名，入党积极分子3名，党员均实现建档管理，全部录入“绵州先锋智慧党建云平台”。2016年12月25日黄金村党支部在村委会会议室召开党员大会，进行黄金村党支部第十届支部委员会换届选举，选举产生党支部书记1名（缪正富），支部委员3名（汪国兴、罗宝蓉、朱文良）。2017年2月22日，村委会在村部召开全体村民大会，进行村委第十届村民委员会换届选举，选举产生黄金村村委会委员主任1名(汪国兴)，委员2名（朱伦、罗宝蓉）。村委还选取监督委员会3名，对村委大小事务进行监督。

【社会事业保障服务】 2017年，全村有残疾人35人，全部录入残联平台进行归档管理，办理残疾证31人，未办理残疾证4人。享受区社发局残疾人护理补贴14人。低保人数6人均以享受最低生活保障补贴，享受80岁及以上高龄补贴老人17人，五保户人数6人，重点优抚对象3人，退伍军人35人、烈士家属1人。组织开展温暖万家行活动、关爱孤寡老人留守儿童、残疾人康复知识讲座等。2017年年底，征地拆迁安置购买养老保险975人，房屋拆除后办理养老退休人员125人，参加城镇居民医疗保险1795人，购买率达到99%。健全信访、综治、防邪、维稳领导小组，每月定期召开专题会1次。制定信访、综治、防邪、维稳工作制度，完善信访基础工作，实现有阵地、有办公地点、有工作人员、有档案。坚持实行领导接待群众来访制度，村委会主任接待群众，听取和答复群众反映的问题，并做好记录及时上报上级部门。方便群众办事让老百姓少跑腿，村委会成立“黄金村便民服务点”，村委会主任任中心主任，村干部、大学生村官为工作人员，各社社长为联络人员，代办事项有：民政事务(社会救助2次、农村医保、农村养老社保、医疗5次。法律质询5次、政策质询16次、劳动需求咨询12次。

【村基础设施和阵地建设】 2017年3月，村“两委”对黄金村的村规民约进行修订13条。组织进行法律法规宣讲开展普法教育活动每季度1次，全年全村未发生违法乱纪行为。村“两委”开办农家书屋，有藏书3000余册；建有妇女之家、儿童乐园（大型玩具1套、教育设施1套）；开设黄金村“农民夜校”，每月举办2次专业知识讲座，内容涉及科学种养殖、安全生产生活、用电森林防火等。丰富老年文化生活加强锻炼，村社组建广场舞队伍2支、参加人数50余人，其中60岁以上老人15人，组织广场舞队伍参加节日庆典表演活动8场。

【志愿者服务】 2017年年初，村“两委”组织党员干部成立黄金村志愿者队伍

35人，由支部书记任组长，村主任任副组长。全年开展志愿者服务22次，会同沉抗镇卫生院，为辖区内空巢老人、残疾人、贫困群众开展疾预防等健康知识讲座4次，义诊4次，65岁及以上老人免费体检3次260人次，随访高血压、糖尿病、重度精神病4次110人次。春秋两季帮助老人、残疾人、困难群众农耕20户，帮助孤寡老人干家务、拉家常、嘘寒问暖，重大节假日看望和慰问孤寡老人、残疾人、困难群众15人次。

【环境卫生治理】 2017年，村“两委”组织成立环境治理工作小组，各社专门安排2人负责域内的环境卫生，建立健全环境治理制度加强宣传，签订农户环境门前“三包”制度。包卫生负责门前周围的卫生保洁工作，每日及时清扫门前垃圾、清除污物、废弃物、积水、积雪、消除蚊蝇滋生场所，保持环境整洁卫生；包绿化负责门前树木、花草的保护，做到认真管理，及时养护、浇水、修剪，清理绿化带内杂草，使环境绿化、美化；包秩序维护门前周围优美环境和社会秩序，做到“四不一无”。每月组织1次进行对道路及公共场所大清理活动，保障村内环境整洁无杂物。每月村“两委”清洁督查小组，对各社的垃圾房垃圾站进行检查1次，发现垃圾立通知各社派专人立即清理。医疗卫生方面由村“两委”带领村医，每季度检查村内小卖部1次，主要检查是否有过期和不合格食品；每月检查是否有群体聚餐，是否建立台账备案；组织食药安全卫生宣传活动4次，发放海报传单1000余份，参与人数达到860余人次。

▲“四不一无”：指不乱搭乱建；不乱堆杂物；不乱停车辆；不占道干活和晾晒堆放有碍观瞻的物品；无露天粪坑和简陋厕所。

【土地征用与规划建设】 2016年8月24日，仙海区党工委副书记、管委会主任魏魁与四川东辰（集团）股份有限公司总经理赵贤政签订仙海教育旅游产业园项目开发建设投资协议。

仙海教育旅游产业园项目位于仙海区黄金村，占地约3000亩，其中建设用地1500亩、生态绿地用地1500亩，总投资约42亿元，项目周期约5年拟定分三期完成，项目涉及医院、学校、养生养老、休闲小镇、文化科普教育实践基地等。为仙海区与黄金村的发展以及打造中国西部旅游度假胜地奠定坚实基础。2017年，黄金村2社、3社、5社、6社、7社、8社、9社、10社土地被全面征用。村“两委”组织召开拆迁工作会议40余次，社员大会10余次，落实征用公告和拆迁政策文件。黄金村建设项目规划国道108线一侧5社、6社、7社、8社、9社、10社为建设用地与生态用地，占地约200公顷，其中建设用地100公顷、生态绿地用地100公顷，总投资约42亿元，项目周期约5年拟定分三期完成，项目涉及医院、学校、养生养老、休闲小镇、文化科

8月24日，仙海旅游康养产业园项目签约仪式举行

普教育实践基地等。2社、3社为黄金村安置小区，安置户数527户，小区设计效果图已经完成，规划用地23公顷，居住面积14公顷，其中居住户型有2人户108套、3人户型249套、4人户型122套、5人户型48套。小区住房均统一样式风貌，规划有商业街5000余平方米、市场2700余平方米、幼儿园1700平方米、社区活动广场1800平方米。规划小区内房前屋后都有道路交通便利，绿化绿地面积达到30%。（朱　伦）

天生桥村

【概况】 天生桥村位于仙海以东，涪梓干渠出水口。全村三面环山，植被丰富，水质优良，气候宜人，具有典型的浅丘地貌特征，海拔在500~655米，属中亚热带湿润季风气候，四季分明，年平均气温16.3℃。天生桥村辖9个村民小组，全村总户数417户，总人口1176人，人口自然增长率5%。全村总面积4.38平方千米，山林面积185.1公顷，耕地面积77.32公顷。天生桥村有小（二）型水库1座、大小塘堰22口。全村农民的现有经济收入来源，主要以蚕桑养殖、常规农业种植、养殖及外出务工、经商为主。天生桥村基础设施建设基本健全，村社道路硬化率100%；有农业提灌站2处，水利渠系畅通，覆盖率100%；自来水、天然气、光纤覆盖率100%；有污水处理厂1个；村级卫生服务站1个、老年活动中心1个；邮政便民服务中心1个；惠民超市3个。天生桥村交通方便，村道公路与仙海水利风景区景区道路连接，有24路公交车通往绵阳市区。村内有古迹和历史遗

迹3处，古庙龙王堂（已损毁）、龙古古水井、石材牌坊。天生桥村曾被评为绵阳市党员干部现代远程教育示范站点。2017年，全村农村经济总收入2121万元，比2016年增长3.4%；农村经济总费用665万元；农村经济净收入1966万元；农民人均收入16811元，比2016年增加1294元，同比增长7.7%。

【村基层组织建设】 天生桥村基层组织健全，有村党支部和村民委员会。村党支部有党小组8个，党员62人，其中男性党员49人、女性党员13人。2017年1月12日开始，村党支部完成换届选举，选举产生书记1人，委员2人，其中：雷勤斌当选为村党支部书记，吴玉会（女）、缪开良当选为支部委员。2017年2月22日，召开第十届村民委员会换届选举大会，选举天生桥村第十届村民委员会主任1名、委员2名，其中：王棚当选为村主任；吴玉会（女）、缪先友当选为村委会委员。3月2日开始，选举产生新一届村务监督委员会成员3名、社长9名、村民代表31名。2017年3月22日，第十届换届选举工作圆满完成。村民委员会建立健全党群活动中心、妇联、工会、人民调解委员会、"三农"保险服务点、劳动就业和社会保障服务站、便民服务室、老年协会天生桥村分会等职能机构，完善和充实村级医疗服务室、农民夜校、图书阅览室、妇女儿童之家，形成组织完善、运行规范的村务综合管理服务平台。

【便民服务和志愿者服务】 2017年，天生桥村全面推行党员代办服务，多方位、多渠道地为辖区群众提供综合服务。家庭医生签约服务1176人，开展党员代办业务120余件，处理化解矛盾纠纷12件，申报办理医疗救助9件，防邪禁毒宣传8次，办理信访事件6起，群众满意率100%。全年开展志愿服务3件。村党支部、村委会成员自发筹资，为辖区困难户邹益明、吴明德、雷常夏、缪永亮捐赠小家禽，帮助发展生产，增加经济收入；组织村、社干部及村民代表为辖区困难户吴成碧栽秧苗；村妇联组织执委、委员开展居家养老自愿服务活动，服务20余人。全年组织开展第五届迎新春联谊会、天生桥村纪念"三八"国际劳动妇女节108周年庆祝活动、开展女性健康知识专题讲座、天生桥村"爱老敬老"主题联谊会等活动；并为全村辖区70岁及以上老年人举办坝坝宴。

【基础设施建设】 2017年，天生桥村的民生工程重点为基础设施建设和农村土坯房改造。全年完成11个基础设施建设项目，总投资90.81万元，财政补贴60.75万元。主要完成1社260米渠系精修项目，2社1805米社道公路硬化建设，1处社道桥梁加固、340米渠系精修项目；4社1处桥梁加固项目；5社500米渠系精修项目；6社1300米渠系精修项目；7社1处提灌站房屋维修项目；9社382米社道公路硬化建设项目、2口塘堰精修建设项目。土坯房改造完成11户。

【绵阳奥亿森生态农业开发有限公司】 公司位于天生桥村和八角庙村，东临二环路，西接环湖路，2013年4月8日成立，注册资金1000万元，公司法人陈建峰。公司经营范围：农作物、苗木、花卉、水果种植、销售，家畜禽养殖、销售，农副产品（国家政策须审批的除外）初加工。公司现有管理人员10人，其中专业的林业、农业管理人才6名，吸纳当地百余名农业熟练技术工，固定临时人员85人。2013年11月，公司启动奥亿农业科教产业园，项目投资8亿元，规划流转土地400公顷，分两期进行。一期流转土地面积100公顷，项目以农业休闲观光、农作体验（认种区）、农业科普展示、有机蔬菜和水果自助采摘、农业文化、农业教育、农业历史，动植物解剖、农业科普比赛，佛手、荷花观光园产业园，至年底正在建设中；二期规划流转土地面积300公顷。截至2017年年底，项目一期投入2350余万元，建设苗木基地、佛手基地、安装临时灌溉水系、道路维修、整治灌溉渠、整治堰塘、土地修整等。

【绵阳市缘聚农业开发有限责任公司】 公司基地位于仙海水利风景区天生桥村，2013年12月10日成立，注册资本150万元，公司法人王波。经营范围：农作物、蔬菜、水果、花卉、苗木种植，初加工，水产品养殖，农业休闲观光服务等。公司占地约14公顷，有5.3公顷面积小（二）型水库1座。公司现有专职兼职员工7人，本地劳务工数名。截至2017年年底，公司累计投入资金600余万元，完善部分基础设施。

【绵阳市游仙区仙蜂蜜蜂养殖专业合作社】 2012年12月20日，合作社由雷小平返乡创办。经营范围有组织采购、供应成员蜜蜂养殖所需的生产资料；组织收购、销售成员养殖生产的产品；开展成员产品所需的贮藏、包装服务；引进蜜蜂养殖新技术、新品种，开展成员养殖技术培训、交流和咨询服务。2017年，合作社集体收入50万元。

【绵阳市仙海区和乐源生态农庄】 2015年12月8日，农庄由王棚返乡创办。经营范围有生态农业开发，农作物、苗木、花卉的种植，家禽、水产的养殖，农副产品收购、加工与销售。2017年，农庄继续开展基础设施建设工作，经营收入6万元。

（王　棚）

铜瓦村

【概况】 唐朝初年，长安城扩建太极宫，兴建甘露殿。屋顶所需铜瓦从云南经四川运送到长安，驮夫在铜瓦铺住店时不慎丢失一匹铜瓦。此时的铜瓦铺还是一个刚要建好尚未命名的驿铺，工匠把这匹铜瓦盖在驿铺的屋顶尖，十分合适，也格外漂亮，便将此铺命名为铜瓦铺。后来知道这匹铜瓦是要用于盖皇帝住的甘露殿，当地

铜瓦村全貌

小吏和老百姓怕皇帝怪罪下来，就把铜瓦铺扩建成了甘露寺。这就是甘露寺和铜瓦铺为何在一起的缘由，这也就是今天的铜瓦村的来历。

铜瓦村位于仙海以东，东接魏城镇花庙村，南邻桃花村，西靠仙海风景区。北接魏城镇关帝村。全村辖区8个村民小组，面积4.5平方千米，总户数308户，居住人口1038人，耕地69.53公顷（其中旱地36.8公顷、水132.73公顷）、山林199.8公顷；全村农作物以种植水稻、小麦、玉米、油菜等为主，经济作物以种桑、蔬菜、水果为主，养殖以养蚕和家畜家离为主。村内有一个铜瓦批把专业合作社（2017年年初升级为省级示范专业合作社）、仙海仙露家庭农场、铜瓦枇杷鸡养殖场。2017年，全村总产值2189万元，同比增长8%；农民人均可支配收入19450元，比2016年增加1500元，同比增长10%。2017年，村委会引进两家物流公司，村内枇杷专业合作社牵头，对全村的枇杷销售做到统品牌、统包装、统价格、统销售，通过互联网平台对外销售水果20吨，实现网上销售收入200万元。将村办公室闲置房屋租给建筑公司，实现村集体经济收入零的突破。

【村基层组织建设】 2017年，铜瓦村有党员30人、党小组3个（男性党员26人、女性党员4人；大专以上文化党员占30%、退休党员占30%、流动党员占30%），培养入党积极分子4人，纳入培养对象的2人，建立村后备干部人才库，纳入村后备干部管理2人。2016年12月29

日，村党支部在村会议室召开铜瓦村第十届党支部换届选举大会，选举产生新一届支部委员会并选举产生新一届支部委员：村支部书记田光武，支部委员：罗成发，罗军。2017 年 2 月 22 日，村委会在铜瓦村村部召开第十届村民委员会换届选举大会，选举产生新一届村民委员会成员：村主任马昌余，村妇联主席曾蓉，村委委员罗彩元。2017 年 3 月 2 日至 9 日，对村民各小组进行换届选举，选举产生新一届村民小组长：一组罗成生、二组罗榜金、三组罗刚、四组罗军、五组罗榜松、六组戴国荣、七组马宁、八组张兴富；选举产生新一届村民代表和村监督委员会，监督委员会成员：罗成发、罗成武、马勋义。

【社会事业保障服务】 2017 年，铜瓦村有残疾人 31 人、优抚对象 8 人、一二级重度残疾 6 人、高龄老人 25 人、低保户 10 人。组织开展送温暖活动，成立铜瓦村老年活动中心，并开展重阳节聚餐看川戏等丰富的文娱活动。参加城乡居民医疗保险 970 人，占比 99%，居民养老保险 680 人，对到仙海医院参加体检的老年人和慢性病患者报销往返车费。2017 年，村委会对考上大中专院校的学生进行奖励（500 元/人奖学金，同时给予在校大学生300 元/人助学金）；全年组织各类技术培训会 6 次，参加培训人员 1000 人次。

铜瓦村第十届村民委员会选举大会

村委会对考上大中专院校的学生进行奖励

【志愿者服务】 2017年，村委会弘扬“奉献、友爱、互助、进步”的志愿者精神，组建志愿者服务队2支（防洪应急分队、防落水救援队），开展服务进万家活动（深入农户对不文明行为进行规范，倡导垃圾分类、入池），全年开展环境保护志愿者服务13次，参加人员69人，结合本村实际对辖区空巢老人、残疾人、困难群众、留守儿童开展心理疏导、防诈骗、用电安全、“七五”普法、疾病预防等知识讲座16次。

【铜瓦枇杷专业合作社升级为省级示范专业合作社】 铜瓦枇杷专业合作社成立，法人是罗成发。经营的范围统一品牌、统一包装、统一价格、统一销售。2017年年初，铜瓦枇杷专业合作社升级为省级示范专业合作社，是村内首个省级专业合作社。截至2017年年底，合作社主要营业收入500余万元，带动全村280余户农民致富奔小康。 （罗 军）

长河堰村

【概况】 长河堰村村民委员会位于沉抗镇仙建路64号，东至燕子村，南至蔡家村，西至抗香村，北至望江村，面积6.5平方千米，总人口1401人，530户，全村种植主要以粮食种植为主，种植业人均收入650元；部分群众种植加蚕桑养殖为主，蚕桑业人均收入1200元。全村有7个村民小组，副食商店2家，驻村辖区企事业单位1个，水、电、气、路、网络等基础设施完善。尖包梁以百年古老大柏树为主题，每年开展庙宇活动10余次。2017年，全村集体无任何收入，全村居民人均可支配收入1100元，比2016年增加950元，同比增长7.3%。

【村基层组织建设】 长河堰村党支部有6个党小组，书记1名（李昌贵），支部委员3名（李昌贵、朱定强、邓居贵），41名共产党员（其中男性党员30名、女性党员11名，1名预备党员，流动党员人数占40%。培训入党积极分子2人次，入党积极分子培养对象1人，村支委会后备干部人3人）。建立村妇联、工会、村委会人民调解委员会、村委会治安保卫委员会、老年协会分会等职能机构，完善和充实农民夜校教育学习中心、建立图书阅览室、妇女儿童之家，组织完善的村委运行机制。

2017年2月22日，召开选举大会，选出第十届村委会主任1名（王寿福），妇女主任1名（胥茂勋），村文书1名（朱定强），村委委员3名（王寿福、胥茂勋、朱定强）。选出村民小组组长7名，按15户村民选1名村民代表，村民代表26名。选出村务、财务监督委员会主任1名，委员2名。9月，制定村民公约、村民守则，并与各小组签订各类目标责任书，推进村民自治和村社治理各项工作。

【便民与志愿者服务】 2017年，长河堰村村委规范建立民生、困难群众、稳定台账。建立完善志愿服务机制。帮助困难和失独家庭复耕、收割。开展关爱妇女“三

志愿者服务队为贫困群众插秧

八”节文娱活动、“七一”建党节关心老党员送温暖活动、“九九”重阳节慰问老人活动。为老年人、残疾人、优抚对象提供社会服务，走访上门服务，走访慰问高龄、残疾、重病、留守儿童40余人次，解决群众临时生活补助、医疗救助10余次。9月，将五保户高在贵送敬老院集中供养。开展扶弱济困、关爱未成年人、交通安全、消防安全知识讲座、环境整治、法制宣传、文化体育、走基层送温暖、党员结对帮扶等60余次志愿服务活动。

【社会事业保障服务】 2017年，村有残疾证人员37人，其中一级3人、二级11人、三级10人、四级13人；军抚人员6名，低保户人员10名，特困人员五保3名，参加城乡居民医疗保险1268余人，参加城乡居民养老保险870余人。（胥成勋）

徐家桥村

【概况】 徐家桥村地处沉抗镇，东与沉抗水库接壤，西临沉抗水库料场公路，与蔡桥村、七曲村、天生桥村相邻，本村共7个生产组，2017年，有村民406户1116人，土地资源有耕地面积129公顷，其中农作物(水稻，小麦）面积约70.8公顷，经济作物（大豆，玉米等）面积约20公顷，山林面积约33公顷。可开发利用资源有开发云盖寺旅游资源，乡村农家乐，果蔬采摘，设塘垂钓等，农民经济收入以种植，养殖业，外出打工为主。2017年全村经济总收入2692.32万元，同比增长18.95%；农民人均可支配收入19319元，同比增长13.92%。

【徐家桥村第十届村委会换届选举】 2017年1月13日，徐家桥村开始第十届村委会换届选举工作，按照有关规定，先后经过推选村民委员会，向村民开展宣传，有选举权村民进行登记，提名，预选确定正式候选人等阶段。2月22日，徐家桥村召开选举大会，采取无记名投票方式，有选举权的村民直接选取村委会成员，选出第十届徐家桥村村民委员会书记1人（李业奎）、委员2名（李代光、宋丽兰）。2月28日，徐家桥村村民小组长，村民代表，村务监督委员会换届选举工作开始，村委会对7个村民小组，村民代表，村民小组长，开展推选工作，采取无记名投票方式，直选出村民小组组长7名，村民代表26名。

通过村民代表大会，采取无记名投票方式直选出村务监督委员会主任1名，委员3名。

【“海珀澜山”工程项目】 2015年，全村引进“海珀澜山”工程项目，带动徐家桥村村社建设的发展，引进各种项目资金整体向本村倾斜，为新农村建设提供“绿色通道”。同年10月，绵阳仙海航建实业有限公司为承建单位，四川省城市建设监理有限公司为监理单位，项目总投资3000余万元，在徐家桥村冯家沟正式启动“徐家桥村居民安置小区一期工程建设”项目，2016 年 12 月底竣工，并完成 5 社、6 社搬迁工作。截至 2017 年年底，该项目共建成居民安置房 91 套，入住 91 户，入住人数 300 余人。

【基础设施建设】 2016 年，全村完成基础设施建设项目 3 个。硬化（水泥路）村内的道路，完成农村沼气池建设和农村电网改造，农田灌溉水利建设、人畜饮水蓄水池、水库大坝加固及河道防洪堤建设等。完成村庄公共绿化面积共计约 800 平方米。截至 2017 年年底，村内“两横四纵”村庄道路格局已经形成，全村硬化乡村道路约 8 千米，塘堰精修 6 口。全村实现通电、通路、通水、通网。

【村民自治】 全村完善公开制度，定期公开村社事务、党务；规范村社的公开形式、时间和基本程序。在形式上除在固定的公开栏上实行公开外，还根据本村实际，利用在村民人群密集的地方设立临时公开栏。完善民主管理制度，村规民约。通过完善民主管理制度，实现群众参与，集体决策，保证村民的权利，调动民主管理的积极性，使村民对村社建议和管理提出很多合理化的建议。定期召开村民代表会议，凡是与村民切身利益密切相关的事项必须通过村民会议或村民代表会议民主决策。全面推进便民服务代理制度，自代办点成立以来，代办点共接待前来咨询、办事群众 1000 余人次，为人民群众代办各类事务 200 余件，调解各类矛盾纠纷30 余起，使“一站式”代办点发挥了便民利民作用。

村社志愿者服务

群众文体活动

【村社志愿者服务】 2017年，徐家桥村设立村民便民服务点，卫生、计生服务站，图书预览室，村会议室，并成立50余人的村社服务志愿者队伍，定期为村社居民开展无偿服务。2017年暑期，向村民宣传文明礼貌、村规民约，并开展清理垃圾、除杂草、打扫环境卫生的体验活动。全年组织开展村社服务活动20余次，为村社85%以上的村民开展群众业务文化服务。定期对志愿者进行专业知识培训。

【群众文体活动】 2017年年初，徐家桥村成立了一支业余的文化队伍，开展以活跃群众文体活动为主题的“乐民”活动，每逢节假日、纪念日、结合形式自编自演文艺节目，为群众演出；2017年春节来临之际，徐家桥村全村村民约500余人在一期安置小区隆重举办的2017春节团拜会，团拜会以“聚力、团结、乡情、孝道”为主题，群众欢聚一堂，开开心心过新年，高高兴兴吃坝坝宴，团团圆圆照全家福，还有精彩纷呈的文艺演出。

(李代光)

抗香村

【概况】 沉抗镇抗香村属仙海区沉抗镇所辖，位于仙海区东部6千米，毗邻月台村、长河堰两村，北靠游仙镇望江村，南靠游仙区小枧沟镇五星村。是古蜀道北上必经之路，古绵州十八铺之一的抗香铺，全村共有村民小组8个，421户1284人，抗香村村部对面的火神庙远近闻名，每年要举行盛大庙会10来次，绵阳城区的都有很多人参加。全村耕地面积1800余亩，森林覆盖率达35%以上，生态环境优美，村容村貌、环境卫生整洁。近几年村“两委”鼓励群众大力发展水果产业，其中家庭农场1个，种植面积60余亩，远销省外，全村葡萄种植面积450亩，桃子、梨子等其他水果达到300亩以上，水果种植每年人均增长6500元以上，蔬菜种植500亩左右，人均增长2000元以上，部分农田以种植粮食作物为主，家庭养殖5户，主要养殖生猪，每户年收入都在10万元以上。抗香村离绵阳城区较近，外出务工都是早出晚归，务工收入人均3000元以上。2017年人均收入达17500余元，村民的生活水平逐步提高。14路、84路公交车从村内通过，较大地改善了村民出行问题。

【第十届村民委员会换届选举】 2017年1月12日，村党支部正式开始第十届村委会换届选举工作，依据法律程序，先后进行推选村民选举委员会、宣传教育、有选举权的村民登记、提名、预选确定正式候选人等阶段。2月22日，召开选举大会，采取无记名方式，选民直选村委会成员。选出第十届村民委员会主任1名，委员2名其中；曾洪双当选为村委会主任，王秋菊当选为村委会妇女主任，冯孝军当选为村文书。村民小组长、村民代表、村务监督委员会的换届从2月28日开始。村委会对下辖8个村民小组、村民代表、村民小组长开展换届推选工作。采取无记名方式，直接选出1–8组村民小组组长各1名，村民代表各4名；直选出二村民小组组长1名，居民代表4名。通过村民代表大会，采取无记名方式，直选出村务监督委员会主任1名，委员4名。3月10日选举工作结束。

【综合服务】 2017年，村委健全村妇联、工会、村委会人民调解委员会、村委会治安保卫委员会、村劳动就业和社会保障服务站、老年协会分会等职能机构，完善和充实村教育学习中心、法治道德讲堂、妇女儿童之家，形成组织完善的村委运行机制，使服务村民无盲区。村委推出便民利民的延时、假日、预约、代办“五项”服务和跟踪问效服务举措。开展邻里守望结对子服务活动，注重邻里服务互助，针对不同群体提供“社会互助”“邻里守望”等基础服务和个性化服务。开展夏送凉爽冬送暖专项服务活动，为老年人、残疾人、优抚对象提供社会服务，走访上门服务，走访慰问高龄、残疾、重病、空巢、留守儿童20余人次。

【《抗香村村规民约》出台】 2017年，两“两委”对《抗香村村规民约》进行完善修订。《抗香村村规民约》有6大项26条。主要内容是：

一、参与综治、维稳活动，创建平安新农村

1. 自觉遵守国家法律法规和社会治安管理条例，每个村民都要学法、知法、守法，自觉地维护法律的权威和威严，同一切违法犯罪行为、邪教组织做斗争。

2. 自觉学习贯彻《公民道德实施纲要》，自觉遵守社会公德，村民之间团结友爱、和睦相处，不打架斗殴，不酗酒滋事，不造谣惑众，不搬弄是非。

3. 自觉维护社会秩序和公共安全，积极参与乡、村、组社会治安综合联防联护工作，不阻碍公务人员执行公务。

4. 爱护公共财产，不得偷盗或损坏水电、交通、生产等公共设施，不在公路、村道上设置障碍，不损毁、移动指示标志。

二、树立科学、文明新风，创建和谐新农村

1. 移风易俗，不搞封建迷信活动，不参加邪教组织活动，树立良好的社会风尚。

2. 喜事新办，不铺张浪费；丧事从俭，不搞陈规旧俗，自觉实行殡葬改革，禁止乱埋乱葬；勤劳致富，努力发展家庭经济。

3. 建立正常和谐的人际关系，不搞宗派和宗族活动。发生纠纷时，要按正常渠道申请调解处理，严禁无理取闹、恃强凌弱、激化矛盾。

4. 弘扬雷锋精神，倡导见义勇为、伸张正义、热心助人。

5. 加强自身道德修养，积极参与村“两委”相关学习活动，努力学习文化、科学、法律等知识，积极向党组织靠拢。

三、倡导睦邻、协作风尚，创建先进新农村

1. 村民之间要相互尊重，相互理解，相互帮助，和睦相处，建立良好的相邻关系，婆媳、妯娌、兄弟之间要相亲相爱。

2. 在生产过程中，自觉服从村“两委”、村小组安排，不随意更换、移动地界标志，积极参与村子建设活动，为村子发展提出意见和建议。

3. 积极参与乡级以上“文明村”“文明户”“先进个人”“科技示范户”等创建和评选活动，踊跃参加新型农村合作医疗和城乡居民养老保险。

四、营造学法、普法氛围，创建法治新农村

1. 遵循婚姻自由、男女平等、一夫一妻、尊老爱幼的原则，建立团结、和睦的家庭关系，遵守中华民族传统家庭美德。

2. 严格执行国家计划生育有关政策，自觉做到计划生育、晚婚晚育、优生优育。

3. 保护妇女、儿童、老年人和残疾人合法权益，尊老爱幼，赡养老人，抚养子女，严禁遗弃、虐待老人及子女。

4. 遵守教育法律法规，创造条件让孩子享受国家免费九年义务教育，鼓励孩子读书成才、长大后致富创业。

5. 加强对痴、呆、傻、患精神性疾病等无民事行为能力的人监护和管理，造成事故和损失的，监护人要承担相应的责任。

6. 认真遵守国家户籍管理规定，出生、死亡要及时申报和注销。

五、营造卫生、整洁环境，创建生态新农村

1. 宅基地按乡、村规划执行，不得损害整体规划和四邻利益。

2. 做到村容环境卫生整洁，村民垃圾定点堆，放并把垃圾丢到垃圾房，严禁焚烧垃圾/秸秆/杂草等物.村民落实门前三包，房前屋后无垃圾及污物堆放，做到人畜分离，牲畜、家禽实行圈养。

3. 为保道路畅通，道路两侧不准长期堆放沙、砖、石等建筑材料和堆粪、堆草等杂物，不准挤占道路、私搭乱建。

4. 自觉参加本村集体公益事业建设，积极参与村容、村貌、卫生清理、绿化美化等群众性爱国卫生运动，整治脏乱差，配合村组做好环境整治工作，创建美丽新农村。

5. 保护生态环境，保护耕地资源，积极参加植树造林、护林防火活动，严防森林火灾，营造良好的生态环境，严禁秸秆、垃圾乱烧现象发生，一旦发生，将由村社直接处以罚款或扣除三年粮食补贴，情节严重的将由执法机关处理，严禁乱砍滥伐，保持本村森林常态化，如有人违反将由区林业站处理。

六、补充说明

1. 凡是违反《村规民约》要进行处理的，必须要调查核实后，报村民委员会同意或村民代表会议讨论决定后方可执行。

2. 凡被依法处罚或违反村规民约的农户，在本年度不评先进、十星级文明户、五好家庭户、遵纪守法户等。

3. 本村规民约于 2017 年 3 月完成，并于 2017 年 3 月 26 日由村两委召集村民代表、党员讨论通过，于 2017 年 3 月 27 日至4 月 4 日公布之日起实施。有与国家新颁布、新修订的法律、法规和政策精神相抵触的，按相关法律规定和文件精神执行。凡涉及的条款由本村民委员会负责解释。（王秋菊）

蔡家桥村

【概况】 蔡家桥村历史悠久，位于古蜀道抗香铺境内。村名因村内一座石桥而得名。相传清朝初，村中河道上只有一座简易的木桥，经常被洪水冲毁，影响河两边老百姓出行。一位姓蔡的商人路过此地，捐资修建了一座石桥，解决了当地老百姓出行困难，为了纪念这位姓蔡的商人，村民就把此桥称为蔡家桥，村名也以桥名代代相传，沿用至今。

蔡家桥村位于仙海区沉抗镇西南，东邻徐家桥村，南靠月台村，西至燕子村，北接沉抗水库（仙海湖），辖 10 个村民小组，有户数 409 户 1263 人，80 岁及以上 26 人。全村面积 4.1 平方千米，其中耕地面积 2875 亩，林地面积 2792 亩，山地面积 506 亩；全村农作物以种植水稻、油菜、玉米、红苕等为主，水稻产量 582300 公斤、油菜产量 181160 公斤、玉米产量 521730 公斤、红苕产量 506000 公斤；经济作物以种植核桃等为主，产量 55000 公斤；养殖以蚕桑养殖、家禽养殖为主，全村蚕桑收入 136 万元，家禽养殖收入 132 万元；其他收入以外出务工为主。全村人均可支配收入 18022 元，比 2016 年增加 2022 元，同比增长 12.6%。

【村基层组织建设】 蔡家桥村基层组织健全，设有中共蔡家桥村支部委员会和蔡家桥村村民委员会。村党支部有党员 45 名，分 5 个党小组。男性党员 42 名，女性党员 3 名，大专以上党员 6 人。2017 年 1 月 9 日，蔡家桥村召开党员大会，进行蔡家桥村第十届支部委员会换届选举，选举产生党支部书记 1 名（冯小平），支部委员 2 名（冯忠文、冯佳）。2 月 22 日召开村民大会，进行蔡家桥村第十届村民委员会换届选举，选举产生蔡家桥村民委会委员主任 1 名（冯忠文），委员 2 名（冯佳、于素芬）。

2017 年，蔡家桥村党建始终坚持把维护和发展好村民的根本利益，作为党建工作的出发点和落脚点，充分发挥村党支部领导核心作用，不断地推动党建工作的开展。制定《蔡家桥村干部管理规定》，建立《党员信息库》对党员进行有效的管理。开展党员结对帮扶，党员化解矛盾，引导基层党员践行宗旨，服务全村村民。结合实际和村民需求状况，围绕创建“文明村、平安村、法治村”总体目标，强化为村民服务意识。先后制定《村规民约》《村社干部考核办法》，建立《村人口信息库》《村退休人员信息库》《村退伍军人信息库》《村驾驶员、机动车信息库》，成立村防汛抗洪应急分队、村联防队。

【社会事业便民服务】 2017 年，全村优抚对象 3 人，五保户 3 人，低保户 12 户，办理残疾证人员 31 名（一、二级 15 人），办理 2018 年度购买城乡医疗保险人员 1087 人。针对辖区内的低保家庭，一方面在节假日进行慰问，另一方面，工作人

村“两委”干部慰问留守儿童

拔河比赛

员会定期走访，了解他们的实际困难和需求。针对残疾人服务，工作人员帮助符合条件的人员办理低保救助，解决残疾人家庭基本生活，并向他们宣传相关的法规和优惠政策。利用资源建立图书室、活动室、乒乓球台，购买健身器材，定期组织老年人体检，参加体检老年人 160 人次。7 月29 日召开“八一”座谈会，慰问退役老兵，发放慰问品 42 份和慰问金 1200 元。关心关爱留守儿童，6 月 1 日，村“两委”干部到村幼儿园看望慰问留守儿童，为他们送去学习和儿童玩具 33 套。

【迎新春联欢活动】 2017 年 1 月 23 日，村“两委”主办的蔡家村的 2017 年度迎新春联欢活动在村委会广场举行。活动包括“贺新春文艺会演”“趣味体育活动”等内容。“贺新春文艺会演”由村民自导自演，节目有独唱、舞蹈、合唱、乐器表演等；“趣味体育活动”包括拔河比赛、猜谜、亲子活动等。全村村民300 多人参加活动，吸引周边村组群众数千人观看。

【开展庆“三八”妇女节活动】 2017 年 3 月 5 日，村“两委”在村委会广场举行蔡家村庆祝“三八”妇女节文体活动，全村多少妇女参加。活动期间，妇女们自娱自乐，自导自演，有独唱的、有表演舞蹈等文艺节目，还举行击鼓传球等趣味游乐活动。

【开展敬老爱老活动】 2017 年“九九”重阳节期间，村“两委”为让全村留守老年人过上一个愉快的节日，在村委会广场举行蔡家村重阳节敬老爱老活动。活动期间，村“两委”干部走村串户看望生活不

蔡家村"百寿宴"

便的孤寡老人，为他们送去慰问品和慰问金。在村委会广场举办"百寿宴"，邀请全村60岁及以上老人参加，共度重阳佳节。全村有300余位留守老年人参加。

（冯　佳）

石河堰村

【概况】 石河堰村位于绵阳市西南部，距沉抗镇约8千米，属于丘陵地带，全村面积5.13平方千米，辖12个村民小组，总户536户、总人口1569人，总耕地面积233.67公顷，山林面积200余公顷。森林覆盖率为85%。全村农作物以种植水稻、油菜、小麦、玉米等为主，经济作物以种植桑、核桃、桃子、李子等为主，养殖业以养蚕、养鱼、家畜家禽为主。通过种植业、养殖业和外出务工增加收入。2017年，全村农副总产值达2462万元，人均可支配收入达15693元，比2016年人均增加1260元，同比增长16.5%。

石河堰村原名玉皇庙村，1972年该村新建。又名石河堰，1982年四川省水利厅确定为小（二）型水库。因此借用水库名称，1982年命名为石河堰村。2017年，村支两委通过多方努力取得了优异的成绩，2017年被仙海区党工委、管委会、评为区级"四好村""优秀党支部"，蒋芙蓉被绵阳市妇联评为孝老敬亲先进个人。舒天红、王安荣被仙海区党工委、管委会评为区级优秀党员。村妇联在2017年广场舞比赛中荣获集体三等奖。

【村基层组织建设】　石河堰村基层组织健全，有村党支部和村委会各1个。党支部有12个党小组，正式党员68人（男党员50人、女党员18人），预备党员1人，入党积极分子6人，培养后备干部3人支部委员3人。2016年12月8日，村支部召开村支部大会，选举产生第十届党支部书记1名（宋模相），委员2名（舒天红、王安荣）。2017年2月20日，召开村民代表大会，选举产生第十届村民委员会，村委会主任1名（舒天红），委员2名（王安荣、雷玉芬）。2月22日，召开村支部大会，选举产生第十届监督委员会1名，委员4名。2月24日—3月31日对12个村民小组、村民代表进行换届选举，选举12个村民小组长、42位村民代表。村委会设有村计生委员会、村妇联执委、村调解委员会、村工会、村防洪防火抢险预备队、志愿者服务队。

【志愿者服务活动】　2017年，村“两委”成立以书记为组长，村“两委”委员、各组妇代小组长、部分党员24人为志愿者的服务队。为贫困老人、残疾老人、空巢老人收割菜籽、小麦、栽秧。全村有一、二、级残疾18人，三级以上残疾6人。五保人员9人，优抚人员7人、高龄老人、空巢老人68人，其中90岁及以上2人（赵淑珍、张才金），贫困低保26人。根据不同情况、不同家庭建档立卡。每月不定时为他们打扫庭院、洗脚、洗脸、洗衣服、理发等义务劳动。同时为他们宣传党的方针、政策、讲解疾病预防。爱清洁、讲卫生、和保健康等科普知

石河堰村“两委”大院

石河堰村“九九重阳”敬老爱老座谈会

识。宣传“七五”普法、关心未成年人等志愿者服务活动。

【“九九重阳”庆祝活动举行】 2017 年 9 月 9 日，村“两委”为确保全村老年人过上一个祥和、快乐的节日，举办“九九重阳”庆祝活动。活动期间，召开“九九重阳”爱老敬老座谈会，邀请卫生院医生为老年人讲授健康讲座，传达相关政策等。村“两委”拿 8000 多元，为全村 70 周岁及以上老年人筹备了 20 多桌坝坝宴，为老年人送温暖。此次活动，是石河堰村建村以来首次举办。

【核桃产业】 石河堰村“博香”核桃专业合作社成立于 2012 年，现有董事会成员 7 人，董事长 1 名（宋模相）。成员 6 人(贾代炯、王金秀、任刚、王琼芳、张小东、宋芹)，有会员 328 户。2012 年，全村栽植核桃面积 108.812 公顷（四边栽植、庭院栽植面积)。品种有“香玲”“云南大核”等。2017 年现有嫁接挂果面

石河堰村“博香”核桃油和核桃

积800多亩、年产干、鲜核桃400吨、年总产值达到96万元。合作社以技术指导、收售、干果、鲜核桃、核桃仁、核桃油为主打产品，特别是“一品香”核桃油被绵阳市食品卫生部门鉴定为“无公害绿色产品”畅销各大超市，深受广大消费者的好评和赞誉。现合作社形成产前、产中、产后生产服务线，同时带动了周边村、社的发展。（王安荣）

七曲村

【概况】 七曲村位于仙海区以南，面积5.7平方千米，辖12个村民小组，总户数1000户，居住人口3000人。辖区建有七曲村场镇，1997年由游仙区城建局、沉抗镇国土所规划设计、制图，场镇现占地面积约6万平方米，居住人口700人，场镇设有游仙区信用联社七曲分社、仙海区医院七曲分院、堂宏茧丝绸公司七曲茧站、沉抗派出所七曲村警务室、七曲村农贸市场、七曲村小草幼儿园等。全村农作物以种植水稻、小麦、玉米、油菜等为主，经济作物以种桑、蔬菜、水果为主，养殖以养蚕和家畜家禽为主。

2017年，全村城镇居民人均可支配收入17654元，比2016年16313元，同比增长7.6%。

【村基层组织建设】 七曲村基层组织健全，设置有七曲村党支部和村民委员会。党支部有12个党小组，90名共产党员(其中男性党员77名、女性党员13名)，流动党员人数占50%。培训入党积极分子2人次，纳入入党积极分子培养对象2人，建立村委会后备干部人3人。2016

七曲村场镇

年12月8日，七曲村党支部第十届支部委员会换届选举大会召开，选举产生党支部书记1名（唐天明），支委委员2名（李德旭、王翠玲）。2017年2月22日，七曲村第十届村委员会换届选举大会召开，选举产生主任1名（李德旭），委员2名（马龙、王翠玲）；2017年，设立6名公益性岗位人员、1名专职网格员。同时，选举产生各社组长、村民代表、村务监督员。

【社会事业保障服务】 2017年，全村有残疾证人员38人，其中一级10人、二级10人、三级6人、四级12人；军抚人员9名，高龄老人57人，90岁以上6人（宋元宇、梁章武、王玉珍、唐见礼、黄兴义、毛清荣），低保户人员22名，特困人员"五保户"5名，组织开展温暖万家行活动及残疾人康复知识讲座。认证城乡居民养老保险人员444人，参加城乡居民医疗保险1950余人，参加城乡居民养老保险1440余人，小额保险22人，公益性岗位安置失业人员6人。

【志愿者服务】 2017年，七曲村组建志愿者服务队56人，组建志愿服务队伍3支（广场舞蹈队、志愿者服务队、爱心义剪志愿者服务队）；开展清理家园活动（清理场镇及道路白色垃圾和烟头，对不文明行为进行劝导及制止、清理等），全年开展保护环境志愿服务活动7次，参与人数达135人。结合村实际，全年为辖区空巢老人、残疾人、困难群众等村民开展疾病预防等健康知识讲座3次，义诊2次，心理咨询4次；开展普法教育活动，关爱未成人教育等，参与人数达245人。

【村务管理】 2017年，村"两委"与村社干部个人签订"目标责任书"，全村制定《村干部值班制度》《村干部联系社制度》《村社干部会议学习制度》《村干部定期下社制度》；每季度请监督领导小组严格审计收支发票，按时对党务、村务、财务、社务公开，接受广大群众监督，重大事项执行"一事一议"，2017年上半年修建农贸市场、下半年硬化李家垭沟渠。5月，组织村社干部到成都市和绵阳市周边参观学习农村产业，7月，组织部分党员到"两弹"城参观学习。129名党员、群众加入"七曲村"微信群，建立智慧网络党建平台，32名党员下载"绵洲先锋"APP，26名党员干部参加志愿者服务，农忙季节帮助群众抢收抢种0.8公顷，设置《村规民约》执行情况评议制度，在联系服务群众中教育引导群众、提高群众组织化程度。基本实现村"7×24小时服务模式"，让村"两委"人员做到全方面、全时段地服务群众。

【"家风家训"文化长廊建设与宣传】 2017年，村"两委"投入资金5000余元，在村场镇（村委会广场外）建设村"家风家训"文化长廊。11月，村委结合"家风家训"内容和《村规民约》相关内容，制作宣传单发到党员、社员代表家中，让村“家风家训”走进每个村组，走进家家户户。全年通过墙报、宣传栏、公开栏、公布栏等形式，开展宣传活动15次。在春节、七夕节、“八一”建军节、重阳节等传统节日期间开展“我们的节日”系列宣传教育和庆祝活动共计6次。

（马　龙）

锦屏村

【概况】 20世纪70年代，锦屏村是绵阳市中区新桥镇瓦子乡二大队，撤大队改村后，因村内锦屏山而得名，村名沿用至今。2005年，锦屏村由游仙区新桥镇划归仙海水利风景区管辖，全村辖5个农业合作社。锦屏村距仙海水利风景区管委会2千米，东邻仙海水利风景区环湖路，南临沉香社区，西临芙蓉溪，北临新桥镇民主村3社。面积4平方千米，总户数447户，总人口1306人，主要青壮年劳动力外出务工或经商增加收入，全村有耕地面积102.71公顷，人均耕地面积800平方米。自然森林覆盖率29.5%。全村种植业以花卉、苗木、蚕桑、水稻、玉米、红薯、小麦、油菜籽为主，以蔬菜、豆类为辅。养殖业以猪、牛、羊、兔为主。2017年年底，全村流转土地45公顷，分别由6家公司和4户口种植大户个人流转，用于苗木、花卉有机蔬菜种植、观光旅游、体验农业。截至年底，全村人均可支配收入达到18300元，比2016年增加2300元，同比增长14.3%。

【村“两委”换届选举】 2017年1月9日，村支部召开支部党员大会，选举出生锦屏村第十届党支部委员会，严定周当选为党支部书记，李映双、胡宗波当选为锦屏村党支部委员。2月22日，锦屏村召开村民代表大会，依法举行第十届村民委员会换届选举，选举产生新一届村委会领导班子。全村有选举资格的选民1048人，实际参加选举的选民451人，带票545人。选举村委会主任1人（王继川），村委员2人（李映双、胡宗波）。选举产生5个社社长——一社张林，二社鲁元义，三社蔡兴富，四社陈座富，五社范绍林。选举产生监督委员会，妇女联合会。

【环境治理与基础设施建设】 2017年，村“两委”按仙海区统一安排，加强村环境综合整理，全面禁止焚烧秸秆，治理养殖业粪便污染，加强养殖场养殖数量控制，坚决制止粪污直排，严格按照粪污消纳管理；清理全村中沟2千米。加强农村基础设施建设，争取国家财政补助资金和社会捐赠资金117万元。整修塘堰两口，胡家大堰、锅底堰；投资资金24万元。投资93万元硬化道路3.1千米，三社1.8千米、四社1.3千米。结合基层党建“3+2”书记项目，投资资金2万元，加强村文化建设，购置音响设备，成立健身队伍，更换村办公设施。

关爱老年人免费体检

【便民服务和志愿者服务】 2017 年，锦屏村开办便民服务点 3 个，分别是 1 社仙海区锦屏村唐贤和副食店、2 社仙海区锦屏村鹏发副食店、3 社仙海区锦屏村村级副食店，主要经营预包装食品、散装食品、烟、日用生活品等。村级组织帮助群众代办宅基地审批手续，独生子女奖扶手续，退伍军人优抚，残疾人残疾证办理等便民服务。组织开展党员帮扶自愿服务，妇联组织了健身表演关爱失独家庭、留守儿童、关爱老年人、道路交通安全宣传、消防安全知识宣传、法治宣传、环境保护等自愿服务活动。

【山米家庭农场】 2013 年 5 月，锦屏村五社朱自洋建设，投资 200 万元，占地面积 100900 平方米，现正在规划基础设施建设。农场已修建观光粮仓 1 处，可储存粮食 5 万千克，晒场 1000 平方米，100 平方米办公用房等设施。山米家庭农场主要依托绵阳富乐国际学校，经营观光体验农业，生产绿色有机蔬菜、瓜果、粮油，

山米家庭农村有机蔬菜种植大棚

并有垂钓等休闲娱乐活动；农场内建有农家乐，主要经营民俗餐饮，休闲娱乐，吃农家饭，住农家院。2017 年，农场接待游客 2000 余人次，营业收入 500 万元。

【兴事发农业公司】 2013 年 5 月，兴事发集团公司投资 500 万元，占地 202768 平方米，主要种植花卉苗木，产品提供给兴事发集团的房地产公司作为房地产项目绿化使用。2017 年，农业公司营业收入 1000 万元。

【锦屏园农家乐】 2015 年 1 月，锦屏村一社鲁小平投资 300 万元建设；2016 年 10 月建成营业。主要经营农家餐饮、农家土鸡、儿童游玩、垂钓休闲娱乐等。2017 年，农家乐接待游客 6000 人次，营业收入 30 万元。 （李映双）

石桥村

【概况】 石桥村位于仙海东南方 12 千米，东靠石板镇观音村、森柏村；南靠观太镇段家桥村、建华乡雨凤村；西靠石河堰村；北靠天生桥村，面积大约 6 平方千米。全村有 11 村民小组；9 个党小组，党员 48 人；人口 1509 人，477 户。全村农作物以种植水稻、油菜、小麦、玉米等为主，经济作物以种植桑、核桃、桃子、李子等为主，养殖业以养蚕、养鱼、家畜家禽为主。全村水资源丰富，有小（二）型水库 1 座（五七水库，1957 年建成），塘堰 18 口。2017 年年底，全村人均可支配收入 13413 余元。

【水利设施建设】 2005—2007 年，全村完成寨子山至五七水库渠系硬化，共计 6.5 千米；2009 年，对五七水库进行灾后整治；2011 年，农发项目对溢洪沟渠整治 800 米；2016—2017 年，分别对 1 社、2 社、4 社、10 社进行塘堰精修，保障村民的生产灌溉用水。解决了老百姓靠天吃饭的老大难问题，资金来源采取老百姓筹资投劳，政府以奖代补的方式。总计筹资投劳，政府以奖代补投资 100 多万元。

【基础设施建设】 2012 年，全村启动 11 个社的电力改造、扩容。通过三年建设，到 2014 年年底，全村完成电力改造和扩容，基本满足村民生活需要。2012 年，全村天然气安装到户，方便村民的日常生活。2013 年，村“两委”协调云盖寺（仙海景区）至本村的通道；从 2014 年起到 2017 年，完成全村共计 11 个社的道路硬化工程 15 千米。2012 年宽带入户。2012—2017 年，全村通过 5 年集中建设，截至 2017 年年底，全村实现水、电、气、网络户户通。

建设沼气 400 余口，改造房屋 300 余户，其中灾后重建 65 户、土坯房改造 12 户、困难建房 3 户。

【公共服务】 2017 年，村“两委”办公设施健全，建有村农家书屋、普法宣讲室、医务室；建立健全村委会、人民调解委员会、妇联组织、老年协会石桥村分会等职能机构。全年协调解决村民矛盾纠纷，开展农民夜校、全民健康、“三八”妇女节庆祝、“九九”重阳节夕阳红活动，开展夏送凉爽冬送暖专项服务活动，为160多名老年人、22名残疾人、4名优抚对象提供社会服务，走访上门服务，走访慰问高龄、残疾、重病、空巢、留守儿童200多人次。（车由玉）

燕子村

【概况】 燕子村紧邻仙海湖和沉抗镇，位于芙蓉溪支流长河堰上游地段，地处浅丘陵，面积3.8平方千米，全村耕地面积54公顷，其中田25.33公顷、地28.67公顷，林地面积30.67公顷，水域面积塘堰河流46650平方米。全村种植业以水稻、玉米、红薯、小麦、油菜籽为主，以蔬菜、豆类为辅。养殖业以猪、牛、羊、兔为主。全村居民住宅房240套，建筑面积21600平方米。全村有5个村民小组，230户710人，全村村民收入主要以劳务输出和经商为主。2017年，全村集体收入达10万元，同比增长9.5%；居民人均可支配收入17200元，比2016年增加1000元，同比增长6%。

【村基层组织建设】 燕子村基层组织健全，有党支部和村委会。村党支部有党小组2个，党员29人，其中男性党员23人、女性党员6人。2016年12月8日在燕子村村部，召开党员大会，选举产生第十届支部委员会成员，选举支部书记1名（胡强），委员2名（梁兴容、何忠芳）。2017年2月22日，召开选举大会，选出燕子村第十届村民委员会主任1名梁兴容，委员2名胡兵圣、于开菊。2月27日开始，直选出村民小组组长5名，村民代表18名。直选出村务监督委员会主任1名，委员2名。燕子村制定村委会会议制度、村民议事制度、村委会工作职责、村委会主任职责、村委会委员职责、村委会工作报告制度、村务财务公开制度等规章制度。

【基础设施建设】 2016年1月，新建村民委员会办公楼300平方米；修建村级医务室、图书文化室；新建文化广场500平方米。修通全村社道公路4.5千米。组织动员全村群众，通过实行农民自主投入38万元，向上级争取资金60万元，组织动员全村群众投工投劳。2013年，通过土地流转引进绵阳市志鹏农业开发有限公司入驻燕子村四组，该企业主要以旅游观光农业发展为主。2017年，全村推进“五改三建”，以改路、改水、改厨、改圈为结合点，完善“五通”配套设施，完善电力、通讯、网络等配套设施建设，实现“五通”（通电、通水、通路、通电话、通网络）。农网改造完成100%，沼气等清洁能源入户率达100%。（胡兵圣）

附　录
Appendix

※ 统计资料

Statistical Files

※ 领导名录

Directory of Leadership

※ 先进集体及志愿者名录

List of Advanced Collectives and Volunteers

※ 仙海区党工委、管委会重要文件目录

List of Important Documents of CPC Work Committee and Administrative Committee in Xianhai District in 2017

※ 仙海区2017年度“四上”单位名录

List of “Fourth Upper” Units in Xianhai District in 2017

※ 大事记（2003—2016年）

Events (2003–2016)

※ 索引

Indexes

统计资料

仙海区 2017 年主要经济指标情况表

指标名称	单位	累计数	±%
地区生产总值	万元	81194	8
一产业	万元	24749	3.7
二产业	万元	2978	–0.8
其中：工业	万元	727	3.5
建筑业	万元	2251	–2.3
三产业	万元	53467	10.8
服务业增加值	%	10.8	—
全社会固定资产投资	亿元	24.8	7.1
社会消费品零售总额	亿元	5.15	12.5
金融机构人民币存款余额	亿元	3.6	—
金融机构人民币贷款余额	亿元	1.02	—
财政总收入	万元	16952	—
其中：税收收入	万元	13972	—
一般公共预算收入	万元	8504	—
一般公共预算支出	万元	12973	—
城镇居民人均可支配收入	元	33040	12.5
农民人均可支配收入	元	17987	12

2017年仙海区地区生产总值情况表

项目	代码	按当年价格计算				按2015年可比价格计算					
		2017年		2016年		2017年		2016年		比上年同期增长%	
		当季	累计	当季	累计	当季	累计	当季	累计	当季	累计
地区生产总值	01	20445	81194	18403	72870	19142	76030	17742	70417	7.9	8.0
农林牧渔业	02	5954	24749	5725	23806	5660	23783	5464	22934	3.6	3.7
其中：农、林、牧、渔服务业	03	0		0		0		0			
工业	04	92	727	158	740	167	803	157	776	6.4	3.5
其中：开采辅助活动	05	0		0		0		0			0
金属制品、机械和设备修理业	06	0		0		0		0			0
建筑业	07	545	2251	442	2117	555	2167	528	2218	5.1	-2.3
批发和零售业	08	619	1985	571	1830	608	1960	565	1816	7.6	7.9
共中：批发业	09	294	956	276	894	289	944	273	887	5.9	6.4
零售业	10	325	1029	295	936	319	1016	292	929	9.2	9.4
交通运输、仓储和邮政业	11	16	62	16	59	16	60	16	58	0.0	4.2
住宿和餐饮业	12	1813	7167	1680	6598	1757	6934	1652	6459	6.4	7.4
其中：住宿业	13	648	2591	611	2423	637	2561	616	2414	3.4	6.1
餐饮业	14	1165	4576	1069	4175	1120	4373	1036	4045	8.1	8.1
金融业	15	964	2668	769	2316	907	2531	758	2297	19.7	10.2
房地产业	16	703	1964	567	1608	606	1837	525	1600	15.4	14.8
其中：房地产业业（K门类）	17	248	758	181	552	236	717	172	533	37.2	34.6
居民自有住房服务	18	455	1206	386	1056	370	1120	353	1067	4.8	5.0
其他服务业	19	9739	39621	8475	33796	8866	35955	8077	32259	9.8	11.5
营利性服务业	20	3167	10365	2548	8445	3038	9927	2496	8314	21.7	19.4
非营利性服务业	21	6572	29256	5927	25351	5828	26028	5581	23945	4.4	8.7
第一产业	22	5954	24749	5725	23806	5660	23783	5464	22934	3.6	3.7
第二产业	23	637	2978	600	2857	722	2970	685	2994	5.4	-0.8
第三产业	24	13854	53467	12078	46207	12760	49277	11593	44489	10.1	10.8

2017 年固定资产投资额汇总明细表

单位：万元

单位名称	项目编码号	项目入库总投资	2017 年完成投资额情况	
			累计完成数	未完成投资数
合计			248018	247281
政府类小计		513373		
仙海区婚庆广场（二期）建设项目	MA624b5k7510775153	56000	14433	0
绵阳科技城沉抗大道（二期）	MA624b5k7510775164	50000	28568	11432
绵阳仙海区新场镇片区基础设施建设项目	MA624b5k7510775169	12000	9200	0
仙海铂金海岸度假酒店	MA624b5k7510775168	45000	28094	12406
仙海区荀堡项目沿线景观及环境打造项目	75663948851077516a	4000	3800	0
仙海区环库路景观及节点提升建设项目	75663948851077516b	4800	4520	0
仙海区观音寺游客接待中心项目	MA624b5k7510775701	3300	3300	0
仙海沉香村安置小区基础建设项目	MA624b5k7510775702	4200	4200	0
仙海教育旅游产业园基础设施建设项目工程	MA624b5p8510775701	18000	14970	3000
仙海停车场建设	MA624B5P8510775702	24000	12930	11040
仙海沉香村安置小区建设项目	MA624B5K7510775703	4800	4800	0
仙海区景区服务点建设项目	MA624B5K7510775704	3800	3800	0
仙海区黄金村安置小区建设项目	MA624B5P8510775703	18000	12720	5280
仙海区沉抗大道铜瓦 2 号支线工程项目	MA624B5K7510775705	4800	4800	0
仙海区景观道路工程项目	MA624B5K7510775706	4800	4800	0
绵阳仙海环湖路景观建设项目	MA624B5P8510775704	10873	6779	4094
绵阳市仙海水利风景区文化旅游基础设施建设项目	MA624B5P8510775705	180000	38049	141951
国道 108 线绵阳市城区过境段工程(仙海段)	MA624B5k7510775707	65000	8412	56588
企业类小计		26600		
仙海丽湾酒店	555780979510775151		1493	0
海地达·海珀澜山	582151799161		5000	0
生态农业科普教育基地	309464380510775161		240	0
绵阳仙海丽湾度假酒店改、扩、升级项目	555780979510775701	22000	20510	1490
观光农业产业园项目	MA62484K2510775701	4600	4600	0
农户投资			8000	

仙海区2017年经济运行分析

2017年我区按照年度经济工作计划，细化工作措施，明确工作责任。以项目建设为着力点，以招商引资为突破口，以旅游发展为总目标。圆满完成了全年各项经济指标任务，现将全年经济运行情况分析如下：

一、全面分析我区经济运行基本态势及特点

全年实现地区生产总值（GDP）总量8.12亿元，同比增长8.0%。其中：第一产业增加值2.47亿元，同比增长3.7%；第二产业增加值0.30亿元，同比负增长0.8%；第三产业增加值5.35亿元，同比增长10.8%。三次产业占GDP比重分别为30.4 %、3.7 %、65.9%。

（一）整体经济形势好转

2017年实现地区生产总值（GDP）同比增长8.0%，比去年同期增加1.8个百分点，是从2015年以来增速最高的一年。GDP构成中的第三产业的比重也比去年增加了2.4个百分点，初步按照年初调整产业结构的计划在走。我区的三次产业结构比重决定，我区经济发展主要靠第三产业的发展来推动，今年服务业增加值增速达到10.8%，对我区GDP增速达到8%起到了绝对性的贡献。

（二）服务业强力推动全区经济发展

全年实现服务业增加值5.35亿元，同比增长10.8%，较去年同期高3.4个百分点，与全市平均增速持平，居全市第7位，总体情况发展良好。服务业增加值构

仙海区地区生产总值情况表

指标名称	全年目标任务	完成数	
		总量（亿元）	增速%
地区生产总值（%）	8	8.12	8
服务业增加值增速（%）	10.7	5.35	10.8
全社会固定资产投资（亿元）	23.5	24.8	7.15
社会消费品零售总额增长率（%）	12	5.15	12.5
地方公共财政收入（%）	8	0.8504	9.25
国内省外到位资金（亿元）	9	11.3	—
外商投资实际到位资金（万美元）	800	1135	—

成为：非营利性服务业（财政八项支出）2.93亿元、营利性服务业（规上服务业企业）1.04亿元、批零住餐行业0.92亿元、金融业0.27亿元、房地产业0.19亿元。在服务业构成的行业中，其他营利性服务业（规上服务业企业）增加值增速达到19.4%，房地产行业增加值增速达到14.8%，大大高于整个服务业增加值增速，有力地推动了整个服务业的发展速度，从而推动全区地区生产总值的增速。

（三）消费品市场持续快速发展

实现社会消费品零售额5.15亿元，同比增长12.5%,增速居全市第3位。其中限额以上单位实现零售总额1.03亿元，同比增长19.1%，比全市增速高3.9个百分点。批零住餐四个行业的零售额分别为1.22亿元、1.45亿元、0.92亿元、1.69亿元，增速分别为10.3%、13.9%、12.4%、17.3%。

（四）旅游业发展快速，增长良好

全年共接待游客199.3万人次，实现旅游总收入3.48亿元，同比增长30%。持续着力促进涉及教育、酒店、零售、餐饮、游乐等产业的重点旅游项目，进一步丰富完善了旅游产品体系。

（五）狠抓项目入库，投资量持续增长

面对今年的投资压力，我们采取积极措施，加快续建项目建设进度，促进新开工项目形成有效实物量，加大项目入库力度，全年共新增入库14个项目，其中：亿元以上项目7个，新增入库额达36.81亿。通过各项有效措施的实施，全年完成社会固定资产投资总额24.8亿元，超出全年23.5亿元投资任务1.3亿元，同比增长7.15%。

（六）招商引资成果显著

全年完成到位内资11.3亿元，占全年工作目标9亿元的125.6%。完成外商投资实际到位资金1135万美元，占全年目标800万美元的141.9%。

（七）城乡居民收入持续增长

2017年我区城镇居民人均可支配收入达到33040元，占比分别为经营收入70%、劳务收入17%、政府补贴13%，同比增长12.5%。农民人均纯收入17986元，占比分别为种植14%、养殖14%、劳务58.5%、其他19.5%，同比增长12.0%。

（八）财政收支平衡，金融平稳运行

实现财政总收入16952万元，同比增长21.5%。实现地方公共财政收入8504万元，同口径增长9.25%。其中税收收入5524万元，非税收入2980万元。实现一般公共预算支出12972万元,其中公共财政八项支出11061万元，同比增长28.6%。

二、经济运行中存在的问题

（一）产业结构不合理，不能体现我区经济真实发展水平

1. 一产占比高，拉低GDP增速。目前我区三产比重分别为：30.5%、3.7%、65.8%。其中农业（一产业）增加值比重较全市一产比重14.1%，高出了16.4个百分点；较游仙区11.3%的比重，高出了

19.2 个百分点。根据我区产业发展规划，总体通过发展服务业降一产比重，所以我区一产增加值增速只有 3.7%，比全市低 0.3 个百分点，比游仙区低 0.2 个百分点。一产的高占比、低增速，严重拉低我区 GDP 的发展速度。

2. 高速发展行业占比低，不能体现经济发展现状。目前我区三产占比看似不低，但是各行业原来核定的占比并不符合我区的真实经济现状，不能真实地反映我区经济发展。各行业增加值主要通过核定增速来确定增加值总量，我区三产中发展较好的其他营利性服务业（规模以上服务业企业）和房地产业，这两个行业的增加值增速分别达到了 19.4%和 14.8%，但是由于基数偏小，导致两个行业对 GDP 的拉动分别只有 2.3 和 0.34 个百分点，作用十分有限，体现不了我区主体经济发展的良好态势。因此，只有通过提升二产、三产的比重，最终将三次产业结构比重调整为 15∶8∶77，才能到达优化产业结构，从而提升 GDP 增速的目的。

（二）服务业发展不均衡，提升进度参差不齐

我区服务业增加值在 GDP 中的比重达到 65.8%，服务业的发展速度目前对我区经济总量的发展速度起到决定性的作用，因此服务业的发展在我区经济发展占主导地位。目前我区三产各行业在服务业增加值总量占比分别为：非营利性服务业（八项支出）54.7%、营利性服务业（规上企业）19.4%、批零住餐 17.1%、金融业 5%、房地产业 3.8%。

1. 非营利性服务业占比过高。非营利性服务业增加值的核算目前是通过公共财政八项支出的增速来核定，而我区非营利性服务业在整个三产的占比达到 54.7%，占整个 GDP 的 37.1%，所以公共财政八项支出的增长成了我区服务业增速起决定性作用的数据，也是对整个 GDP 起决定性作用的数据，而主要用公共财政八项支出来衡量整个地区经济社会发展是不合理的。

2. 其他营利性服务业一家独大，急需注入新动力。其他营利性服务业增加值增速主要由我区 6 户规上服务业企业营收收入的增长来核算，2017 年我区规上服务业企业营业收入为 2.8 亿元，而绵阳快益点电器服务连锁有限公司就占到了 70%以上，使得我区其他营利性服务业整个行业的发展速度受一家企业的发展所制约。

3. 批零住餐行业占比过低，不符合我区发展规划和现状。我区以发展旅游经济为主，批零住餐行业是我区主要经济业态和主力军，而目前该行业在我区 GDP 中的占比仅为 11.3%，在服务业增加值中为 17.1%，并不能很好的体现我区经济发展形势。

因此，服务业中的各项指数占比严重不适合我区的发展现状，只有通过调整比重，把能真实反映我区经济成果的批零住餐行业做大，才能到达优化产业结构的目的。服务业增加值总量占比最终调整分别为：非营利性服务业（八项支出）25%、

营利性服务业（规上企业）27%、批零住餐35%、金融业5%、房地产业8%。

（三）建筑业核算方式影响我区二产发展

由于我区无规上工业，第二产业的增加值基本由建筑业产业决定。二产发展速度基本就是我区建筑行业的发展速度。目前我区纳入统计的资质以上建筑业只有一家为佳富美建筑有限公司，该公司的主要业务都在省外产生，固扣除省外部分的产值就很低且增速很低，因此我区二产的增加值增速核定为负数。

（四）投资结构不合理，民间投资负增长

我区投资结构不合理，投资主要靠政府基础投入支撑，政府投资对民间投资未起到应有的带动作用。2017年我区民间投资为1.78亿元，占全年固定资产投资的7%，相比于2016年同比下降71%。

三、多措并举，推动区域经济良性快速发展

（一）以精准招商为导向，推动经济业态丰富成熟

1. 补短板加强产业链。结合我区实际情况，认真剖析其产业链及上下游产品之间的关系，从以前的单体招商向产业链的系统招商转变，建立良好的产业生态系统。

2. 做好精准招商。在旅游总体规划的指导下，围绕水资源利用、文化创意、运动养生等内容包装旅游文化演艺中心、科技游乐园、养老示范基地、自驾车营地、生态体育健身场馆等一批优质项目对外招商，同时“抓大不放小”，积极引进一批建筑服务、电商和科技型中小企业等，支撑服务业发展和税收增长，富民增收，确保招商引资取得实效。

3. 整合资源向上借力。利用市投促局驻外分局的平台资源，将我区的招商方向与平台做好对接。有效地整合招商信息和资源，做到信息准确对接到位。

（二）以项目建设为核心，推动投资稳步增长

1. 深入实施“项目年”行动，将项目推进工作落到实处。将2018年明确为仙海“项目建设年”，确定26个2018年区级重点项目，强化旅游产业、基础设施及社会事业等重点领域投资，适时组织一批重大项目集中开工。重点抓好首开仙海龙湾（二期）、教育旅游康养产业园等市重点项目建设。进一步健全工作机制和重点项目推进考核办法，完善区级领导联系重点项目、项目专员等制度，不定期召开重点项目协调推进会议，强化定期督查力度、通报工作情况，逗硬奖惩，推动重大项目尽快落地见效，将项目推进工作真真切切落到实处。

2. 着力突出仙海特色，促进民间投资稳步增长。一是计划整合区内力量实施2018年仙海区服务企业项目专项行动，“点球式”研究解决民间投资领域存在的问题，搭建政企交流平台，凝心聚力，搭建桥梁，促成区内企业相互合作和产业配

套。二是严格落实《仙海区招商引资优惠政策》，在融资服务、财税政策、土地使用等方面对民营企业予以倾斜，进一步提高办事效率和节奏。三是创新投融资方式，支持民营资本广泛参与社会公共服务与特色小城镇建设。

3. 强化项目资金对上争取。以“项目建设年”为契机，调动全区对上争取积极性，围绕2018年中央、省预算内投资计划重点方向，提前谋划项目，做好保障性安居工程和特色小城镇基础设施、卫生医疗、项目前期工作经费等四大方面的资金申报工作。一是研究上级政策，把握资金投向。积极深入研究国家、省、市出台的政策，把握政策扶持方向和资金投入导向，找准与仙海经济、社会发展的结合点，有针对性组织项目争取资金。二是突出重点，把好项目编报关。对上争取年初有计划，财政安排专项资金用于项目前期工作，务必在申报前各项要件准备齐全。

（三）以政策引领为抓手，推动企业转型升级

1. 抓好企业培育助推服务业发展。以经济普查为契机，以建立区内企业名录库为基础，以优化经济结构为主线，深度剖析我区企业现状，挖掘、培育具有潜力的企业。一是做到底子清、情况明、对策准，引导符合限上条件企业积极纳入限额以上企业统计范围；对符合条件的个体户，鼓励转为限额以上企业。二是对纳入培育的企业，切实落实好鼓励和加快限额以上商贸企业发展的相关文件精神，做好财政补贴、税收优惠，提高企业积极性。

2. 推进农业企业升级转型服务业企业达到升规入统。一是在积极引导和政策支持下促使农业服务业型企业成功转为三产服务型企业纳进三产规上企业。二是重点对规模较大的农业和其他服务业附营的批发零售经营活动进行调查摸底，成立销售公司，把达到规上标准的经营单位纳入“升规入统”范围，做到应统尽统。

3. 整合农业资源，转变为旅游服务，培育新增长点。一是建立区内企业名录库，涵盖企业类型、注册资本、经营范围、行业代码、存续状态、经营现状及困难等方面的“铺盖表”，以便更好地分析数据，指导服务业工作。二是将我区15个行政村分成5个片区，分别由旅游部门牵头注册成立旅游服务公司，将片区内的农副产品销售、农业观光体验、餐饮服务、劳务用工等，统筹整合起来达到线上企业，入统进三产服务业。新增服务型企业入库来降低八项支出的占比，改变快益点企业一企独大的不良现状。

注：全区经济结构，呈现两个方面的严重问题，一是GDP中农业占比过高；二是服务业中，财政八项支出占比过半，而我区主要经济业态和主力军的批零住餐行业占比仅为17.1%，完全不能反映出全区的经济发展成果。调结构，优产业，是一项长期而痛苦的过程，非一次经济普查和五年以上的艰辛工作才能达到效果。

仙海区 2017 年工作要点

2017 年，是仙海创建国家级旅游度假区重要的一年，全市旅游发展大会也将在仙海举行，做好 2017 年各项工作对仙海跨越发展意义重大。全区上下要全面贯彻落实党的十八届五中、六中全会、省委十届九次全会、市委七届二次全会精神，以全市旅游发展大会召开为契机，坚持绿色环保和全域旅游发展，狠抓招商引资，强力推进项目建设，强化景观打造，全力推进国家级旅游度假区创建，争当幸福美丽绵阳建设排头兵。

2017 年，工作目标是地区生产总值增长 7.5%，全社会固定资产投资增长 10%，社会消费品零售总额增长 11.5%，服务业增加值增长 11.5%，财政公共预算收入增长 8%达到 9180 万元，旅游总收入增长 23%，城镇居民人均可支配收入增长 10%达到 32000 元，农村居民人均可支配收入增长 12%达到 17985 元，进一步凸显第三产业的主导地位，全区三次产业结构比达到 30∶5∶65。

一、以创建达标为抓手，不断推动旅游产业加速发展

1. 着力完善旅游专业规划。聘请高水平规划设计和创建指导单位，根据国家级旅游度假区评定标准，结合仙海发展方向，编制全域旅游发展规划，完善提升旅游度假区规划，确保项目引进、项目建设在规划引领下科学开展，确保通过国家旅游总局、省旅发委标评委专家对仙海区国家 AAAA 级旅游景区、四川省旅游度假区的检查复核，为创建国家级旅游度假区打下坚实基础，力争 2018 年达到申报条件。

2. 着力强化旅游对外推介。全力承办好 2017 年全市旅游发展大会，聘请专业机构，突出仙海特色和亮点，精心策划和组织实施好旅发大会各项活动。举办端午文化旅游节、环仙海湖自行车赛、环湖马拉松赛、健康活力大赛等活动赛事，加强对外宣传。积极参加各类旅游推介会，加大旅游推介营销力度，进一步提升仙海的知名度和美誉度。

3. 着力挖掘地方历史文脉。通过查询正史、地方志，对接蜀道申遗专家等方式，收集各个时期民间传说、民俗、服饰、建筑风格，深入挖掘仙海地域三国文化、沉香文化等历史文化资源，找准仙海文化与旅游的结合点，奠定打造文化创意类特色小镇的文脉基础。

二、以项目引建为抓手，不断推动度假区功能更加完善

4. 着力抓好招商引资。改革传统招商模式，树立先期营造环境，再对照提升后的旅游专项规划“挂图招商”思路。用活

用好制定的“总部经济”“现代服务业企业”“旅游业企业”等6项招商引资政策，重点引进主题乐园、度假营地等项目，加快引进和发展“总部经济”、旅游、休闲、养老等重点产业，进一步丰富优化度假区旅游产品体系。

5. 着力抓好项目建设。主动谋求与央企合作，探索通过融建、PPP等方式建设区内旅游基础设施项目。对照创建国家级旅游度假区要求，今年政府投资方面一是要启动108国道（仙海二环路）改线工程、沉抗大道铜瓦2号支线、七曲村支线道路工程和沉香村、黄金村、徐家桥片区的基础设施建设。二是在9月前完成亲水栈道三期、环湖10千伏电力改造、广场欧式城堡、驰名春主题酒店装修等项目建设。企业投资方面一是在9月前完成丽湾酒店、韩国橘子功成项目、铂金海岸酒店建设装修，实现营运。二是继续推进首开·仙海龙湾二期、海珀澜山等项目建设，促进东辰—绿城旅游康养产业园、仙海自驾车营地、仙海帐篷度假园、仙海太极文化养生中心等项目建设，形成进度形象。

6. 着力抓好服务保障。坚持领导联系制，落实项目专员制，将重点工作、重点项目分解到区领导、部门负责人、项目专员。通过提前介入、超前服务，做好项目选址规划、备案立项、项目用地、环评安评、规划许可、施工许可等前期政务服务工作，构建上下联动、齐抓共管的格局，切实夯实项目引建服务保障。整合资产、完善治理，提高投资公司融资能力和经营管理水平。

三、以环境提升为抓手，不断推动生态环境持续改善

7. 着力进行环境营造提升。坚持绿色发展，抓好景区、道路、水系等重点区域绿化美化，做到增绿、扩绿与提质、增效相结合。今年要继续推进项目所在地植被恢复工作，完成环湖路景观提升一期建设，完工首开·仙海龙湾至景区大门段环境提升工程，以优美生态的环境赢得游客的青睐。

8. 着力强化环境保护能力。严格执行项目环保“三同时”制度，认真开展项目建设环境影响评价，加大自然生态系统和环境保护力度。运行好3座污水处理厂，综合利用好水质自动监测预警平台，确保仙海湖水质常年保持国家二类地表水的标准。优化乡村垃圾回收站点布局，实现垃圾无害化处理。治理大气、水、环境污染，加强农村面源污染治理，积极创建国家生态文明示范区。

四、以标准化建设为抓手，不断推动景区管理上档升级

9. 着力规范旅游市场秩序。深入实施旅游品质提升工程，扎实开展旅游从业人员培训，引领旅游企业管理服务向标准化、规范化、人性化、个性化提升，进一步提升旅游服务质量。全面贯彻落实《国务院办公厅关于开展旅游市场综合监管的通知》（国办发〔2016〕5号），出台景

区交通管理办法，营造安全、畅通、有序的旅游交通环境。抓好观光电动车、自行车整治，临时摊点规范等工作，及时协调处理旅游投诉，进一步规范旅游市场秩序。

10. 着力提升景区管理水平。理顺各部门单位在景区管理中的职能职责。按照“互联网+旅游”的发展模式，加快推进智慧景区建设，强化对景区人流、车流、整体秩序的实时监控。完善旅游厕所、停车场、小广场等基础设施建设，提升旅游设施的便利化、舒适度和利用率。加强城乡环境综合整治及违法建设整治，进一步加强船舶、森林防火、食品卫生等安全管理，创建平安景区。

五、以产业融合为抓手，不断推动新农村建设

11. 着力发展乡村源旅游。发挥财政资金杠杆作用，激励萄园、绿博、志鹏等农业企业加速投入，做大做强；支持“萄源仙谷”“绿博花都”“万涪草莓”“志鹏农业”等农业企业组建乡村旅游联盟，整合资源，实现优势互补，抱团发展。鼓励农户发展风貌特色化、功能现代化、服务标准化农家乐，发展旅游化农副产品。举办葡萄采摘节等活动，吸引游客到乡村消费。采取多种形式，提升乡村旅游科普功能。强化乡村旅游发展指导，完成桃花村、八角庙村、天生桥村片区乡村旅游连片发展规划，力争再创一个乡村旅游AAAA级景区。

12. 着力抓好幸福美丽新村建设。倾力争取“河湖连通”工程项目，充分利用中央财政资金，促进“引沉济芙”项目上档升级。全面落实强农惠农富农政策，抓好以产权制度改革为重点的农村改革。鼓励发展专合组织、家庭农场，支持农产品商标注册、“三品”认证和“名牌产品”认证。充分运用“互联网+农业”发展模式，大力发展农村电商，提升农业信息化服务水平。继续实施农村基础设施建设补助政策，支持贫困户改造土坯房，村社硬化道路、渠系，除淤精修塘堰，强力改善农村面貌。

六、以旅游富民为抓手，不断推动发展成果全民共享

13. 着力抓好民生工程。全面完成省市下达的民生目标任务，继续实施仙海特色惠民项目。进一步深入了解社情民意，认真贯彻落实扶助政策。加大社会救助力度，脚踏实地地为低保户、低收入家庭、残疾人等特殊困难群体服务，做好优抚安置、社会救助、社会福利等工作。

14. 着力发展社会事业。继续办好乡村少年宫，大力发展素质教育。深化医药卫生体制改革，创新开展“健康仙海”全域管理服务工作；切实开展计生优质服务工作，健全完善辖区养老体系。做好高校毕业生、农民工、退伍军人等重点群体就业促进工作，失业登记率控制在4.5%以内。完善社会保险服务网络，持续增加城乡居民收入。完成整合城乡居民基本医疗保险工作。

继续加强食品药品安全管理，进一步完善“互联网+食药”信息化建设，切实保障公众食药安全。持续加大对特种设备的监督管理，不断提升质监工作水平。

15. 着力维护社会稳定。推进依法治区，做好科技城法治示范区创建工作，积极开展“七五”普法。实行领导干部大接访、大下访活动，做好网络问政、网上信访、视频接访、市长热线等工作，不断拓宽群众诉求表达渠道。落实信访责任制，确保群众来信来访事事有回音、件件有着落。加强重大节假日、“两会”，特别是中共十九大召开期间等重点敏感时期的矛盾纠纷排查化解工作，确保实现全年零进京、零到省、零到市重复集访的“三无”目标。深入贯彻社会治安综合治理责任制，开展农村“雪亮”工程建设，提高社会治安技防、物防水平，确保辖区社会稳定，增强人民群众安全感，为中共十九大胜利召开营造稳定的社会环境。

七、以作风建设为抓手，不断推动园区党建取得实效

16. 着力加强思想作风建设。通过区党工委中心组学习和“会前学纪”“会前学法”“理论集中测试”等形式深入学习党的十八届四中、五中、六中全会和习近平总书记系列重要讲话精神，继续贯彻落实中央、省、市有关精神，坚持宣传、弘扬、培育和践行社会主义核心价值观“三个倡导”，进一步加强领导干部理论武装和思想政治建设，为仙海区“两区”建设提供有力的思想保证、道德支持、精神动力和文化条件。

17. 着力加强基层组织建设。一是坚持党工委定期专题研究党建工作，解决基层党建中存在的困难和问题。二是继续坚持与基层党组织签订目标责任书，加大考核力度，压实工作责任。三是按照要求扎实开展“两学一做”学习教育。以抓党员“三会一课”为突破口和强化村（社区）“第一书记”职责，不断推进全面从严治党战略在基层的落实。四是认真抓好换届后村（社区）“两委”负责人的培训，切实搞好党支部书记的党建工作述职。

18. 着力加强干部队伍建设。一是按照新时期“好干部”标准，适时配齐配强部门领导班子和领导干部。根据工作需要，选聘人年轻、学历高、专业本领强的专业技术人才充实到相关技术岗位。二是加强党员干部宗旨意识教育。继续深化“双联”活动，使广大党员干部更好地了解群众，贴近群众，增进与群众的感情。三是狠抓党员干部培训学习。选派部分机关干部到浙江大学等专业培训机构进行专题培训，扎实开展对科级后备干部理论知识的考核和对全体机关干部综合知识的大学习、大考核。

19. 着力加强党风廉政建设。坚定不移推进全面从严治党，贯彻执行“两准则四条例”，严明政治纪律和政治规矩，坚决维护党的团结统一。坚持失责必问、问责必严，用问责倒逼管党治党责任落实，压紧压实党工委全面监督、纪工委专责监

督、党的工作部门职能监督职责，督促各级党组织尤其是一把手履职尽责。坚持高压惩处不放松，聚焦政治纪律、组织纪律和廉洁纪律，加大执纪审查力度，实践运用“四种形态”，落实谈话函询工作办法。聚焦群众身边的不正之风和腐败问题，持之以恒纠“四风”，推动正风肃纪常态化监督检查。继续抓好巡查反馈问题的整改和成果巩固。实施标本兼治，系统推进惩治和预防腐败体系建设，建强纪检干部队伍，建立具有旅游区域特色的廉政文化，深化廉政风险防控。（吉　敏）

领导名录

2017 年仙海水利风景区党工委、管委会领导干部、调研员

代　宏　党工委书记

魏　魁　党工委副书记
管委会主任

刘　华　党工委副书记

杨崇明　党工委委员
管委会副主任

何家松 党工委委员
纪工委书记

张　鹏 党工委委员
管委会副主任

王明国 党工委委员
管委会副主任

董文彦 党工委委员

张建明　二级调研员

赖志成　四级调研员

李志斌　四级调研员

2017年区级部门主要负责人

单位	职务	姓名
综合办公室	主　任	钟国平
区党群工作部	部　长	董文彦
区监察局	局　长	李志斌（女）
区经济发展和投资促进局（安全生产监督管理局）	局　长	李林志
区社会事业发展局（农村工作办公室、食品药品监督管理局、质量技术监督办公室）	局　长	叶贤兴
区住房与城乡建设局（环境保护局）	副局长 （主持工作）	梁　好
区财政局	局　长	胥小林
绵阳市城市管理行政执法局仙海区分局（绵阳市城市管理行政执法支队九大队）	局　长	胥小平
区农业服务中心（动物疫病预防控制中心）	主　任	舒天宝
区宣传文化服务中心	主　任	向玳生
区劳动保障服务中心（群众工作局）	主　任	赵怀成
区旅游发展中心	主　任	左　玲（女）
区拆迁安置办公室	主　任	程龙泉
区司法所	所　长	肖　莹（女）
绵阳市公安局仙海分局	局　长	杨元明
区工商所	所　长	夏　涵 （女，2016.7—2017.9） 张　婕 （女，2017.11—　）
绵阳仙海投资有限公司	董事长	孔祥文

（赵海州）

先进集体及志愿者名单

仙海区2017年受市级及以上表彰的先进集体统计表

序号	获奖单位	获奖名称	授奖单位
1	仙海区管委会	四川省旅游系统先进集体	省人社厅、省旅发委
2	仙海区管委会	全省首届森林消防技能竞赛支持单位	省森林消防指挥部、省林业厅
3	仙海区	文明景区	市委
4	仙海区管委会	2016年四川电子商务发展峰会先进集体	市委
5	党工委、管委会	全市维稳工作先进集体	市委
6	党工委、管委会	全市维护社会稳定和社会治安综合治理工作目标先进单位	市委办、市府办
7	党工委、管委会	党的十九大期间信访维稳工作先进集体	市委办
8	管委会	城建攻坚行动先进单位（项目拆迁）	市政府
9	仙海区	全市耕地保护暨国土资源管理目标考核二等奖	市政府
10	仙海区	未成年人思想道德建设先进集体	市文明委
11	仙海区	全市公文工作先进单位	市委办
12	仙海区	中办通讯订阅学用一等奖	市委办
13	仙海区	党委系统信息工作先进单位	市委办
14	仙海区	2011—2015年法制宣传教育先进集体	市委办
15	仙海区	依法治市先进单位	市依法治市办
16	仙海区	保护发展森林资源目标考核良好单位	市府办
17	综合办	政府系统办公室工作绩效评价（市长热线）先进单位	市府办
18	综合办	档案执法检查先进单位	市档案局
19	安办	安全生产工作先进单位	市安委会
20	城建环保局	环保违法违规建设项目清理整顿先进集体	市环保局
21	城建环保局	全市秸秆禁烧先进单位	市污染防治办
22	海棠社区	绵阳市十佳志愿服务社区	市文明委

区级文明村（社区）、文明组、文明家庭、最佳志愿者名单

文明村（社区）

石河堰村　月台村
抗香村　蔡家桥村
桃花村　沉香社区

文明组

燕子村二组　天生桥村五组
八角庙村一组　石桥村一组
石河堰村一组　七曲村四组
七曲村十组　徐家桥村三组
月台村二组　月台村十一组
抗香村一组　蔡家桥村二组
长河堰村五组　桃花村四组
铜瓦村六组　锦屏村二组
海棠社区一组

文明家庭

王清艳　卞学莉　赵　琳　张翼才
吴成江　邓德胜　车由玉　李小平
李德旭　鲁海生　王德银　王邦青
冯忠文　车诗贵　汪华强　罗成武
龙小蓉　刘培强　缪佩伺　夏　梅
陈　思　周　静　王洪斌　赵　跃
李　锋　吴成光　刘明荣　涂　娟

最佳志愿者

舒友兵　范小敏　宋　睿　淳晶晶
刘　娜　敬　勇　申　俊　汪黎明
宋　咚　马娅萍　李安琪　杨　清
杜元秀　缪永祥　何　娅　刘丽娟
汪　锡　赖维韵　赵　跃　郭丛铭
魏洪元　冯　相　易　璐

最佳志愿服务项目

大手拉小手　共建多彩假期
肺结核防治项目
舞动海棠

美德青（少）年

冷露洁　缪芸娇　赵俊杰　梅秀琪
佟　艳　杨　达　李　茂　缪双先
邹　琴　曾统伟　陈浩舒　车云飞
朱汀婷　李　欣　冯　佳　廖　刚
范绍林　刘　航　张　仟

最佳导游（解说）

罗　欢　宋　妍

文明诚信商户

海星日杂经营部　蔡厚刚个体户
邻里副食店　兴鑫鱼庄
好运旅游开发有限公司
雷耀旅游开发有限公司
征鸿保洁有限公司
苏万银个体户

最佳文明窗口

仙海区人民医院农合（医保）科
沉抗派出所景区警务室
仙海工商所
绵阳市地方税务局第三直属税务分局管理三科
仙海供电所
农村信用合作联社仙海分社

（缪先东）

仙海区 2017 年度党工委、管委会重要文件目录表

序号	发文字号	发文机关	文件名称
1	绵仙工委发〔2017〕2 号	党工委管委会	关于印发《仙海区全面落实河长制工作方案》的通知
2	绵仙管委〔2017〕54 号	管委会	关于印发《仙海区国有企业资产整合工作方案》的通知
3	绵仙办发〔2017〕1 号	综合办	关于印发《仙海区 2017 年工作要点》的通知
4	绵仙办发〔2017〕9 号	综合办	关于印发《〈水污染防治行动计划〉仙海区工作方案》的通知
5	绵仙办发〔2017〕12 号	综合办	关于印发《仙海区环境突发事件应急预案》的通 知
6	绵仙办发〔2017〕13 号	综合办	关于印发《绵阳市仙海水利风景区招商引资专项资金管理办法（试行）》的通知
7	绵仙办发〔2017〕16 号	综合办	关于印发《仙海区财政资金支持农业产业化发展实施方案》的通知
8	绵仙办发〔2017〕17 号	综合办	关于印发《仙海区重点项目推进办法》和《仙海区“项目专员”全程协调服务代办机制》的通知（试行）
9	绵仙办发〔2017〕23 号	综合办	关于印发《招商引资政策汇编》（修订）的通知
10	绵仙办发〔2017〕24 号	综合办	关于印发《仙海区建设服务型政府工作方案》的通知
11	绵仙办发〔2017〕26 号	综合办	关于印发《全面推进政务公开工作的实施意见》的通知
12	绵仙办发〔2017〕27 号	综合办	关于印发《仙海区办公会议议事决策规则》的通知
13	绵仙办〔2017〕7 号	综合办	关于成立仙海区环境保护委员会的通知
14	绵仙办〔2017〕9 号	综合办	关于印发《仙海区环境保护工作职责分工方案》的通知
15	绵仙办〔2017〕18 号	综合办	关于印发《2017 年仙海区实施省级十项民生工程及民生实事目标分解表》的通知
16	绵仙办〔2017〕19 号	综合办	关于印发《党工委、管委会领导干部分工》的通知
17	绵仙办〔2017〕33 号	综合办	关于印发《区党工委全面深化改革领导小组 2017 年工作要点》的通知
18	绵仙办〔2017〕34 号	综合办	关于成立仙海区环湖景观建设项目工作推进组的通知
19	绵仙办〔2017〕37 号	综合办	关于印发《2017 年绵阳市旅游发展大会仙海筹备方案》的通知
20	绵仙办〔2017〕40 号	综合办	关于分解落实 2017 年全区重点工作任务的通知
21	绵仙办〔2017〕44 号	综合办	关于组建全区基层党建“3+2”项目工作领导小组及办公室内设机构的通知
22	绵仙办〔2017〕47 号	综合办	关于成立河长制工作领导小组及河长通知
23	绵仙办〔2017〕57 号	综合办	关于印发《仙海区全民参保登记工作实施方案》的通知
24	绵仙办〔2017〕70 号	综合办	关于做好“2017 绵阳仙海湖铁人三项挑战赛”相关工作的通知

续表

序号	发文字号	发文机关	文件名称
25	绵仙办〔2017〕80 号	综合办	关于印发《仙海区便民服务中心等窗口单位延时服务实施方案（试行）》的通知
26	绵仙办〔2017〕86 号	综合办	关于成立绵阳市仙海区信息进村入户项目推进领导小组的通知

（蒲　玮）

仙海区 2017 年度“四上”单位名录表

类别	单位详细名称
批零企业	绵阳市游仙区绵梓加油站
住餐企业	绵阳市铂金海岸度假酒店管理有限公司
	绵阳市雷耀旅游开发有限公司
	绵阳亲水湾旅游开发有限公司
批零住餐产业活动单位	绵阳市银瑞投资有限公司龙源会议中心
	延长壳牌（四川）石油有限公司绵阳游仙仙海加油站
批零住餐个体户	仙海缘火锅店
	绵阳市仙海水利风景区兴鑫鱼庄
服务业企业	绵阳仙海假日旅游开发有限公司
	绵阳市好运旅游开发有限公司
	四川仁智石化科技有限责任公司
	绵阳仙海投资有限公司
	绵阳仙海航泽实业有限公司
	绵阳仙海航泽领翔租赁服务有限公司
	绵阳快益点电器服务连锁有限公司
	四川裕华建筑劳务有限公司
房地产企业	绵阳展易房地产开展有限公司
	绵阳海地达实业有限公司
	绵阳首开兴泰置业有限公司
建筑业企业	四川佳富美建设有限公司

说明：“四上”企业：规模以上企业、资质等级建筑业企业、限额以上批零住餐企业、限额以上服务业企业。

（陈　彦）

大事记（2003—2016年）

2003年

6月

30日，中共绵阳市委、市人民政府作出《关于建立绵阳市仙海水利经济开发区的决定》（绵委发〔2003〕9号）。

7月

11日，仙海区召开领导干部大会，市委组织部胥跃东副部长宣布绵阳市仙海水利经济开发区党工委、管委会领导班子成员，纪工委书记任命通知，向地平任党工委书记、管委会主任。

28日，绵阳市仙海水利经济开发区正式挂牌成立。

8月

11日，市委书记杨海清、市委副书记马华率市级有关部门负责人到仙海区调研基础设施建设和园区发展情况。

8月，市编委办确定区党工委、管委会内设中层机构。其中行政单位6个：仙海区综合办公室、仙海区党群工作部、仙海区经济发展局、仙海区社会事业发展局、仙海区城建环保局、仙海区财政局；事业单位3个：仙海区农业服务中心、仙海区水利经济开发服务中心、仙海区宣传文化服务中心。成立仙海人民医院、仙海区中心学校、仙海区畜牧兽医站3个事业单位。

9月

2日，游仙区、仙海区就魏城、新桥部分村社体制调整举行协调会。

26日，仙海区与四川经大投资有限公司、马来西亚展易机构（SANCTUARY LAKES CORPORATION）签订整投资协议书。这是仙海区成立以来最早进入的投资项目。

10月

1日，仙海区与台湾雷耀企业签订水上休闲度假村项目投资协议，该项目投资6000万元。

8日，中共绵阳市委、市人民政府决定，绵阳市仙海水利经济开发区更名为绵阳市仙海水利风景区。

10日，仙海区城管监察大队成立。

12月

16日，台湾雷耀集团举行开工典礼，

市委副书记马华，副市长赵勇等领导参加开工典礼仪式。

22 日，仙海区劳动保障服务中心正式建立。

2004 年

1 月

29 日，市委书记杨海清、副书记马华等市领导带领市级有关部门负责到仙海区开展现场办公，推进园区建设。

同日，绵阳市司法局正式批复成立仙海司法所。

2 月

11 日，在国土培训中心，召开全区建区后第一次经济暨党建群团工作会议。

27 日，建区首届教育系统师生运动会在区中心学校举行。

4 月

1 日，全区实行村社财务纳入管委会统一管理。

22 日，沉抗镇在铜瓦村隆重举行村通水泥路竣工通车典礼。

5 月

18 日，绵阳市委原书记赵文定、市人大常委会原主任王德立、原常务副主任陈浩等市老领导一行 11 人到仙海考察。

24 日，市人民政府正式批准同意《仙海区旅游发展总体规划》。

8 月

10 日，市委副书记马华等一行 10 余人到仙海进行工作调研。

30 日，仙海沙滩浴场正式开工建设。

9 月

16 日，沉抗镇第四届人民代表大会第三次会议召开，会议选举向地平为沉抗镇镇长，杨崇明、李汝光、林林为副镇长。

23 日，市委决定，向地平任仙海水利风景区党工委书记，不再担任仙海水利经济开发区党工委书记职务。

10 月

12 日，市人民政府决定，向地平任仙海水利风景区管委会主任，原仙海水利经济开发区管委会领导职务自然免除。

11 月

3 日，峨眉山市考察团到仙海区考察。

7 日，《人民日报》、中央电视台中文国际频道、《四川日报》、四川电视台、台湾 TVBS 电视台、东森电视台等 10 余家新闻媒体参加的“海峡两岸记者锦绣天府行”活动一行 20 人到仙海采访。

2005 年

2 月

1 日，四川省暨绵阳市纪念“世界湿地日”活动在仙海举行。

10 月

1—3 日，仙海区举办 2005 年中美艺术滑水对抗赛。

11 月

7 日，市委决定，丁湘任仙海水利风景区党工委副书记。

29 日，市人民政府决定，丁湘任绵阳市仙海水利风景区管委会主任。

2006 年

1 月

5 日，仙海区被四川省环境保护局命名为“四川自然生态园区”。

8 日，《仙海区核心区控制性详细规划》通过市人民政府审批。

26 日，仙海区主入口标志性建筑正式动工建设。

3 月

17 日，市政协主席张世虎，副主席赵欣、吴因易、徐鲁川、王瑜、艾尚林等领导带领 30 余名全国、省驻绵阳政协委员和市政协委员到仙海视察。

4 月

29 日，“捷安特杯”绵阳首届环仙海湖自行车锦标赛在仙海举行。

5 月

16 日，仙海旅游协会正式成立。

6 月

27 日，市委决定，陈朝先任仙海水利风景区党工委书记，姚永红任仙海水利风景区党工委副书记，丁湘不再担任仙海水利风景区党工委副书记。

30 日，仙海区船舶管理站获得“省一类优秀船舶管理站”。

7 月

11 日，市人民政府决定，姚永红任仙海水利风景区管委会主任，丁湘不再担任仙海水利风景区管委会主任职务。

22 日，仙海区遭遇特大暴雨袭击，直接经济损失达 300 余万元。

9 月

10 日，“仙海杯”第 11 届国际旅游小姐四川赛区决赛暨颁奖晚会在仙海举行。

10 月

11 日，仙海荣获“全国水利风景区建设与管理先进集体”，这是四川省唯一一个获此殊荣的水利风景区。

24 日，绵阳市广播电视中心仙海记者站挂牌成立。

2007 年

1 月

18 日，沉抗镇获全省第一批“环境优美乡镇”。

2月

2日，全区新型农村合作医疗正式全面启动。

4月

22日，“金海湾杯”四川省首届环仙海湖自行车公开赛在仙海举办。

7月

11日，巴中市环保局领导及环保专家一行到仙海对仙海湿地工程进行参观考察。

9月

2日，仙海区获四川省“无公害农产品产地认定证书”，证书有效期为3年。

10月

8日，市人民政府正式批准《仙海水利风景区沉抗镇规划》。

12月

12日，市委组织市发改委、国土局、规划局、环保局、财政局、建设局、交通局、旅游局等部门负责人一行到仙海调研，并现场办公，解决园区建设存在的问题。

2008年

1月

5日，市委决定，姚永红任仙海水利风景区党工委书记、管委会主任。

8日，中共绵阳市委常委会议确定，将绵阳市仙海水利风景区打造成为国家级旅游度假区的战略目标。

27日，仙海开展大型关爱留守儿童活动，组织对区内百余名留守儿童进行体检。

31日，由中国联通有限公司绵阳分公司投资70余万元修建的沉抗二机站顺利完工并投入使用，仙海通讯基本实现无盲区。

2月

26日，仙海与绵阳市投资控股（集团）有限公司共同制定2008年创建仙海国家级旅游度假区的工作意见。

3月

20日，由市规划局、绵阳投资控股（集团）公司、仙海区共同举办的仙海旅游度假区规划国际咨询会在富乐山国际大酒店圆满结束。会议邀请了美国MCM、美国EDSA、德国鲁格、北京清华等8家中外著名的设计单位参加，市委、市人大、市人民政府、市政协等领导出席会议。会后，确定美国MCM、德国鲁格、美国易兰3家设计单位对仙海旅游度假区的规划进行深化设计。

4月

15日，市委、市政府组织相关部门负责人到仙海就国家级旅游度假区创建工作进行现场办公。

16日，省国土资源厅厅长宋光齐到仙海进行调研园区建设。

5月

12日，四川汶川发生里氏8级特大地震，全区受损严重，经统计，全区人员受伤14人，其中，重伤7人、轻伤7人；房屋损毁70万平方米，其中全部倒塌4万平方米、部分损毁66万平方米；牲畜死亡1头，道路损毁0.2千米，桥梁损毁6座，水利设施损毁42处，其中水库4座；区内8户企业受到不同程度的灾情，农作物损毁27.73公顷。全区直接经济损失达1.65亿元。另外，区内唯一一所学校受灾，校舍损毁达3100平方米，经济损失达250万元。

灾情发生以后，仙海区立即成立抗震救灾指挥部，党工委书记、管委会主任姚永红任指挥长，负责此次抗震救灾组织指挥工作，指挥部领导和全体机关干部实行24小时轮班值班制度，坚持在抗震救灾第一线，使抗震救灾工作有序开展。

15日，仙海组织预备役和基干民兵100人，分批奔赴北川曲山镇任家坪、绵阳南郊机场协助消防武警清理北川中学倒塌房屋废墟，搬运和看管救灾物资，维持现场秩序等。

6月

10日，李宁体育用品有限公司捐款180万元支持仙海学校重建，奥运冠军李宁、刘璇、李春阳、杨凌、金晶参加捐赠仪式。

13日，市委召开专题会议，研究仙海国家旅游休闲度假区建设有关问题。

7月

2日，市委、市人民政府成立创建仙海国家级旅游度假区工作领导小组和指挥部，市委副书记薛康任领导小组组长，杜伟任指挥部指挥长，仙海区党工委书记姚永红任指挥部常务副指挥长。

10日，仙海旅游度假区规划及旅游策划成果汇报会在市委常委会议室结束。德国鲁格、美国易兰、美国MCM等3家设计单位分别进行成果汇报。市委副书记、代市长曾万明，市委副书记薛康等领导出席会议。会后确定由德国鲁格进行深化设计。

18日，绵阳市创建仙海国家级旅游度假区指挥部第一次全体会议在绵阳市水务集团会议室召开。

8月

6日，省委常委、省国资委书记王少雄一行到仙海旅游度假区调研。

9月

24日，省海事局局长贺晓春一行到仙海检查水上交通安全。

12月

14日，仙海大道正式开工建设。

2009 年

4 月

15 日，汉中市旅游局副局长周克涵带队到仙海考察三国历史文化旅游线路。

21 日，市委书记吴靖平到仙海调研，强调：仙海区要围绕创建“国家级旅游度假区”、建设“城乡统筹发展示范区”两大目标，推进科学发展。

26 日，省交通厅厅长高烽率队到仙海检查水上交通安全。

6 月

6 日，仙海旅游度假区规划咨询会召开。

15 日，仙海迎来首批汉中旅行社组团游客。

7 月

10 日，全市“工业强市”大会上强调：仙海区要充分发挥“天然氧吧”优势，建设运动、休闲度假基地；要借鉴美国硅谷发展经验，发展智力密集型产业，为高新技术研发和创新提供基地保障，促进旅游业和高新技术产业融合发展，建成二、三产业联动发展的产业园区。

28 日，绵阳市第二届“捷安特杯”环仙海湖自行车公开赛在仙海举行。

9 月

15 日，市城乡规划委员会 2009 年第 3 次主任会议审议并原则通过《沉抗镇（仙海旅游度假片区）总体规划》和《沉抗镇老镇区片区控制性详细规划》。

28 日，绵阳市第二届“捷安特杯”环仙海湖自行车公开赛在仙海举行。

10 月

13 日，市委书记吴靖平就仙海引进战略投资者对度假区进行整体开发工作作出批示：这项工作必须加快速度，加大力度，要组织招商小分队瞄准中国一流开发公司招商，要通过媒体、网络多渠道多层面招商，要以招拍挂方式，公开、平等、竞争、择优地引进开发商。

12 月

20 日，市委书记吴靖平率园区点评考核团对仙海进行现场观摩、点评考核。

2010 年

2 月

21 日，市政 24 路公交车开通到辖区铜瓦村，至此，全区实现村村通市政公交车。

3 月

15 日，省委组织部组织三处副处长胡振凯带领省委学习实践科学发展观领导小组办公室信息组到仙海检查指导仙海学习实践科学发展观活动。

5 月

30 日，仙海区退耕还林工程通过国家林业局验收。

7 月

11 日，仙海中心学校“乡村少年宫”正式开班。

28 日，北京首都开发控股（集团）有限公司通过公开竞拍方式，成功竞得仙海区 139.66 公顷国有建设用地，还签订 200 公顷用地的租赁协议。首开公司计划投资 150 亿元，在仙海建设五星级度假酒店、高尔夫球场、高档生态居住及其他低碳生态旅游项目，对度假区进行整体开发，该项目是绵阳建市以来引进的最大的第三产业项目。

9 月

27 日，市委书记、市人大常委会主任吴靖平到仙海调研，实地察看仙海风情旅游小镇、显兴自来水厂、骊湾国际酒店等 3 个项目施工现场，了解首开股份仙海湖项目进展情况。

10 月

27 日，国家发展和改革委员会宏观经济研究院科研部主任吴晓华一行 23 人，到仙海调研打造国家级旅游度假区相关事宜。

11 月

21 日，仙海“文昌祖庭年画”作品在第六届四川旅游纪念品暨大学生旅游艺术设计大赛上获金奖。

25 日，“香格翠丽”生态住宅项目正式动工建设。

2011 年

4 月

13 日，仙海区与绵阳花园投资集团有限公司和四川东辰（集团）股份有限公司在绵州酒店签订“绵阳市仙海旅游度假区徐家桥村整体开发投资框架协议”。

8 月

11 日，绵阳市法律援助中心仙海区法律援助站挂牌成立。

9 月

14 日，第二届环中国国际公路自行车赛（简称环中赛）绵阳仙海赛段成功举行。

10 月

1—6 日，“首开·仙海龙湾”杯绵阳首届仙海生态旅游美食节暨仙海风光摄影展在仙海举行。

27 日，市人民政府决定，魏魁任仙海水利风景区管委会主任，姚永红不再担任仙海水利风景区管委会主任职务。

11 月

3 日，首开仙海龙湾项目通过市规委会审查。

2012 年

3 月

8 日，国家体育总局群体司健身设施处处长赵爱国、北京华安认证中心主任姚国祯、技术部部长董浩华，省体育局社会体育处副处长余林康到仙海检查全民健身户外活动营地营运情况。

27 日，仙海旅游度假区项目规划设计交流研讨会暨市城乡规划协会仙海学术交流会在绵州开元酒店召开。

4 月

5—6 日，区党工委副书记、管委会主任魏魁带领区级有关部门负责人，前往北京拜会中共北京市委委员、首开集团公司董事长、首开股份公司董事长刘希模，首都开发股份公司总经理王少武等公司领导，就“首开·仙海龙湾”项目加快推进工作进行洽谈。

10 日，最高法院原副院长、资深大法官刘家琛一行到仙海调研仙海文昌祖庭门神年画。

21 日，市委副书记、代市长林书成到仙海调研招商引资、项目建设、产业发展等有关情况。

5 月

17 日，成都土地督察局专家到仙海检查 2010 年以来建设用地的使用情况。

6 月

14 日，市委书记罗强到仙海区调研园区建设与发展情况。

22—24 日，仙海举办首届绵阳仙海端午文化旅游节。

8 月

11 日，北京市国资委副主任卢宇国带领北京首开集团公司总经理潘利群、北京首开股份公司副总经理赵龙节一行到仙海考察“首开·仙海龙湾”项目投资进展情况。

15 日，绵阳市司法局仙海水利风景区司法所举行揭牌仪式。

10 月

13 日，省人口计生委主任刘家强到仙海区调研人口计生综合改革工作。

21 日，绵阳市第五届运动会自行车赛暨第五届环仙海湖自行车赛在仙海成功举办。

11 月

5 日，首开仙海龙湾五星级酒店奠基开工。

12 月

7 日，在“绵阳市青少年校园足球活动启动仪式”上，仙海区中心学校成为四川省首批青少年校园足球布点学校。

26 日，仙海区与绵阳市九腾实业有限责任公司正式签约，在七曲村进行农业生态养生园项目建设。

2013 年

1 月

8 日，仙德丽娜度假酒店在仙海湖畔正式开工。

2 月

5 日，四川省交通厅航务管理局配发的海事巡逻艇在仙海好运码头正式下水试航成功。

3 月

7 日，中央文明办三局副局长吴向东一行到仙海，对乡村少年宫建设进行调研。

21 日，市委书记罗强，市人大常委会副主任、市委秘书长王黎一行到仙海调研。

6 月

10—12 日，第二届绵阳（仙海）端午文化旅游节在仙海成功举办。

11 日，2013 绵阳第六届环仙海湖自行车公开赛在仙海成功举办。

15—23 日，仙海区文昌祖庭年画十二幅作品送展第四届中国成都国际非物质文化遗产节。

7 月

30 日，省委宣传部副部长、文明办主任朱丹枫到仙海调研乡村少年宫。

9 月

16 日，仙海名仕栖海湾度假项目正式开工建设。

22 日，国家安全生产应急救援指挥中心副主任贺黎光带领国家安监总局督查组到仙海检查指导水上交通安全工作。

11 月

25 日，仙海区与中物院久环仪器有限责任公司签订《仙海旅游度假区环境治理战略合作协议》，成为绵阳首家与企业开展环境治理战略合作的单位。

12 月

18 日，绵阳科技城沉抗大道（仙海二环路）工程正式开工建设。

2014 年

3 月

22 日，以“拥抱春天，放飞梦想”为主题的 2014 年全市中小学生风筝比赛暨全市风筝公开赛活动在仙海成功举行。

4 月

26—27 日，以“全民健身、舞动绵阳”为主题的绵阳市第六届“中国移动咪咕杯”健康活力大赛在仙海成功举行。

5 月

22 日，仙海区中心学校被中国书法家协会命名为“兰亭小学”。这是中国书法家协会在全国范围内捐建、命名的第35所“兰亭小学”，也是四川省首所通过申创命名的“兰亭小学”。中国书法家协会副主席、省书法家协会主席何应辉为学校授牌。

31日至6月2日，绵阳市2014夏季旅游系列活动启动仪式，第三届绵阳（仙海）端午龙舟公开赛暨第四届中国诗歌节端午诗会在仙海举办。

8月

5日，仙海区召开“国家AAAA级旅游景区、省级旅游度假区、省级安全社区”创建工作动员大会。

10月

15日，俄罗斯新西伯利亚市青少年代表团师生一行42人，到仙海区中心学校开展文化交流活动。

31日，市人大常委会主任蒋仁富率队到仙海区调研园区管理体制情况。

11月

1日，2014中国科技城（绵阳）第七届环仙海湖自行车公开赛在仙海成功举办。

12月

1日，中央文明办三局联络处处长张继青，省文明办未成年人工作处处长嘉东波、副处长廖群，市文明办主任赵方嵩，一行到仙海区中心学校指导学校乡村少年宫建设。

5日，仙海区与绵阳联通举行“科技绵阳、智慧仙海”战略合作协议签约仪式，双方将在旅游管理、服务、营销、体验等方面展开合作，共同打造智慧旅游景区。

31日，绵阳市公安局交警支队直属三大队仙海中队挂牌。

2015年

1月

27日，市委常委、宣传部部长张学民，市人大常委会副主任刘文榜率市六届人大部分机关代表到仙海调研库区保护与开发工作开展情况。

2月

7日，省第十七届文化列车·同心艺术团抵达仙海，为仙海百姓送来文化大餐。

13日，市委常委、科技城党工委副书记、管委会常务副主任颜超，市委常委、宣传部部长张学民，市委常委、军分区政委唐炼，市委常委吴显仁带领市委、市政府第十慰问组到仙海看望慰问仙海困难群众。

4月

26日，绵阳市第七届健康活力大赛在仙海成功举办。

6月

10日，市人大常委会主任蒋仁富率市督查组到仙海督查项目推进暨投资促进工作。

8 月

10 日，市委领导带领市级相关部门负责人到仙海调研园区建设情况。

11 月

1 日，中国（绵阳）科技城第八届环仙海湖自行车公开赛暨首届环仙海湖马拉松比赛成功举办。

12 月

1 日，市委副书记、市长刘超带队到仙海考核项目投资工作。

2016 年

2 月

4 日，市委副书记、市长刘超率领市交通运输局、旅游局等单位组成的检查组到仙海区检查春运水上安全生产工作。

3 月

22 日，国务院发展研究中心社会发展部研究员苏扬到仙海调研水土资源保护与利用工作，省水利厅农水局副局长冉从恒陪同。

4 月

13 日，市委常委、政法委书记陈兴春率市委农工委、农业、林业、水务、财政和农发办等市级部门负责人，到仙海区调研现代农业发展和幸福美丽新村建设情况。

29 日，绵阳市委常委、副市长刘少敏率市级相关部门到仙海检查水上安全工作。

5 月

19 日，中央文明办秘书局局长、调研组组长张朝生一行到仙海，对仙海中心学校乡村少年宫建设进行调研。省文明办综合处处长王骏飞，市委常委、宣传部部长张学民陪同。

6 月

24 日，市发改委主任兰劲率队到仙海区调研。

7 月

1 日，市委领导带领市级相关部门负责人到仙海中心学校调研乡村少年宫项目建设工作。

29 日，市委决定，姚永红不再担任仙海水利风景区党工委书记职务。

9 月

8 日，代宏任仙海水利风景区党工委书记。

28 日，市委常委、政法委书记夏凤俭率市综治办、食药监局、安办、交通运输局、交警支队、消防支队等市级相关部门到仙海检查安全生产和社会稳定工作。

12月

7日，市委领导到仙海区调研重点项目建设情况，强调要把项目建设作为稳增长的主抓手，以大抓项目、抓大项目助推经济社会加快发展、民生持续改善，确保今年收好官、明年开好局。副市长罗蒙、市委秘书长邹若力以及市级有关部门负责同志参加调研。（吉 敏）

索　引

索引说明

一、本索引是《仙海年鉴》2018年卷的主题词、内容分析索引。分主题词分析索引、图表索引两部分。本书中凡具有独立检索意义的完整资料，都可通过本索引进行检索。概述、概况不做为检索内容。

二、本索引按照汉字拼音字母（同音字按单音调）顺序排列。类目、分目作为索引词条，字体加粗显示，其余用宋体排印。表格、图片（示意图）在其后分别注明“表”“图”。

三、本索引词条的数字表示内容所在的页码，数字后的字母（a、b）表示栏别（即版面的左右栏）。

四、本索引中内容有交叉的词条，为方便读者检索，在索引中重复出现的相同词条，词条只出现一次，相应页码依次在词条后显示。

主题词索引

A

B

C

D

E

F

H

J

N

T

X

Z

图表索引